LES CARACTÈRES

OU

LES MŒURS DE CE SIÈCLE

Par LA BRUYÈRE.

ÉDITION CLASSIQUE
ACCOMPAGNÉE DE REMARQUES ET NOTES LITTÉRAIRES
HISTORIQUES ET PHILOLOGIQUES
ET PRÉCÉDÉE D'UNE NOTICE BIOGRAPHIQUE

Par J. HELLEU

PROFESSEUR DU LYCÉE FONTANES.

PARIS
IMPRIMERIE ET LIBRAIRIE CLASSIQUES
Maison Jules DELALAIN et Fils
DELALAIN FRÈRES, Successeurs
56, RUE DES ÉCOLES.

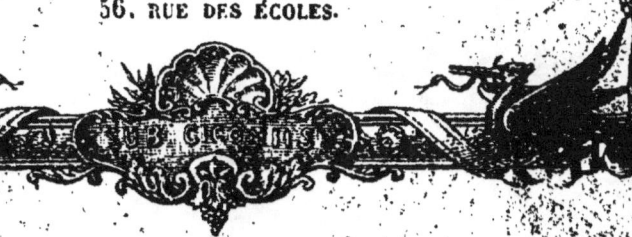

LES CARACTÈRES.

NOUVELLE COLLECTION DES CLASSIQUES FRANÇAIS.

BOILEAU. Œuvres poétiques, édition avec remarques et appréciations littéraires, par M. A. Dubois; 1 vol. in-12.

BOSSUET. Discours sur l'Histoire universelle, édition avec remarques et appréciations littéraires, par M. E. Lefranc; 1 vol. in-12.

BOSSUET. Oraisons funèbres, édition avec remarques et appréciations littéraires, par M. P. Allain; 1 vol. in-12.

BUFFON. Morceaux choisis, édition avec remarques et appréciations littéraires, par M. Rolland; 1 vol. in-12.

FÉNELON. Aventures de Télémaque, édition avec remarques et appréciations littéraires, par M. P. Allain; 1 vol. in-12.

FÉNELON. Dialogues des Morts, édition avec notes et remarques, par M. P. Longueville; 1 vol. in-12.

FÉNELON. Dialogues sur l'Éloquence, édition avec remarques et appréciations littéraires, par M. J. Girard; in-12.

FÉNELON. Lettre à l'Académie, suivie du Sermon sur l'Épiphanie, édition avec remarques et appréciations littéraires, par M. A. Dubois; in-12.

FÉNELON. Sermon pour l'Épiphanie, édition accompagnée de remarques et d'appréciations littéraires, par M. Lebobe; in-12.

LA BRUYÈRE. Caractères, édition avec remarques et appréciations littéraires, par M. J. Hellen; 1 vol. in-12.

LA FONTAINE. Fables, édition avec remarques et appréciations littéraires, par M. Héguin de Guerle; 1 vol. in-12.

MASSILLON. Petit Carême, édition avec remarques et appréciations littéraires, par M. E. Lefranc; 1 vol. in-12.

MONTESQUIEU. Grandeur et décadence des Romains, édition avec remarques et appréciations littéraires, par M. P. Longueville; 1 vol. in-12.

PASCAL. Pensées choisies, édition publiée d'après les manuscrits originaux, avec remarques et appréciations critiques, par M. P. Faugère; 1 vol. in-12.

ROUSSEAU (J. B.). Œuvres lyriques, édition avec remarques et appréciations littéraires, par M. E. Pessonneaux; 1 vol. in-12.

THÉATRE CLASSIQUE, comprenant neuf pièces; édition avec remarques, analyses et appréciations littéraires, par MM. Dubois, Geoffroy, Lefranc, etc.; 1 fort vol. in-12.

VOLTAIRE. Histoire de Charles XII, édition avec remarques et appréciations littéraires, par M. J. Genouille; 1 vol. in-12.

VOLTAIRE. Siècle de Louis XIV, édition avec remarques et appréciations littéraires, par M. J. Genouille; 1 vol. in-12.

Paris. Imprimerie Delalain, rue de la Sorbonne, 1.

LES CARACTÈRES

ou

LES MŒURS DE CE SIÈCLE

Par LA BRUYÈRE.

ÉDITION CLASSIQUE

ACCOMPAGNÉE DE REMARQUES ET NOTES LITTÉRAIRES
HISTORIQUES ET PHILOLOGIQUES
ET PRÉCÉDÉE D'UNE NOTICE BIOGRAPHIQUE

Par J. HELLEU

PROFESSEUR DU LYCÉE FONTANES.

PARIS

IMPRIMERIE ET LIBRAIRIE CLASSIQUES

Maison Jules DELALAIN et Fils

DELALAIN FRÈRES, Successeurs

56, RUE DES ÉCOLES.

Toute contrefaçon sera poursuivie conformément aux lois; toutes nos éditions sont revêtues de notre griffe.

Delalain frères

Déc. 1877.

NOTICE

SUR

JEAN DE LA BRUYÈRE.

La Bruyère, par ses observations critiques, morales et satiriques, nous a laissé de précieux témoignages sur le dix-septième siècle : on pourrait presque dire qu'il en a été l'un des historiens les plus fidèles. A ce titre il occupe une place importante à côté des grands génies du règne de Louis XIV. Tandis que Molière étale sur la scène les travers et les ridicules de la société qui l'entoure, que La Rochefoucauld répand à pleines mains sur elle les traits acérés de ses remarques spirituelles et parfois paradoxales, que madame de Sévigné en écrit jour par jour l'histoire familière, que Saint-Simon retrace en caractères ineffaçables les minutieuses intrigues de la cour de Versailles, un philosophe, « fort honnête homme[1], de très-bonne compagnie, simple, sans rien de pédant, et fort désintéressé, » entreprend aussi de peindre pour la postérité le modèle qui pose devant ses yeux. Après avoir traduit Théophraste, La Bruyère, s'inspirant du philosophe grec, glisse modestement à la suite de sa traduction quelques pages, fruit de son observation personnelle : Il le fait, dit-il[2], « dans l'esprit de contenter ceux qui reçoivent froidement tout ce qui appartient aux étrangers et aux anciens. » Telle est l'origine du livre que nous avons aujourd'hui : il a pu perdre quelque chose de la saveur piquante que lui donnait l'à-propos de certains ridicules pris sur le vif par l'auteur; mais La

---

1. Saint-Simon, ch. xxxv.
2. Discours sur Théophraste.

Bruyère, comme tous les écrivains de son siècle, ayant peint aussi l'homme en général, il y a toujours dans les *Caractères* un fond de vérité qui leur assure un succès incontestable et légitime.

Avant de nous occuper du livre, quelques mots sont nécessaires sur l'auteur lui-même. Sa biographie offre peu de détails : homme d'étude, plutôt que d'action, il n'a point été mêlé au mouvement de la société qui s'agitait autour de lui. On ne peut l'étudier que dans son œuvre ; l'auteur s'y montre sans faste et sans vanité ; nous sommes initiés par lui dans une certaine mesure à ses habitudes, à ses goûts, à son caractère ; sur ce point les renseignements, sans être abondants, ne sont point douteux. Il n'en est pas de même de sa vie. Pendant longtemps on n'a pu fixer d'une manière exacte la date et le lieu de sa naissance. Un des derniers éditeurs, M. Mancel, plus heureux que ses devanciers, a trouvé un document qui ne laisse à ce sujet aucune incertitude : c'est un extrait des registres de la paroisse de Saint-Christophe en la Cité, démolie en 1748 pour agrandir l'emplacement appelé parvis Notre-Dame ; nous y apprenons que le jeudi 17 août 1645 fut baptisé Jean de La Bruyère, probablement né la veille. Son père, Louis de La Bruyère, était *contrôleur des rentes de la ville* et prenait la qualité de *noble homme*. La jeunesse de notre auteur a dû s'écouler sans notable incident : on n'a sur cette première période de son existence aucune donnée positive. Une quittance qui a été retrouvée nous fait connaître qu'il était en 1679 à Caen, où il avait acheté une charge de *conseiller du roi, trésorier de France*. C'est sans doute le souvenir qu'il garde de cette époque qui lui a inspiré quelques lignes fort piquantes sur les inconvénients d'une petite ville : « Il y a une chose que l'on n'a point vue sous le ciel, et que, selon toutes les apparences, on ne verra jamais : c'est une petite ville qui n'est divisée en aucuns partis ; où les familles sont unies, et où les cousins se voient avec confiance, etc. [1]. »

---

1. De la société et de la conversation.

En 1680, La Bruyère est installé dans l'hôtel du prince de Condé : sur la recommandation de Bossuet, il a été appelé pour enseigner l'histoire à *M. le Duc*, Louis de Bourbon, petit-fils du grand Condé. Saint-Simon a fait de l'élève de La Bruyère un portrait peu flatteur : « Il était d'un jaune livide, l'air presque furieux, mais en tout temps si fier et si audacieux, qu'on avait peine à s'accoutumer à lui. Il avait de l'esprit, de la lecture, des restes d'une excellente éducation, de la politesse et des grâces même, quand il voulait, mais il le voulait très-rarement. Il avait toute la valeur de ses pères, et avait montré de l'application et de l'intelligence à la guerre. Ses mœurs perverses lui parurent une vertu. Ses amis n'étaient jamais en sûreté, tantôt par des insultes extrêmes, tantôt par des plaisanteries cruelles, et les chansons qu'il savait faire sur-le-champ et qui emportaient la pièce[1]. » Avec un tel caractère, on peut supposer que La Bruyère dut avoir quelques difficultés. Rien n'empêche de penser qu'il fait allusion à son élève lorsqu'il dit dans le chapitre *des Grands* : « Ne parler aux jeunes princes que du soin de leur rang est un excès de précaution, lorsque toute une cour met son devoir et une partie de sa politesse à les respecter, et qu'ils sont bien moins sujets à ignorer aucun des égards dus à leur naissance qu'à confondre les personnes et les traiter indifféremment et sans distinction des conditions et des titres. Ils ont une fierté naturelle qu'ils retrouvent dans les occasions ; il ne leur faut des leçons que pour la régler, que pour leur inspirer la bonté, l'honnêteté et l'esprit de discernement. » On trouverait encore dans le chapitre *de l'Homme* certains passages relatifs aux enfants, et qui ont dû être inspirés à La Bruyère par ses fonctions de précepteur.

Le mariage de *M. le Duc* avec mademoiselle de Nantes, en 1685, marqua la fin du préceptorat de La Bruyère. Il continua à demeurer à Versailles chez le prince de Condé, touchant une pension de mille écus et portant le titre d'é-

---

1. Chap. xiv.

cuyer et de *gentilhomme de monseigneur le Duc,* comme l'atteste son acte de décès, retrouvé à la paroisse de Notre-Dame de Versailles. La Bruyère était ainsi on ne peut mieux placé pour observer les hommes. La maison du prince de Condé était le rendez-vous de tout ce qu'il y avait alors de plus illustre dans la littérature : « M. le Prince, dit Saint-Simon[1], s'amusait assez aux ouvrages d'esprit et de science; il en lisait volontiers et en savait juger avec beaucoup de goût, de profondeur et de discernement. » A Chantilly surtout on disputait librement de tout, et les courtisans y déposaient le masque qu'ils prenaient à Versailles dans une cour devenue sérieuse, rangée, uniforme, depuis que madame de Maintenon y régnait. L'hospitalité libérale et éclairée que M. le Prince exerçait avec tant de politesse mit La Bruyère en relations fréquentes avec les plus beaux esprits du siècle : Bossuet, Racine, Molière, La Fontaine, Fénelon, entretenaient avec lui un précieux commerce d'amitié. Plus d'une fois on put les voir parcourir une allée du parc de Versailles, *l'allée des philosophes ;* dans ces réunions, que le public appelait *conciles,* on causait de littérature, de philosophie, de religion. Aucune distraction n'était plus chère à notre moraliste, et ce qu'il recueillit de ces entretiens, ce qu'il puisa dans la fréquentation de ses illustres amis, ce qu'il ajouta de leur expérience au fonds de ses observations personnelles, son livre est là pour le témoigner. Quelle communauté d'idées, quelquefois même d'expressions, entre La Bruyère et ces grands génies qu'il se plaisait tant à interroger! Nul doute que plusieurs de ses réflexions critiques, morales, religieuses, n'aient été parfois inspirées par ce commerce des plus nobles intelligences.

Ce fut au milieu de ces utiles et agréables loisirs qu'il devait à M. le Prince, que La Bruyère conçut l'idée de son livre. Fort de la conscience de son mérite, il voulut associer son nom à celui de ses amis. Il faisait de fréquentes promenades à Paris: dans les derniers mois de l'année 1687,

---

[1]. Chap. ccxiv.

il alla, selon son habitude, chez le libraire Michallet. Là, comme le raconte Formey, secrétaire perpétuel de l'académie de Berlin, qui lui-même tenait le fait de M. de Maupertuis, « il feuilletait les nouveautés, et s'amusait avec une fort gentille enfant, fille du libraire, qu'il avait prise en amitié. Un jour il tire un manuscrit de sa poche et dit à Michallet : « Voulez-vous imprimer ceci? (c'était les *Caractères*). Je ne sais si vous y trouverez votre compte; mais, en cas de succès, le produit sera pour ma petite amie. » Le libraire, plus incertain de la réussite que l'auteur, entreprit l'édition; mais à peine l'eut-il exposée en vente, qu'elle fut enlevée, et qu'il fut obligé de réimprimer plusieurs fois ce livre, qui lui valut deux ou trois cent mille francs. Telle fut la dot imprévue de sa fille, qui fit dans la suite le mariage le plus avantageux, et que M. de Maupertuis avait connue. »

Le privilége exclusif d'imprimer et de vendre est daté du 8 octobre 1687; la première édition porte la date de 1688. D'après une anecdote citée par tous les éditeurs, sur l'autorité de Voltaire, qui l'a insérée dans la première édition du *Siècle de Louis XIV,* imprimée à Berlin sous le nom de Francheville en 1751, La Bruyère, avant de remettre son manuscrit entre les mains du libraire, l'avait donné à lire à M. Nicolas de Malezieu, membre de l'Académie française: « Voilà, lui dit celui-ci, de quoi vous attirer beaucoup de lecteurs et beaucoup d'ennemis. » L'auteur du *Mercure galant,* Donneau de Visé, si rudement malmené par La Bruyère, ne put, malgré son inimitié pour l'auteur, que signaler le succès de son livre. Il raconte ce dont il fut témoin à Versailles le premier jour où parurent les *Caractères:* il vit de tous côtés « des pelotons qui éclataient de rire. » Chacun croyait y reconnaître les personnages : « Ce portrait est outré, » disaient les uns. — « Celui-ci, disaient les autres, l'est bien plus encore. » — « On dit telle chose de madame une telle, » ajoutait-on d'un autre côté. La conclusion, selon de Visé, était qu'il fallait se hâter d'acheter le livre pour voir les portraits dont il était rempli : il pouvait bien se faire que le libraire reçût l'ordre d'y faire des suppressions. Ainsi le succès était incontestable : dans la même année il y eut deux nouvelles éditions du livre. Ce n'était, dans sa forme primitive, qu'un volume in-12 de 360 pages, y compris le discours sur Théophraste, qui n'est point paginé. En 1689, le 15 février, Michallet publiait la cinquième édition. L'auteur, enhardi par le succès, avait entièrement refondu son ouvrage; le cadre restait le même, mais les caractères et les remarques étaient considérablement augmentés; il en fut de même jusqu'à la huitième édition, publiée en 1694, dans laquelle La Bruyère fit encore de fréquentes transpositions d'articles; enfin la neuvième, donnée en 1696, put être revue par lui avant sa mort.

Malgré la vogue avec laquelle les *Caractères* furent accueillis, La Bruyère semble se plaindre de la circonspection que mirent quelques amis à approuver son livre : « Bien des gens, dit-il[1], vont jusques à sentir le mérite d'un manuscrit qu'on leur lit, qui ne peuvent se déclarer en sa faveur, jusques à ce qu'ils aient vu le cours qu'il aura dans le monde par l'impression, ou quel sera son sort parmi les habiles : ils ne hasardent point leurs suffrages, et ils veulent être portés par la foule et entraînés par la multitude; ils disent alors qu'ils ont les premiers approuvé cet ouvrage et que le public est de leur avis. » Et plus loin : « Que ne disiez-vous seulement : Voilà un bon livre; vous le dites, il est vrai, avec toute la France, avec les étrangers comme avec vos compatriotes, quand il est imprimé par toute l'Europe et qu'il est traduit en plusieurs langues : il n'est plus temps. »

Parmi ceux dont le suffrage devança l'opinion, il faut citer Bussy-Rabutin; il écrivait le 10 mars 1688 au marquis de Thermes : « La Bruyère est entré plus avant que Théophraste dans le cœur de l'homme; il y est même entré plus délicatement et par des expressions plus fines. Ce ne sont pas des portraits de fantaisie qu'il nous a donnés : il a travaillé d'après nature... Au reste, monsieur, je suis de votre avis sur la destinée de cet ouvrage, qui, dès qu'il paraîtra,

---

1. *Des ouvrages de l'esprit.*

plaira fort aux gens qui ont de l'esprit, mais qu'à la longue il plaira encore davantage[1]. »

Heureux et reconnaissant de ce jugement favorable, La Bruyère se mit en rapport avec Bussy-Rabutin, dont il cite le nom dans sa quatrième édition : « *Capys*, qui s'érige en juge du beau style, et qui croit écrire comme BOUHOURS et RABUTIN, résiste à la voix du peuple, etc.[2] » La vogue toujours croissante du livre de La Bruyère, et que ne purent arrêter certaines rivalités obscures et mesquines, les amitiés puissantes qu'il avait su se concilier, le signalèrent à l'Académie. En 1691, sans rien avoir sollicité, il obtenait sept voix; on lui préféra alors Pavillon. Deux ans après, présenté par Racine, il était reçu presque à l'unanimité, malgré l'opposition violente de quelques esprits chagrins et jaloux. Son élection redoubla le déchaînement de l'envie et de la haine : on ne lui épargna ni l'indignation ni l'ironie, et les épigrammes du goût le plus équivoque; mais rien n'a jamais égalé la tempête qu'excita le discours du nouvel élu : ce fut, il faut le dire, un événement, presque une révolution littéraire. Les discours académiques, à part quelques nobles exceptions, ceux de Corneille, de Racine, de Bossuet, de Fénelon, de Boileau, n'étaient guère qu'un éternel lieu commun, où la pauvreté des idées le disputait à celle du style; La Bruyère en fait la critique dans la préface de son discours : « Être au comble de ses vœux de se voir académicien; protester que ce jour où l'on jouit pour la première fois d'un si rare bonheur est le jour le plus beau de sa vie; douter si cet honneur qu'on vient de recevoir est une chose vraie ou qu'on ait songée, et cent autres formules de compliments sont-elles si rares et si peu connues que je n'eusse pu les trouver, les placer, et en mériter des applaudissements? » Il voulut rompre avec ce passé; il voulut montrer aussi qu'il était capable d'écrire quelques pages de longue haleine. Son discours est un chef-d'œuvre

---

1. Nouvelles lettres de messire Roger de Rabutin, comte de Bussy, t. VI, p. 122, édit. publiée par M. Ludovic Lalanne.
2. Des ouvrages de l'esprit.

de bon sens et de bon goût; devançant le jugement de la postérité, La Bruyère, par une innovation hardie, fit l'éloge de plusieurs des membres vivants. On peut ne point accueillir sans réserve les louanges données à l'abbé de Choisy et à Segrais; mais qui songerait à contester la vérité des jugements portés sur celui qui « instruit en badinant, persuade aux hommes la vertu par l'organe des bêtes;» sur celui qui « passe Juvénal, atteint Horace;» sur ce poëte dramatique qui « vient après un homme loué, applaudi, admiré, dont les vers volent en tous lieux et passent en proverbe;» sur cet évêque à la fois « orateur, historien, théologien, philosophe, un Père de l'Église;» sur cet autre enfin qui, « toujours maître de l'oreille et du cœur de ceux qui l'écoutent, ne leur permet pas d'envier ni tant d'élévation, ni tant de facilité, de délicatesse, de politesse?» Assurément, dans ces appréciations, rien ne pouvait et ne devait choquer personne; l'envie pouvait reprocher à La Bruyère d'avoir uniquement loué ceux qui lui avaient donné leur voix et de garder le silence sur ceux qui lui avaient été contraires. La violence de ses détracteurs trouva dans l'allusion malicieuse faite à l'*OEdipe* de Corneille un prétexte à se déchaîner contre lui. Thomas Corneille et le neveu du grand poëte, Fontenelle, s'associèrent à de Visé pour décrier le discours du nouvel académicien. Le *Mercure galant*, dans le récit qu'il fit de cette séance académique (16 juin 1693), déclare que « l'ouvrage de M. de La Bruyère n'est qu'un amas de pièces détachées : rien n'est plus aisé que de faire trois ou quatre pages d'un portrait qui ne demande pas d'ordre. Il n'y a pas lieu de croire qu'un pareil recueil, qui choque les bonnes mœurs, ait fait obtenir à M. de La Bruyère la place qu'il a dans l'Académie. » Puis appréciant le discours, et reproduisant avec affectation les termes mêmes dont La Bruyère avait qualifié le *Mercure galant*, de Visé disait que « le discours est *au-dessous de rien*. » Le journaliste jusque-là était dans son droit; il dépassait toutes les bornes quand il faisait appel à la piété du roi pour empêcher la publication des œuvres de son adversaire : « Ceux qui s'attachent à ce genre d'écrit, prétendait-il, devraient être persuadés qu'il fait souffrir la piété du roi, et faire réflexion qu'on n'a jamais entendu ce monarque rien dire de désobligeant à personne. La satire n'est pas du goût de madame la Dauphine, et j'avais commencé une réponse aux *Caractères de mœurs* du vivant de cette princesse, qu'elle avait fort approuvée et qu'elle devait prendre sous sa protection, parce qu'elle repoussait la médisance. » Voilà le langage que tenait la haine. Les efforts des ennemis ameutés contre La Bruyère furent cette fois couronnés de succès : on parvint à persuader au public que le discours était médiocre ; La Bruyère, dans sa préface, expose au long toute cette intrigue : « Je viens d'entendre, a dit Théobalde, une grande vilaine harangue qui m'a fait bâiller vingt fois, et qui m'a ennuyé à la mort. Voilà ce qu'il a dit, et voilà ensuite ce qu'il a fait, lui et peu d'autres qui ont cru devoir entrer dans les mêmes intérêts : ils partirent pour la cour le lendemain de la prononciation de ma harangue ; ils allèrent de maisons en maisons ; ils dirent aux personnes auprès de qui ils ont accès que je leur avais balbutié la veille un discours où il n'y avait ni style ni sens commun, qui était rempli d'extravagances, et une vraie satire, etc. » Ce déchaînement de la médiocrité engagea l'auteur à insérer son discours dans sa huitième édition, en l'accompagnant d'une préface un peu longue, dans laquelle le philosophe, aigri par l'injustice, se départ de son calme habituel, et se montre peut-être trop sensible à la critique.

Trois ans après sa réception, en l'année 1696, pendant que l'on imprimait la neuvième édition de son livre, conforme de tous points à la précédente, et augmentée comme elle du discours à l'Académie et de sa préface, le bruit se répandait que le jeudi 11 mai il venait de succomber en deux ou trois heures à une attaque d'apoplexie. On l'inhumait le lendemain dans la vieille église de Notre-Dame de Versailles.

Le peu de témoignages qui nous restent sur La Bruyère s'accordent pour nous le montrer comme un homme simple et modeste : c'est le jugement que porte de lui Saint-Simon, comme on l'a vu plus haut. Boileau, en laissant entrevoir chez notre auteur une certaine prétention à l'esprit, parle également de lui avec estime dans une lettre à Racine du 19 mai 1687 : « Maximilien[1] m'est venu voir à Auteuil et m'a lu quelque chose de son *Théophraste*. C'est un fort honnête homme, et à qui il ne manquerait rien si la nature l'avait fait aussi agréable qu'il a envie de l'être. Du reste, il a de l'esprit, du savoir et du mérite. » L'amitié que lui témoignaient Bossuet et tant d'autres éminents personnages parle hautement en faveur de son caractère. Aussi peut-on accepter en toute confiance ce portrait qu'il a tracé de lui-même : « Venez dans la solitude de mon cabinet : le philosophe est accessible. Je ne vous remettrai pas à un autre jour... Entrez, toutes les portes vous sont ouvertes; mon antichambre n'est pas faite pour s'y ennuyer en m'attendant; passez jusqu'à moi sans me faire avertir. Vous m'apportez quelque chose de plus précieux que l'argent et l'or, si c'est une occasion de vous obliger. Parlez, que voulez-vous que je fasse pour vous? Faut-il quitter mes livres, mes études, mon ouvrage, cette ligne qui est commencée? Quelle interruption heureuse pour moi que celle qui vous est utile! etc.[2] »

Ce caractère affable du philosophe, tel que La Bruyère le comprend, se concilie chez lui avec la conscience de son mérite et une noble fierté. Tout semble indiquer qu'il eut du mal à percer, et cependant il se sentait né pour la gloire littéraire. « Quelle horrible peine, dit-il[3], à un homme qui est sans prôneurs et sans cabale, qui n'est engagé dans aucun corps, mais qui est seul, et qui n'a que beaucoup de mérite pour toute recommandation, de se faire jour à travers l'obscurité où il se trouve, et de venir au niveau d'un fat qui est en crédit! » Ailleurs[4] il faut voir comment il proclame hautement la dignité de l'écrivain refusant de s'a-

---

1. On a supposé qu'imitant le procédé employé par l'auteur dans ses portraits, Boileau le désigne ainsi à cause de ses remarques ou *maximes*.
2. Des biens de fortune.
3. Du mérite personnel.
4. Des biens de fortune.

baisser devant l'orgueil de la naissance et de la fortune : « *Chrysante*, homme opulent et impertinent, ne veut pas être vu avec *Eugène*, qui est homme de mérite, mais pauvre ; il croirait en être déshonoré. Eugène est pour Chrysante dans les mêmes dispositions : ils ne courent pas risque de se rencontrer. » Il semblerait, à la vigueur de ce trait, que l'auteur veut se venger de quelque humiliation à laquelle on aurait voulu le soumettre. On aime cet accent de mâle fierté chez l'écrivain, on y applaudit de tout cœur, quand on se rappelle combien au dix-septième siècle la condition des gens de lettres était peu considérée : « Il n'y a point d'art si mécanique ni de si vile condition où les avantages ne soient plus sûrs, plus prompts et plus solides. Le comédien, couché dans son carrosse, jette de la boue au visage de Corneille, qui est à pied. Chez plusieurs, savant et pédant sont synonymes[1]. » Si l'on songe également à la vanité de quelques-uns de ces grands tout infatués de leurs richesses ou de leur naissance, on ne s'étonnera pas que La Bruyère les ait traités parfois avec assez de dureté et d'amertume. Pour bien comprendre ses attaques, il faut se reporter au sein de cette société entichée de ses titres, de ses prérogatives, au milieu de ces hommes dont l'unique ambition était de se disputer un tabouret, un bougeoir à Marly ou à Versailles. De là cet âpre dédain dont il les accable ; de là cette sévérité qui n'est pas loin d'atteindre à l'injustice. Avec quel sentiment profond, comparant les deux conditions des hommes les plus opposées, les grands avec le peuple, La Bruyère s'écrie tout à coup : « Faut-il opter ? Je ne balance pas, je veux être peuple[2]. » Déjà avant notre moraliste, Molière avait eu de ces rudesses de langage contre les marquis et les grands seigneurs : on sait qu'elles ne déplaisaient point à Louis XIV, qui se trouvait rehaussé de tout l'affront qu'on leur faisait. La Bruyère, d'ailleurs, a soin de couvrir aussi ces hardiesses de l'éloge du souverain : c'était le passe-port légitime de ces attaques dirigées contre d'éclatants ridi-

1. Des jugements.
2. Des grands.

cules. Cet esprit de nivellement, qui semble chez notre écrivain comme un avant-coureur du siècle essentiellement philosophique, le dix-huitième, n'est pas la seule surprise qui attende le lecteur des *Caractères*. La Bruyère ne se renferme pas uniquement dans le présent : sa vue pénètre dans l'avenir; il a comme le pressentiment qu'un monde nouveau va succéder à l'ancien : « Si l'on juge par le passé de l'avenir[1], quelles choses nouvelles nous sont inconnues dans les arts, dans les sciences, dans la nature, et j'ose dire dans l'histoire! Quelles découvertes ne fera-t-on point? quelles différentes révolutions ne doivent pas arriver sur toute la face de la terre, dans les États et dans les empires ? »

On voudrait que La Bruyère eût toujours cette sérénité de jugement, cette indépendance, ce libéralisme d'esprit; mais il était homme; il n'a pu s'élever entièrement au-dessus des préjugés de son siècle : en littérature il a des appréciations parfois contestables; en religion et en politique son esprit a des défaillances. Sans doute en lisant les règles de goût qu'il a tracées, les jugements qu'il a portés sur les principaux écrivains de son temps, on reconnaît en lui un esprit de la famille de Boileau : sa critique est saine, éclairée; mais aujourd'hui Voiture a beaucoup perdu de sa vogue, le rapprochement de Malherbe et de Théophile paraît fort singulier, et les reproches adressés au style de Molière sont bien injustes. D'un autre côté La Bruyère, à l'exemple de Bossuet, de Fénelon, de Racine, de Fontenelle, a cru devoir approuver hautement la révocation de l'édit de Nantes, et l'on regrette, dans un esprit aussi mesuré que le sien, l'aveugle haine dont il poursuit Guillaume d'Orange. Ces réserves faites, il n'y a guère qu'à louer chez notre auteur : critique judicieux, il parle en maître des maîtres du style; moraliste, il a une généreuse sympathie pour tout ce qui est bien, une répulsion instinctive pour le mal. Sous une apparence dogmatique, on sent battre un cœur en lui : c'est avec une pitié profonde qu'il compatit au malheur : « Il y a

---

1. Des jugements.

des misères sur la terre qui saisissent le cœur : il manque
à quelques-uns jusqu'aux aliments; ils redoutent l'hiver,
ils appréhendent de vivre, etc.... [1]. »

La Bruyère expose toujours son opinion avec une grande
modestie : rien de sentencieux ni de pédantesque dans ses
affirmations; souvent même il emploie la forme dubitative,
oserais-je. Il excelle à varier ses descriptions et ses tableaux :
tantôt c'est un apologue ingénieux et délicat, tantôt un portrait largement esquissé ou de modeste dimension, tantôt un
contraste énergique et puissant. Il faudrait citer la plus grande
partie du livre pour donner une idée de ce style varié, pressant, incisif, vigoureux, coloré, s'élevant parfois jusqu'à l'éloquence. La Bruyère offrirait des modèles de tous les tons :
grâce, délicatesse, élégance, amertume, âpreté, ironie,
grandeur, il a su fondre tout dans son livre. On trouve
en lui la sensibilité si aimable de Fénelon, lorsqu'il esquisse
le tableau d'une petite ville : « J'approche d'une petite ville,
et je suis déjà sur une hauteur d'où je la découvre. Elle est
située à mi-côte; une rivière baigne ses murs et coule ensuite dans une belle prairie; elle a une forêt épaisse qui la
couvre des vents froids et de l'aquilon. Je la vois dans un
jour si favorable, que je compte ses tours et ses clochers;
elle me paraît peinte sur le penchant de la colline [2]. » Le
même charme de style règne dans cette comparaison :
« Quand vous voyez quelquefois un nombreux troupeau
qui, répandu sur une colline vers le déclin d'un beau jour,
paît tranquillement le thym et le serpolet, ou qui broute
dans une prairie une herbe menue et tendre qui a échappé
à la faux du moissonneur, le berger, soigneux et attentif,
est debout auprès de ses brebis; il ne les perd pas de vue,
il les suit, il les conduit, il les change de pâturage, etc. [3]. »
Ailleurs il aura de ces coups de vigueur qui rappellent Bossuet; rien de plus saisissant que la catastrophe du parvenu
chassé par ses créanciers de la maison qu'il a embellie à

1. Des biens de fortune.
2. De la société et de la **conversation**.
3. Du souverain ou de la république.

tant de frais : « Ses créanciers l'en ont chassé ; il a tourné la tête, et il l'a regardée de loin une dernière fois ; et il est mort de saisissement[1]. » Souvent il rappelle Molière, qu'il avait beaucoup étudié ; il a comme lui ce don d'observation vive et profonde qui va droit au ridicule et cette hardiesse de style qui l'étale dans tout son jour. Chrétien et philosophe, il s'inspire des grandes pensées de Descartes, de Pascal et de Bossuet ; religieux sans rigorisme, philosophe sans pédanterie, il a recueilli toutes les idées généreuses du grand siècle. Aucune des questions qui se sont agitées ne le laisse indifférent : morale, politique, religion, tout a sa part dans les études de La Bruyère ; la grammaire même n'est point oubliée ; le chapitre *de quelques usages* est là pour le témoigner. Comme Fénelon, il semble vouloir lutter contre l'appauvrissement de la langue ; il regrette certains mots, certaines tournures du temps passé ; il les reproduit, il voudrait les voir refleurir : parfois, il est vrai, son zèle l'emporte un peu loin, et, pour vouloir être trop régulier, trop symétrique, il lui arrive de forcer l'expression. Le reproche qu'on pourrait lui adresser comme écrivain, c'est que chez lui l'art se laisse quelquefois apercevoir : on voudrait plus de naturel ; mais quelques taches ne sauraient faire oublier les éclatants mérites de son livre. Parmi les causes de son succès, il ne faut point oublier de tenir compte de l'époque où il fut publié : on était dans la période la plus florissante du grand règne, entre 1688 et 1696 ; déjà cependant il y avait quelques symptômes de décadence. Sous l'impulsion de Guillaume d'Orange, l'Europe se coalisait contre Louis XIV ; la France allait s'épuiser, d'abord par ses victoires, bientôt par ses défaites : les provinces étaient en proie à une désolante misère, avec laquelle la scandaleuse fortune des partisans faisait un odieux contraste ; l'impérieux besoin d'unité qui dévorait Louis XIV donnait, par la révocation de l'édit de Nantes, le signal de rigueurs contre les protestants, funestes à la richesse du pays ; le roi encourageait en

---

1. Des biens de fortune.

même temps par des faveurs et des pensions les plus honteuses apostasies : l'esprit d'irréligion, la fureur de l'immoralité, la fièvre du scandale, envahissaient la cour ; l'indifférence, l'hypocrisie, l'athéisme, levaient la tête; les passions littéraires étaient aussi en jeu : la querelle des anciens et des modernes partageait les esprits en deux camps. Ce fut alors que La Bruyère publia son livre : par la traduction d'un ancien; il se rangeait parmi les partisans de l'antiquité, c'est-à-dire parmi les écrivains les plus autorisés du siècle ; c'était une première entrée en faveur. Que l'on ajoute à cela le tableau coloré, spirituel, hardi, de la société moderne, et l'on aura l'idée de la popularité dont il a dû jouir dès le principe et du déchaînement qu'il souleva. D'ailleurs La Bruyère déclarait modestement s'être inspiré de ses devanciers; il explique lui-même dans son discours sur Théophraste comment il a été amené à concevoir son livre : il n'a point voulu « suivre le projet de ce philosophe, parce qu'il est toujours pernicieux de poursuivre le travail d'autrui, surtout si c'est d'un ancien ou d'un auteur d'une grande réputation. » Il n'a point été « détourné de son entreprise par deux ouvrages de morale qui sont dans les mains de tout le monde, et d'où, faute d'attention, ou par un esprit de critique, quelques-uns pourraient penser que ces remarques sont imitées. » Puis il caractérisait en quelques mots fort judicieux les *Pensées* de Pascal et les *Maximes* de La Rochefoucauld, pour montrer qu'il ne suivait aucune de ces routes : « Moins sublime que le premier, moins délicat que le second, il ne tend qu'à rendre l'homme raisonnable, mais par des voies simples et communes, et en l'examinant indifféremment, sans beaucoup de méthode, et selon que les divers chapitres y conduisent par les âges, les sexes et les conditions, et par les vices, les faibles et le ridicule qui y sont attachés. »

Ajoutons à ce que La Bruyère dit de son livre que, plusieurs fois retouché entre la date de son apparition et celle de la mort de l'auteur, il se ressent des impressions diverses que laissaient en lui les événements : c'est un miroir fidèle de l'époque; mais ce qui le rend encore aujourd'hui si intéressant, c'est, comme on l'a déjà dit, qu'il a su généraliser ses peintures. Ces allusions que l'on prétendait saisir dans son livre étaient une des critiques qui préoccupaient le plus La Bruyère, et il s'efforce de la détruire dans son avant-propos et dans la préface du discours à l'Académie : « J'ai peint la vérité d'après nature, mais je n'ai pas toujours songé à peindre celui-ci ou celle-là dans mon livre des mœurs. Je ne me suis point loué au public pour faire des portraits qui ne fussent que vrais et ressemblants, de peur que quelquefois ils ne fussent pas croyables et ne parussent feints ou imaginés. » Enfin, à ceux qui lui reprochaient que son livre n'est qu'un amas de pièces détachées, il répondait encore dans la même préface qu'il y avait un plan et une économie réelle dans les *Caractères;* que tous les chapitres n'étaient que des préparations au dernier, « où l'athéisme est attaqué et peut-être confondu. » Cela ne voulait pas dire que l'auteur ne se fût point débarrassé du travail des transitions; mais qui pourrait le lui reprocher, lorsqu'il doit souvent à cette circonstance les plus heureux effets ?

Nous ne terminerons pas cette notice sans rappeler que MM. Suard, Sainte-Beuve, Cousin, Nisard, ont apprécié avec le goût le plus sûr et la critique la plus judicieuse le livre des *Caractères;* nous n'oublierons pas aussi de mentionner les éditions de MM. Walckenaer, Hémardinquer, Louandre, Destailleur et Mancel, dont le travail, antérieur au nôtre, nous a fourni souvent de précieux renseignements qu'il nous a été donné parfois de compléter ou de rectifier.

LES CARACTÈRES

ou

LES MŒURS DE CE SIÈCLE.

> Admonere volumus, non mordere; prodesse, non lædere; consulere moribus hominum, non officere. ÉRASME[1].

Je rends au public ce qu'il m'a prêté : j'ai emprunté de lui la matière de cet ouvrage ; il est juste que, l'ayant achevé avec toute l'attention pour la vérité dont[2] je suis capable, et qu'il mérite de moi, je lui en fasse la restitution. Il peut regarder avec loisir ce portrait que j'ai fait de lui d'après nature, et, s'il se connaît quelques-uns des défauts que je touche, s'en corriger. C'est l'unique fin que l'on doit se proposer en écrivant, et le succès aussi que l'on doit moins[3] se

---

1. Érasme, de Rotterdam, né en 1467, mort en 1536. Caractère et esprit tout français ; a écrit le latin comme une langue vivante ; a touché et résolu avec infiniment d'esprit et de raison pratique toutes les questions de son siècle ; principaux ouvrages, les *Adages*, les *Colloques*, le *Traité du libre arbitre*, l'*Éloge de la Folie*.

2. *Dont je suis capable. Dont* se rapporte à *attention*, tournure usitée au 17ᵉ siècle ; on séparait le pronom relatif de son antécédent : « Ma mère étant morte, *dont* on ne peut m'ôter le bien. » (Molière, l'Av., II, 1.) « Comme le mal fut prompt, *dont* on la vit mourir. » (Id., Dép. am., II, 1.) Même usage pour le relatif *qui* : « Il me faudrait *un cheval* pour monter mon valet, *qui* me coûtera bien trente pistoles. » (Molière, Scap., II, 8.) « On ne parlait qu'avec transport de *la bonté* de cette princesse, *qui* lui gagna d'abord tous les esprits. (Bossuet, Or. fun. de la duch. d'Orl.) « La *déesse* en entrant *qui* voit la nappe mise. » (Boileau, Lutr., I.)

3. *Moins*, pour *le moins* ; locution très-usitée au 16ᵉ siècle et surtout au moyen âge, qui commençait à se perdre. « L'exploict sera faict à *moindre* effusion de sang que sera possible. » (Rabelais, Garg., I, 20.) « Quand je rencontre, parmy les opinions *plus modérées*. » (Mont., II, 11.) « Leur *plus sûr* parti a toujours été de se taire. » (Pascal, 3ᵉ Lett.)

1. La Bruyère.

promettre. Mais comme les hommes ne se dégoûtent point du vice, il ne faut pas aussi[1] se lasser de leur reprocher[2]; ils seraient peut-être pires s'ils venaient à manquer de censeurs ou de critiques : c'est ce qui fait que l'on prêche et que l'on écrit. L'orateur et l'écrivain ne sauraient vaincre la joie qu'ils ont d'être applaudis; mais ils devraient rougir d'eux-mêmes s'ils n'avaient cherché, par leurs discours ou par leurs écrits, que des éloges : outre que l'approbation la plus sûre et la moins équivoque est le changement de mœurs et la réformation de ceux qui les lisent ou qui les écoutent. On ne doit parler, on ne doit écrire que pour l'instruction ; et, s'il arrive que l'on plaise, il ne faut pas néanmoins s'en repentir, si cela sert à insinuer et à faire recevoir les vérités qui doivent instruire : quand donc il s'est glissé dans un livre quelques pensées ou quelques réflexions qui n'ont ni le feu, ni le tour, ni la vivacité des autres, bien qu'elles semblent y être admises pour la variété, pour délasser l'esprit, pour le rendre plus présent et plus attentif à ce qui va suivre, à moins que d'ailleurs elles ne soient sensibles, familières, instructives, accommodées au simple peuple, qu'il n'est pas permis de négliger, le lecteur peut les condamner, et l'auteur les doit proscrire : voilà la règle. Il y en a une autre, et que j'ai intérêt que l'on veuille suivre, qui est de ne pas perdre mon titre de vue, et de penser toujours, et dans toute la lecture de cet ouvrage, que ce sont les caractères[3] ou les

« Chargeant de mon débris les reliques *plus chères*. » (Racine, *Bajazet*, III, 2.) « Ce désintéressement qui le portait à préférer ce qui était *plus utile* à l'État à ce qui pouvait être plus glorieux pour lui-même. » (Fléchier, *Or. fun. de Turenne*.) Voir plus loin : Je ne sais qui sont *plus* redevables.

1. *Aussi*, pour *non plus* dans une phrase négative : « Je ne suis pas *aussi* pour ces gens turbulents. » (Molière, *Éc. des femm.*, IV, 8.) « Ce n'est pas en gentilhomme *aussi* que je veux vous traiter. » (Id., *G. D.*, II, 10.)

2. *Reprocher*, employé absolument comme plusieurs verbes au 17e siècle, par exemple :

Et si sa liberté le faisait *entreprendre*. (Corneille, *Cinna*, V, 1.)
Cependant *je possède*... (Id., *Rodog.*, II, 2.)

3. *Caractères*. M. Cousin a fait remarquer (*Revue des Deux-Mondes*,
1.

mœurs de ce siècle que je décris : car, bien que je les tire souvent de la cour de France et des hommes de ma nation, on ne peut pas néanmoins les restreindre à une seule cour, ni les renfermer en un seul pays, sans que mon livre ne perde beaucoup de son étendue et de son utilité, ne s'écarte du plan que je me suis fait d'y peindre les hommes en général, comme des raisons qui entrent dans l'ordre des chapitres, et dans une certaine suite insensible des réflexions qui les composent[1]. Après cette précaution si nécessaire, et dont on pénètre assez les conséquences, je crois pouvoir protester contre tout chagrin, toute plainte, toute maligne interprétation, toute fausse application et toute censure ; contre les froids plaisants et les lecteurs malintentionnés. Il faut savoir lire, et ensuite se taire, ou pouvoir rapporter ce qu'on a lu, et ni plus ni moins que ce qu'on a lu ; et si on le peut quelquefois, ce n'est pas assez, il faut encore le vouloir faire : sans ces conditions, qu'un auteur exact et scrupuleux est en droit d'exiger de certains esprits pour l'unique récompense de son travail, je doute qu'il doive continuer d'écrire, s'il préfère du moins sa propre satisfaction à l'utilité de plusieurs et au zèle de la vérité[2]. J'avoue d'ailleurs que j'ai

---

1ᵉʳ janvier 1854) que ce titre de *caractère* signifiait au 17ᵉ siècle *portrait*, et que ce fut un genre de passe-temps imaginé par mademoiselle de Montpensier, fille de Gaston, duc d'Orléans.

1. Voici ce que dit La Bruyère dans la préface de son discours à l'Académie : « De seize chapitres qui le composent, il y en a quinze qui s'attachent à découvrir le faux et le ridicule qui se rencontrent dans les objets des passions et des attachements humains, ne tendent qu'à ruiner tous les obstacles qui affaiblissent d'abord et qui éteignent ensuite dans tous les hommes la connaissance de Dieu ; ainsi ils ne sont que des préparations au seizième et dernier chapitre, où l'athéisme est attaqué et peut-être confondu. » On ne peut protester d'une manière plus explicite contre les chercheurs d'allusions.

2. *Zèle de la vérité*, latinisme assez fréquent au 17ᵉ siècle : « *Du zèle de ma loi* que sert de vous parer ? »(Racine. *Ath.*, I, 1.) « L'honneur *des premiers faits* se perd par les seconds. » (Corneille, *Hor.*, V, 2.) « Il y en a d'aucunes qui prennent des maris seulement pour se tirer *de la contrainte de leurs parents.* » (Molière, *Mal. imag.*, II, 7.) « On voit... les révoltes, les idolâtries, les châtiments, les *consolations du peuple de Dieu.* » (Bossuet, *Hist. univ.*, 4ᵉ ép.)

balancé dès l'année 1690, et avant la cinquième édition[1], entre l'impatience de donner à mon livre plus de rondeur et une meilleure forme par de nouveaux caractères, et la crainte de faire dire à quelques-uns : « Ne finiront-ils point ces caractères, et ne verrons-nous jamais autre chose de cet écrivain ? » Des gens sages me disaient d'une part : « La matière est solide, utile, agréable, inépuisable ; vivez longtemps, et traitez-la sans interruption pendant que vous vivrez ; que pourriez-vous faire de mieux ? Il n'y a point d'année que les folies des hommes ne puissent vous fournir un volume. » D'autres, avec beaucoup de raison, me faisaient redouter les caprices de la multitude et la légèreté du public, de qui j'ai néanmoins de si grands sujets d'être content, et ne manquaient pas de me suggérer que, personne presque depuis trente années ne lisant plus que pour lire, il fallait aux hommes, pour les amuser, de nouveaux chapitres et un nouveau titre : que cette indolence avait rempli les boutiques et peuplé le monde, depuis tout ce temps, de livres froids et ennuyeux, d'un mauvais style et de nulle ressource, sans règles et sans la moindre justesse, contraires aux mœurs et aux bienséances, écrits avec précipitation et lus de même, seulement par[2] leur nouveauté[3] ; et

---

1. La Bruyère a donné huit éditions de son livre : la première est de 1688, la dernière de 1694 ; celle de 1696, publiée après sa mort, avait été préparée par lui et contenait ses dernières corrections : c'est sur celle-ci que M. Walckenaër, et après lui M. Destailleur, ont établi un texte que l'on peut regarder comme définitif.

2. *Par*, à cause de : « J'écris de provision, mais c'est *par* une raison bien différente de celle que je vous donnais un jour. » (*Madame de Sévigné*.) « Votre Majesté doit s'appliquer à connaître à fond les misères des provinces, et surtout ce qu'elles ont à souffrir... tant *par* les désordres des gens de guerre que *par* les frais qui se font à lever la taille. » (Bossuet, *Lett. à Louis XIV*.)

3. La Bruyère fait allusion à des livres du genre de ceux dont parle Boileau dans l'épître IX :

... Mon vers bien ou mal dit toujours quelque chose.
C'est par là quelquefois que ma rime surprend :
C'est là ce que n'ont point Jonas, ni Childebrand,
Ni tous ces vains amas de frivoles sornettes,

que, si je ne savais qu'augmenter un livre raisonnable, le mieux que je pouvais faire était de me reposer. Je pris alors quelque chose de ces deux avis si opposés, et je gardai un tempérament qui les rapprochait : je ne feignis point d'ajouter quelques nouvelles remarques à celles qui avaient déjà grossi du double la première édition de mon ouvrage ; mais afin que le public ne fût point obligé de parcourir ce qui était ancien pour passer à ce qu'il y avait de nouveau, et qu'il trouvât sous ses yeux ce qu'il avait seulement envie de lire, je pris soin de lui désigner cette seconde augmentation par une marque particulière. Je crus aussi qu'il ne serait pas inutile de lui distinguer la première augmentation par une autre marque plus simple, qui servît à lui montrer le progrès de mes Caractères, et à aider son choix dans la lecture qu'il en voudrait faire[1] : et, comme il pouvait craindre que ce progrès n'allât à l'infini, j'ajoutais à toutes ces exactitudes une promesse sincère de ne plus rien hasarder en ce genre. Que si quelqu'un m'accuse d'avoir manqué à ma parole, en insérant dans les trois éditions qui ont suivi un assez grand nombre de nouvelles remarques, il verra du moins qu'en les confondant avec les anciennes par la suppression entière de ces différences, qui se voient par apostille[2], j'ai moins pensé à lui faire lire rien de nouveau qu'à laisser peut-être un ouvrage de mœurs plus complet, plus fini et plus régulier à la postérité. Ce ne sont point, au reste, des maximes que j'ai voulu écrire[3] : elles

---

Montre, Miroir d'amour, Amitiés, Amourettes,
Dont le titre souvent est l'unique soutien,
Et qui, parlant beaucoup, ne disent jamais rien.

Le premier ouvrage est de Bonnecorse, le second de Charles Perrault, les deux autres de Le Pays.

1. On a retranché ces marques, devenues actuellement inutiles.
2. *Apostille*, annotation en marge ou au bas d'un écrit. « Luther, dans les *apostilles* qu'il fit sur la bulle. » (Bossuet, *Var.*, I.)
3. Allusion à l'ouvrage de La Rochefoucauld, *Réflexions*, ou *Sentences et Maximes morales*.

sont comme des lois dans la morale; et j'avoue que je n'ai ni assez d'autorité ni assez de génie pour faire le législateur. Je sais même que j'aurais péché contre l'usage des maximes, qui veut qu'à la manière des oracles elles soient courtes et concises. Quelques-unes de ces remarques le sont, quelques autres sont plus étendues. On pense les choses d'une manière différente, et on les explique par un tour aussi tout différent, par une sentence, par un raisonnement, par une métaphore ou quelque autre figure, par un parallèle, par une simple comparaison, par un fait tout entier, par un seul trait, par une description, par une peinture : de là procède la longueur ou la brièveté de mes réflexions. Ceux enfin qui font des maximes veulent être crus : je consens au contraire que l'on dise de moi que je n'ai pas quelquefois bien remarqué, pourvu que l'on remarque mieux.

Des ouvrages de l'esprit.

Tout est dit : et l'on vient trop tard depuis plus de sept mille ans qu'il y a des hommes, et qui pensent[1]. Sur ce qui concerne les mœurs, le plus beau et le meilleur est enlevé : l'on ne fait que glaner après les anciens et les habiles d'entre les modernes[2].

Il faut chercher seulement à penser et à parler juste, sans vouloir amener les autres à notre goût et à nos sentiments[3] : c'est une trop grande entreprise.

C'est un métier que de faire un livre, comme de faire une pendule. Il faut plus que de l'esprit pour être auteur. Un magistrat allait par son mérite à la première dignité[4], il était homme délié et pratique dans les affaires ; il a fait imprimer un ouvrage moral qui est rare par le ridicule[5].

---

1. *Et qui pensent*, tournure vive et elliptique, imitée du latin et du grec. Madame de Sévigné a dit d'une manière à peu près semblable : « Voici ce que j'apprends en entrant ici, *dont* je ne puis me remettre, *et qui* fait que je ne sais plus ce que je vous mande. (*Lett.* 137.) La Bruyère dit plus loin (p. 11) : « Un bon auteur, *et qui* écrit avec soin. »

2. *Les habiles d'entre les modernes*, hellénisme dont on trouve quelques exemples au 17e siècle ; quant au mot, il a changé de signification : La Bruyère et Molière l'emploient souvent dans le sens qu'il a ici, celui de *savants* ; Vauvenargues a dit aussi : « Il est vrai que les *habiles* réforment nos jugements. » (*De l'esprit humain*, XII.)

3. *A nos sentiments*, à notre manière de voir : « Et puisque j'ai bien l'audace de me défendre contre les *sentiments* de madame. » (Molière, *Crit. de l'Éc. des fem.*, VII.) Plus loin, même scène : « Ce n'est pas mon *sentiment*, pour moi. »

4. *Allait à la première dignité*. Aller, dans le sens de s'avancer jusqu'à : « Toutes vos inclinations *vont à* la grandeur. » (Balzac.) « Mais sa fureur *ne va qu'à* briser nos autels. » (Corneille, *Pol.*, I, 3.)

5. Molière exprime une idée analogue, *Misanth.*, IV, 1 :

De quoi s'offense-t-il et que veut-il me dire ?
Y va-t-il de sa gloire à ne pas bien écrire ?
Que lui fait mon avis qu'il a pris de travers ?
On peut être honnête homme et faire mal des vers.

Il n'est pas si aisé de se faire un nom par un ouvrage parfait que d'en faire valoir un médiocre par le nom qu'on s'est déjà acquis.

Un ouvrage satirique ou qui contient des faits, qui est donné en feuilles sous le manteau, aux conditions d'être rendu de même, s'il est médiocre, passe pour merveilleux : l'impression est l'écueil[1].

Si l'on ôte de beaucoup d'ouvrages de morale l'avertissement au lecteur, l'épître dédicatoire, la préface, la table, les approbations[2], il reste à peine assez de pages pour mériter le nom de livre.

Il y a de certaines choses dont la médiocrité est insupportable : la poésie[3], la musique, la peinture, le discours public.

Quel supplice que celui d'entendre déclamer pompeusement un froid discours, ou prononcer de médiocres vers avec toute l'emphase d'un mauvais poëte !

Certains poëtes sont sujets dans le dramatique à de longues suites de vers pompeux, qui semblent forts, élevés, et remplis de grands sentiments. Le peuple écoute avidement, les yeux élevés et la bouche ouverte, croit que cela lui plaît, et à mesure qu'il y comprend moins, l'admire davantage ; il n'a pas le temps de respirer, il a à peine celui de se récrier[4] et d'applaudir. J'ai cru autrefois, et dans ma pre-

---

1. Tel écrit récité se soutient à l'oreille,
   Qui, dans l'impression au grand jour se montrant,
   Ne soutient pas des yeux le regard pénétrant.   (Boileau, *Art poét.*, IV.)

2. *Approbations*, autorisation donnée par un censeur pour l'impression et la publication d'un livre.

3. *La poésie.* Horace a dit :

   Mediocribus esse poetis
   Non di, non homines, non concessere columnæ.
                                    (*Ars poet.*, 879.)

Et Boileau, *Sat. IX*, 25 :

   Et ne savez-vous pas que, sur ce mont sacré,
   Qui ne vole au sommet tombe au plus bas degré ?

Art poét., IV, 28 :

   Il est dans tout autre art des degrés différents :
   On peut avec honneur remplir les seconds rangs ;
   Mais dans l'art dangereux de rimer et d'écrire,
   Il n'est point de degrés du médiocre au pire :
   Qui dit froid écrivain dit détestable auteur.

4. *Se récrier.* « J'enrage de voir de ces gens qui... dans une comédie *se récrieront* aux méchants endroits. » (Molière, *Crit. de l'École des femmes*, VI.)

mière jeunesse, que ces endroits étaient clairs et intelligibles pour les acteurs, pour le parterre et l'amphithéâtre; que leurs auteurs s'entendaient eux-mêmes, et qu'avec toute l'attention que je donnais à leur récit, j'avais tort de n'y rien entendre : je suis détrompé.

L'on n'a guère vu, jusqu'à présent, un chef-d'œuvre d'esprit qui soit l'ouvrage de plusieurs. Homère a fait l'Iliade; Virgile, l'Énéide; Tite-Live, ses Décades; et l'Orateur romain, ses Oraisons.

Il y a dans l'art un point de perfection, comme de bonté ou de maturité dans la nature : celui qui le sent et qui l'aime a le goût parfait; celui qui ne le sent pas, et qui aime en deçà ou au delà[1], a le goût défectueux. Il y a donc un bon et un mauvais goût[2], et l'on dispute des goûts avec fondement.

Il y a beaucoup plus de vivacité que de goût parmi les hommes; ou, pour mieux dire, il y a peu d'hommes dont l'esprit soit accompagné d'un goût sûr et d'une critique judicieuse.

La vie des héros a enrichi l'histoire, et l'histoire a embelli les actions des héros : ainsi je ne sais qui sont plus redevables, ou ceux qui ont écrit l'histoire à ceux qui leur en ont fourni une si noble matière, ou ces grands hommes à leurs historiens.

Amas d'épithètes, mauvaises louanges : ce sont les faits qui louent, et la manière de les raconter.

Tout l'esprit d'un auteur consiste à bien définir et à bien peindre. MOÏSE[3], HOMÈRE, PLATON, VIRGILE, HORACE, ne sont au-dessus des autres écrivains que par leurs expressions[4] et

---

1. *Qui aime en deçà ou au delà.* Horace a dit :

> Est modus in rebus, sunt certi denique fines
> Quos ultra citraque nequit consistere rectum. (Sat., I, 1.)

2. *Un bon et un mauvais goût.* Voltaire dans le *Dictionnaire philosophique*, à l'article *Goût*, offre un développement fort juste de ces idées; en voici quelques traits : « Le goût dépravé dans les aliments est de choisir ceux qui dégoûtent les autres hommes; c'est une espèce de maladie. Le goût dépravé dans les arts est de se plaire à des sujets qui révoltent les esprits bien faits, de préférer le burlesque au noble, le précieux et l'affecté au beau simple et naturel : c'est une maladie de l'esprit. »

3. Quand même on ne le considère que comme un homme qui a écrit. (*La Bruyère.*)

4. *Leurs expressions.* « Nous professons une admiration sérieuse et réfléchie pour notre art national du 17e siècle, parce que, sans nous

leurs images : il faut exprimer le vrai, pour écrire naturellement, fortement, délicatement[1].

On a dû faire du style ce qu'on a fait de l'architecture : on a entièrement abandonné l'ordre gothique, que la barbarie avait introduit pour les palais et pour les temples[2]; on a rappelé le dorique, l'ionique et le corinthien : ce qu'on ne voyait plus que dans les ruines de l'ancienne Rome et de la vieille Grèce, devenu moderne, éclate dans nos portiques et dans nos péristyles. De même on ne saurait en écrivant rencontrer le parfait, et, s'il se peut, surpasser les anciens que par leur imitation.

Combien de siècles se sont écoulés avant que les hommes dans les sciences et dans les arts aient pu revenir au goût des anciens, et reprendre enfin le simple et le naturel !

On se nourrit des anciens et des habiles modernes; on les presse, on en tire le plus que l'on peut, on en renfle ses ouvrages; et quand enfin l'on est auteur, et que l'on croit marcher tout seul, on s'élève contre eux, on les maltraite, semblable à ces enfants drus et forts d'un bon lait qu'ils ont sucé, qui battent leur nourrice.

Un auteur moderne[3] prouve ordinairement que les anciens nous sont inférieurs en deux manières, par raison et par exemple : il tire la raison de son goût particulier, et l'exemple de ses ouvrages.

Il avoue que les anciens, quelque inégaux et peu corrects qu'ils soient, ont de beaux traits; il les cite, et ils sont si beaux qu'ils font lire sa critique.

Quelques habiles[4] prononcent en faveur des anciens contre

dissimuler ce qui lui manque, nous y trouvons ce que nous préférons à toute chose, la grandeur unie au bon sens et à la raison, la simplicité et la force, le génie de la composition, surtout celui de l'expression. » (Cousin, *Du vrai, du beau, du bien*, X^e leç.)

1. On trouvera un excellent commentaire de ce passage dans la *Lettre à l'Académie* de Fénelon, Projet de poétique.
2. Voir encore Fénelon, § X : « Les inventeurs de l'architecture qu'on nomme *gothique*, et qui est, dit-on, celle des Arabes, crurent sans doute avoir surpassé les architectes grecs.... Changez seulement les noms, mettez les poëtes et les orateurs en la place des architectes : Lucain devait naturellement croire qu'il était plus grand que Virgile; Sénèque le tragique pouvait s'imaginer qu'il brillait bien plus que Sophocle; le Tasse a pu espérer de laisser derrière lui Virgile et Homère. »
3. Il est probable que La Bruyère désigne ici Charles Perrault, de l'Académie française, qui venait de faire paraître son *Parallèle des anciens et des modernes*.
4. Boileau et Racine.

les modernes ; mais ils sont suspects, et semblent juger en leur propre cause, tant leurs ouvrages sont faits sur le goût de l'antiquité : on les récuse[1].

L'on devrait aimer à lire ses ouvrages à ceux qui en savent assez pour les corriger et les estimer.

Ne vouloir être ni conseillé[2] ni corrigé sur son ouvrage est un pédantisme.

Il faut qu'un auteur reçoive avec une égale modestie[3] les éloges et la critique que l'on fait de ses ouvrages.

Entre toutes les différentes expressions qui peuvent rendre une seule de nos pensées, il n'y en a qu'une qui soit la bonne ; on ne la rencontre pas toujours en parlant ou en écrivant. Il est vrai néanmoins qu'elle existe, que tout ce qui ne l'est point est faible, et ne satisfait point un homme d'esprit qui veut se faire entendre.

Un bon auteur, et qui écrit avec soin, éprouve souvent que l'expression qu'il cherchait depuis longtemps sans la connaître, et qu'il a enfin trouvée, est celle qui était la plus simple, la plus naturelle, qui semblait devoir se présenter d'abord et sans effort.

Ceux qui écrivent par humeur[4] sont sujets à retoucher à leurs ouvrages. Comme elle n'est pas toujours fixe, et qu'elle varie en eux selon les occasions, ils se refroidissent bientôt pour les expressions et les termes qu'ils ont le plus aimés.

La même justesse d'esprit qui nous fait écrire de bonnes choses nous fait appréhender qu'elles ne le soient pas assez pour mériter d'être lues.

---

1. La querelle des anciens et des modernes a eu, au 17ᵉ siècle, un grand retentissement. Perrault en donna le signal par un poëme lu à l'Académie en 1687 et intitulé *le Siècle de Louis le Grand* : il y sacrifiait tous les siècles à celui de Louis, maltraitant avec assez de dureté Homère et Platon, auxquels il opposait des écrivains de bas étage. Lorsqu'il eut publié son *Parallèle*, toute la littérature se partagea en deux camps : parmi les adversaires des anciens se rangeaient Fontenelle et Lamotte ; parmi leurs défenseurs, La Fontaine, Racine, Boileau, et les érudits ayant à leur tête madame Dacier. Consulter sur cette question l'*Histoire de la querelle des anciens et des modernes*, par le regrettable M. Rigault.

2. Aimez qu'on vous conseille et non pas qu'on vous loue.
(Boileau, *Art poét.*, I.)

3. *Modestie.* C'est le sens du mot latin *modestia*, modération ; Fléchier a dit de même en parlant de Turenne : « Grand dans l'adversité par son courage, dans la prospérité par sa *modestie*. »

4. *Par humeur*, c'est-à-dire avec passion et emportement, sans être parfaitement maîtres de leur sujet et de leurs idées.

Un esprit médiocre croit écrire divinement[1] : un bon esprit croit écrire raisonnablement.

L'on m'a engagé, dit *Ariste*, à lire mes ouvrages à *Zoïle*, je l'ai fait; ils l'ont saisi d'abord, et, avant qu'il ait eu le loisir de les trouver mauvais, il les a loués modestement en ma présence, et il ne les a pas loués depuis devant personne; je l'excuse, et je n'en demande pas davantage à un auteur; je le plains même d'avoir écouté de belles choses qu'il n'a point faites.

Ceux qui, par leur condition, se trouvent exempts de la jalousie d'auteur ont ou des passions, ou des besoins qui les distraient et les rendent froids sur les conceptions d'autrui : personne presque, par la disposition de son esprit, de son cœur et de sa fortune, n'est en état de se livrer au plaisir que donne la perfection d'un ouvrage.

Le plaisir de la critique nous ôte celui d'être vivement touché de très-belles choses[2].

Bien des gens vont jusqu'à sentir le mérite d'un manuscrit qu'on leur lit, qui ne peuvent se déclarer en sa faveur, jusqu'à ce qu'ils aient vu le cours[3] qu'il aura dans le monde par l'impression, ou quel sera son sort parmi les habiles : ils ne hasardent point leurs suffrages, et ils veulent être portés par la foule et entraînés par la multitude[4]. Ils disent alors qu'ils ont les premiers approuvé cet ouvrage, et que le public est de leur avis.

---

1. Ridentur mala qui componunt carmina : verum
 Gaudent scribentes, et se venerantur, et ultro,
 Si taceas, laudant quidquid scripsere, beati. (Horace, *Ep.*, II, 2, 106.)

 Craignez-vous pour vos vers la censure publique?
 Soyez-vous à vous-même un sévère critique :
 L'ignorance toujours est prête à s'admirer. (Boileau, *Art poét.*, I.)

2. Molière exprime d'une manière très-vive la même idée : « Moquons-nous donc de cette chicane où ils veulent assujettir le goût du public, et ne consultons dans une comédie que l'effet qu'elle fait sur nous. Laissons-nous aller de bonne foi aux choses qui nous prennent par les entrailles, et ne cherchons point de raisonnements pour nous empêcher d'avoir du plaisir. » (*Crit. de l'Éc. des femm.*, VII.)

3. *Le cours qu'il aura*, métaphore assez fréquente chez La Bruyère; plus loin dans le même chapitre, p. 32 : « Ces ouvrages ont cela de particulier, qu'ils ne méritent ni *le cours* prodigieux qu'ils ont pendant un certain temps, ni... » J. J. Rousseau a dit également : « En général, la satire *a peu de cours* dans les grandes villes. » (*Hél.*, II, 9.)

4. *Portés par la foule et entraînés par la multitude.* » Voilà une de ces expressions qui abondent chez La Bruyère, dont le talent est de bien définir et de bien peindre; ce qui constitue, selon lui, tout l'esprit d'un auteur. Voir plus haut, p. 9.

Ces gens laissent échapper les plus belles occasions de nous convaincre qu'ils ont de la capacité et des lumières, qu'ils savent juger, trouver bon ce qui est bon et meilleur ce qui est meilleur. Un bel ouvrage tombe entre leurs mains, c'est un premier ouvrage : l'auteur ne s'est pas encore fait un grand nom, il n'a rien qui prévienne en sa faveur; il ne s'agit point de faire sa cour ou de flatter les grands en applaudissant à ses écrits. On ne vous demande pas, *Zélotes*, de vous récrier : « C'est un chef-d'œuvre de l'esprit; l'humanité ne va pas plus loin; c'est jusqu'où la parole humaine peut s'élever : on ne jugera à l'avenir du goût de quelqu'un qu'à proportion qu'il en aura pour cette pièce[1]; » phrases outrées, dégoûtantes, qui sentent la pension ou l'abbaye; nuisibles à cela même[2] qui est louable et qu'on veut louer. Que ne disiez-vous seulement : « Voilà un bon livre; » vous le dites, il est vrai, avec toute la France, avec les étrangers comme avec vos compatriotes, quand il est imprimé par toute l'Europe, et qu'il est traduit en plusieurs langues : il n'est plus temps.

Quelques-uns de ceux qui ont lu un ouvrage en rapportent certains traits dont ils n'ont pas compris le sens, et qu'ils altèrent encore par tout ce qu'ils y mettent du leur; et ces traits ainsi corrompus et défigurés, qui ne sont autre chose que leurs propres pensées et leurs expressions, ils les exposent à la censure, soutiennent qu'ils sont mauvais, et tout le monde convient qu'ils sont mauvais; mais l'endroit de l'ouvrage que ces critiques croient citer, et qu'en effet ils ne citent point, n'en est pas pire.

---

1. *On ne jugera, etc.* Pensée exprimée presque dans les mêmes termes par madame de Sévigné dans la lettre à sa fille du 21 fév. 1689 : où elle lui rend compte de la représentation d'Esther : « La mesure de l'approbation qu'on donne à cette pièce, c'est celle du goût et de l'attention. » Et ailleurs, dans un billet de madame de Coulanges, 28 janv. 1689 : « Je vous avertis que si vous voulez faire votre cour, vous demandiez à voir *Esther*. Vous savez ce que c'est qu'Esther; toutes les personnes de mérite en sont charmées : vous en seriez plus charmée qu'une autre. »

2. *A cela même*, tournure semblable au neutre latin, très-fréquente dans l'ancienne langue et au 17ᵉ siècle : « Il y a de la lâcheté à déguiser *ce que* le ciel nous a fait naître. » (Molière, *Bourg. gent.*, III, 12.) « On vous fait des honneurs extrêmes, il faut répondre à tout *cela*. » (Madame de Sévigné.) « *Cela* peut être véritable, quoiqu'*il* ne soit pas certain. » (Pascal, *Prov.*, 13.)

Il peut, seigneur, il peut, dans ce désordre extrême,
Épouser *ce qu'il* hait et perdre *ce qu'il* aime. (Racine, *Androm.*, I, 1.)

« Que dites-vous du livre d'*Hermodore?* — Qu'il est mauvais, répond *Anthime.* — Qu'il est mauvais? — Qu'il est tel, continue-t-il, que ce n'est pas un livre, ou qui mérite du moins que le monde en parle. — Mais l'avez-vous lu? — Non, » dit Anthime. Que n'ajoute-t-il que *Fulvie* et *Mélanie* l'ont condamné sans l'avoir lu, et qu'il est ami de Fulvie et de Mélanie[1].

Arsène, du plus haut de son esprit[2], contemple les hommes; et, dans l'éloignement d'où il les voit, il est comme effrayé de leur petitesse. Loué, exalté et porté jusqu'aux cieux par de certaines gens qui se sont promis de s'admirer réciproquement, il croit, avec quelque mérite qu'il a, posséder tout celui qu'on peut avoir, et qu'il n'aura jamais; occupé et rempli de ses sublimes idées, il se donne à peine le loisir de prononcer quelques oracles : élevé par son caractère au-dessus des jugements humains, il abandonne aux âmes communes le mérite d'une vie suivie et uniforme; et il n'est responsable de ses inconstances qu'à ce cercle d'amis qui les idolâtrent. Eux seuls[3] savent juger, savent penser, savent écrire, doivent écrire. Il n'y a point d'autre ouvrage d'esprit si bien reçu dans le monde, et si universellement goûté des honnêtes gens, je ne dis pas qu'il veuille approuver, mais qu'il daigne lire : incapable d'être corrigé par cette peinture, qu'il ne lira point.

1. Molière avant La Bruyère avait peint le même ridicule : « *Dorante.* Mais, marquis, par quelle raison, de grâce, cette comédie (*l'École des femmes*) est-elle ce que tu dis? — *Le marquis.* Pourquoi elle est détestable? — *Dorante.* — Oui. — *Le marquis.* Elle est détestable, parce qu'elle est détestable. — *Dorante.* Après cela, il n'y a plus rien à dire; voilà son procès fait. Mais encore, instruis-nous et nous dis les défauts qui y sont. — *Le marquis.* Que sais-je, moi? je ne me suis pas seulement donné la peine de l'écouter. Mais enfin je sais bien que je n'ai jamais rien vu de si méchant, Dieu me sauve, et Dorilas, contre qui j'étais, a été de mon avis. » (*Crit. de l'Éc. des femm.,* VI.)

2. La Bruyère s'est encore inspiré ici de Molière : voir (*Misanthrope,* II, 5) le portrait admirable de Damis se terminant ainsi :

> Et les deux bras croisés, du haut de son esprit,
> Il regarde en pitié tout ce que chacun dit.

3. *Eux seuls, etc.*

> Nous serons, par nos lois, les juges des ouvrages;
> Par nos lois, prose et vers, tout nous sera soumis :
> Nul n'aura de l'esprit, hors nous et nos amis.
> Nous chercherons partout à trouver à redire,
> Et ne verrons que nous qui sachent bien écrire.
>
> (Molière, *Femm. sav.,* III, 2.)

Théocrine sait des choses assez inutiles, il a des sentiments toujours singuliers; il est moins profond que méthodique, il n'exerce que sa mémoire; il est abstrait[1], dédaigneux, et il semble toujours rire en lui-même de ceux qu'il croit ne le valoir pas. Le hasard fait que je lui lis mon ouvrage, il l'écoute. Est-il lu, il me parle du sien. Et du vôtre, me direz-vous, qu'en pense-t-il? Je vous l'ai déjà dit, il me parle du sien.

Il n'y a point d'ouvrage si accompli qui ne fondît tout entier au milieu de la critique, si son auteur voulait en croire tous les censeurs, qui ôtent chacun l'endroit qui leur plaît le moins.

C'est une expérience faite, que, s'il se trouve dix personnes qui effacent d'un livre une expression ou un sentiment, l'on en fournit aisément un pareil nombre qui les réclame; ceux-ci s'écrient: Pourquoi supprimer cette pensée? elle est neuve, elle est belle, et le tour en est admirable; et ceux-là affirment, au contraire, ou qu'ils auraient négligé cette pensée, ou qu'ils lui auraient donné un autre tour. Il y a un terme, disent les uns, dans votre ouvrage, qui est rencontré, et qui peint la chose au naturel; il y a un mot, disent les autres, qui est hasardé, et qui d'ailleurs ne signifie pas assez ce que vous voulez peut-être faire entendre; et c'est du même trait[2] et du même mot que tous ces gens s'expliquent ainsi; et tous sont connaisseurs et passent pour tels. Quel autre parti pour un auteur que d'oser pour lors être de l'avis de ceux qui l'approuvent?

Un auteur sérieux n'est pas obligé de remplir son esprit de toutes les extravagances, de toutes les saletés, de tous les mauvais mots que l'on peut dire et de toutes les ineptes applications que l'on peut faire au sujet de quelques endroits de son ouvrage, et encore moins de les supprimer. Il est convaincu que, quelque scrupuleuse exactitude que l'on ait dans sa manière d'écrire, la raillerie froide des mauvais plaisants est un mal inévitable, et que les meilleures choses ne leur servent souvent qu'à leur faire rencontrer une sottise.

---

1. *Abstrait*, qui n'a d'attention que pour l'objet intérieur qui le préoccupe.
2. *C'est du même trait*, tournure latine: « Il me faudrait des journées entières pour me bien *expliquer à vous de* tout ce que je sens. » (Molière G. Dan., III, 5.)

Si certains esprits vifs et décisifs[1] étaient crus, ce serait encore trop que les termes pour exprimer les sentiments ; il faudrait leur parler par signes, ou sans parler se faire entendre. Quelque soin qu'on apporte à être serré et concis, et quelque réputation qu'on ait d'être tel, ils vous trouvent diffus. Il faut leur laisser tout à suppléer, et n'écrire que pour eux seuls ; ils conçoivent une période par le mot qui la commence, et par une période tout un chapitre : leur avez-vous lu un seul endroit de l'ouvrage, c'est assez ; ils sont dans le fait[2] et entendent l'ouvrage. Un tissu d'énigmes leur serait une lecture divertissante ; et c'est une perte pour eux que ce style estropié qui les enlève[3] soit rare, et que peu d'écrivains s'en accommodent. Les comparaisons tirées d'un fleuve dont le cours, quoique rapide, est égal et uniforme, ou d'un embrasement qui, poussé par les vents, s'épand[4] au loin dans une forêt où il consume les chênes et les pins, ne leur fournissent aucune idée de l'éloquence. Montrez-leur un feu grégeois qui les surprenne ou un éclair qui les éblouisse, ils vous quittent[5] du bon et du beau.

Quelle prodigieuse distance entre un bel ouvrage et un ouvrage parfait ou régulier ! Je ne sais s'il s'en est encore trouvé de ce dernier genre. Il est peut-être moins difficile aux rares génies[6] de rencontrer le grand et le sublime que d'éviter toutes sortes de fautes. Le Cid n'a eu qu'une voix pour lui à sa naissance, qui a été celle de l'admiration : il s'est vu plus fort que l'autorité et la politique, qui ont tenté

---

1. *Décisifs*. Voilà un de ces termes *rencontrés* dont vient de parler l'auteur. Cf. Molière, *Crit. de l'Éc. des femm.* : « Il y en a beaucoup... qui seraient bien fâchés d'être de l'avis des autres pour avoir la gloire *de décider*. » — « C'est un fort grand défaut que de parler d'un air *décisif*. » (Nicole.)

2. *Ils sont dans le fait*, ils sont au fait des idées de l'auteur.

3. *Qui les enlève*, qui les ravit, les transporte.

4. *S'épand.* « Il m'en souvient si bien que j'*épandrai* mon sang. » (Corneille, *Cid*, I, 3.)

5. *Ils vous quittent du bon*, pour ils vous tiennent quitte ; locution fort ancienne. Plus ordinairement quitter à quelqu'un quelque chose : « Mon père, lui dis-je, je *le quitte*, si cela est. » (Pascal, 7ᵉ *Prov.*)

6. *Aux rares génies*, emploi du datif régulier au 16ᵉ et au 17ᵉ siècle : « De toutes les absurdités, la plus absurde *aux épicuriens* est de désavouer la force et l'effet des sens. » (Montaigne, II, 12.)

Ce grand cœur qui paraît *aux discours* que tu tiens
Par tes yeux chaque jour se découvrait aux miens. (Corneille, *Cid*, II, 2.)

vainement de le détruire¹; il a réuni en sa faveur des esprits toujours partagés d'opinions et de sentiments, les grands et le peuple : ils s'accordent tous à le savoir de mémoire, et à prévenir au théâtre les acteurs qui le récitent. Le Cid enfin est l'un des plus beaux poëmes que l'on puisse faire; et l'une des meilleures critiques qui aient été faites sur aucun sujet est celle du Cid².

Quand une lecture vous élève l'esprit, et qu'elle vous inspire des sentiments nobles et courageux³, ne cherchez pas une autre règle pour juger de l'ouvrage : il est bon, et fait de main d'ouvrier.

Capys, qui s'érige en juge du beau style, et qui croit écrire comme BOUHOURS⁴ et RABUTIN⁵, résiste à la voix du peuple, et dit tout seul que *Damis* n'est pas un bon auteur. Damis cède à la multitude, et dit ingénument, avec le public, que Capys est un froid écrivain.

Le devoir du nouvelliste⁶ est de dire : Il y a un tel livre qui court, et qui est imprimé chez Cramoisy, en tel caractère; il est bien relié, et en beau papier; il se vend tant. Il doit savoir jusqu'à l'enseigne du libraire qui le débite : sa folie est d'en vouloir faire la critique.

Le sublime du nouvelliste est le raisonnement creux sur la politique.

1. En vain contre le Cid un ministre se ligue :
Tout Paris pour Chimène a les yeux de Rodrigue. (Boileau, *Sat.*, IX.)

2. *Sentiments de l'Académie sur le Cid*, rédigés par Chapelain; œuvre d'un bon sens froid et minutieux, que La Bruyère juge avec beaucoup d'indulgence.

3. *Courageux*. La Bruyère donne à ce mot la signification de *généreux*, dérivée de *courage*, mot qui au 17ᵉ siècle a le large sens du latin *animus* :

Au moins que les travaux,
Les dangers, les soins du voyage
Changent un peu votre *courage*. (La Fontaine, IX, 2.)

4. *Bouhours*, jésuite, habile critique né à Paris en 1628, mort en 1703 : abuse du bel esprit et s'attache à des critiques trop minutieuses; principaux ouvrages: *Entretiens d'Ariste et d'Eugène*; *Manière de bien penser sur les ouvrages d'esprit*.

5. *Rabutin*. Bussy-Rabutin, cousin de madame de Sévigné, célèbre par son esprit et par sa causticité, né en 1618, mort en 1693.

6. *Nouvelliste*. La Bruyère veut parler des auteurs de journaux : le premier journaliste, ou plutôt *gazetier*, fut un médecin nommé Théophraste Renaudot, qui fonda vers 1612 une sorte d'office d'informations qu'il nomma *bureau d'adresse* et que le public nomma *bureau de rencontre*.

Le nouvelliste se couche le soir tranquillement sur une nouvelle qui se corrompt la nuit, et qu'il est obligé d'abandonner le matin à son réveil.

Le philosophe consume sa vie à observer les hommes, et il use ses esprits à en démêler les vices et le ridicule : s'il donne quelque tour à ses pensées, c'est moins par une vanité d'auteur que pour mettre une vérité qu'il a trouvée dans tout le jour nécessaire pour faire l'impression qui doit servir à son dessein. Quelques lecteurs croient néanmoins le payer avec usure s'ils disent magistralement qu'ils ont lu son livre, et qu'il y a de l'esprit; mais il leur renvoie tous leurs éloges qu'il n'a pas cherchés par son travail et par ses veilles. Il porte plus haut ses projets et agit pour une fin plus relevée : il demande des hommes un plus grand et un plus rare succès que les louanges, et même que les récompenses, qui est de les rendre meilleurs.

Les sots lisent un livre, et ne l'entendent point; les esprits médiocres croient l'entendre parfaitement; les grands esprits ne l'entendent quelquefois pas tout entier : ils trouvent obscur ce qui est obscur, comme ils trouvent clair ce qui est clair. Les beaux esprits[1] veulent trouver obscur ce qui ne l'est point, et ne pas entendre ce qui est fort intelligible.

Un auteur cherche vainement à se faire admirer par son ouvrage. Les sots admirent quelquefois, mais ce sont des sots. Les personnes d'esprit ont en eux les semences de toutes les vérités et de tous les sentiments; rien ne leur est nouveau; ils admirent peu, ils approuvent.

Je ne sais si l'on pourra jamais mettre dans des lettres plus d'esprit, plus de tour, plus d'agrément et plus de style que l'on en voit dans celles de BALZAC et de VOITURE[2]. Elles

---

1. *Les beaux esprits.* Ce terme avait alors une signification plus étendue que de nos jours : « Paris est le grand bureau des merveilles, le centre du bon goût, du *bel esprit* et de la galanterie. » (Molière, *Préc. ríd.*, 5.)

 Monsieur, cette matière est toujours délicate,
 Et sur le *bel esprit* nous aimons qu'on nous flatte. (Id., *Misanthr*, I, 2.)
 Vous en voulez beaucoup à cette pauvre cour;
 Et son malheur est grand de voir que, chaque jour,
 Vous autres *beaux esprits* vous déclamiez contre elle.
(Id., *Femm. sav.*, IV, 3)

2. *Balzac et Voiture.* Balzac, né à Angoulême en 1594, mort en 1655 : *Lettres* adressées à Conrart, Chapelain et autres; petits traités, dont les principaux sont : *Aristippe ou la Cour, le Prince, le Socrate chrétien,* En-

sont vides de sentiments qui n'ont régné que depuis leur temps, et qui doivent aux femmes leur naissance. Ce sexe va plus loin que le nôtre dans ce genre d'écrire. Elles trouvent sous leur plume des tours et des expressions qui souvent en nous ne sont l'effet que d'un long travail et d'une pénible recherche : elles sont heureuses dans le choix des termes, qu'elles placent si juste, que, tout connus qu'ils sont, ils ont le charme de la nouveauté, et semblent être faits seulement pour l'usage où elles les mettent. Il n'appartient qu'à elles de faire lire dans un seul mot tout un sentiment, et de rendre délicatement une pensée qui est délicate. Elles ont un enchaînement de discours inimitable qui se suit naturellement, et qui n'est lié que par le sens. Si les femmes étaient toujours correctes, j'oserais dire que les lettres de quelques-unes d'entre elles seraient peut-être ce que nous avons dans notre langue de mieux écrit[1].

Il n'a manqué à TÉRENCE[2] que d'être moins froid : quelle pureté ! quelle exactitude ! quelle politesse ! quelle élégance ! quels caractères ! Il n'a manqué à MOLIÈRE que d'éviter le jargon et le barbarisme et d'écrire purement[3] : quel feu !

---

tretiens; a donné le premier à la langue française du nombre et de la noblesse; mais son style pèche par beaucoup d'emphase. — Voiture, né à Amiens en 1598, mort en 1648 : *Lettres et poésies*; dans la plupart de ses lettres, vivacité spirituelle, mais affectée.

1. Tout ce passage semblerait avoir été inspiré par la lecture des lettres de madame de Sévigné; et il en serait le plus bel éloge. Le recueil n'en fut cependant publié que longtemps après la mort de La Bruyère; mais peut-être en avait-il eu connaissance pendant qu'elles circulaient manuscrites. Au reste, madame de Sévigné n'était pas la seule femme de cette époque qui écrivît des lettres avec un abandon plein de grâce et une piquante originalité de style.

2. *Térence.* Quelques vers attribués à César expriment la même pensée :

> Tu quoque, tu in summis, o dimidiate Menander,
> Poneris, et merito puri sermonis amator.
> Lenibus atque utinam scriptis adjuncta foret vis
> Comica..., etc.

Le 17e siècle est unanime dans son admiration pour Térence : madame Dacier, Boileau, Racine, Bossuet, Fénelon; au 16e, Montaigne, et au 18e, Diderot et Rollin, ne tarissent pas d'éloges sur lui : on lui sacrifie trop légèrement Plaute, moins pur sans doute, mais plus énergique.

3. *D'écrire purement.* Appréciation injuste de celui que Boileau appelait le premier écrivain du siècle de Louis XIV ; jugement plus rigoureux encore que celui de Fénelon, qui prétend trouver chez lui « *une multitude de métaphores qui approchent du galimatias* » (*Lett. à l'Acad.*), mais qui au moins déclare préférer sa prose à ses vers.

quelle naïveté! quelle source de la bonne plaisanterie, quelle imitation des mœurs, quelles images, et quel fléau du ridicule! mais quel homme on aurait pu faire de ces deux comiques!

J'ai lu MALHERBE et THÉOPHILE[1]. Ils ont tous deux connu la nature, avec cette différence que le premier, d'un style plein et uniforme, montre tout à la fois ce qu'elle a de plus beau et de plus noble, de plus naïf et de plus simple; il en fait la peinture ou l'histoire. L'autre, sans choix, sans exactitude, d'une plume libre et inégale, tantôt charge ses descriptions, s'appesantit sur les détails; il fait une anatomie: tantôt il feint, il exagère, il passe le vrai dans la nature, il en fait le roman.

RONSARD[2] et BALZAC ont eu, chacun dans leur genre, assez de bon et de mauvais pour former après eux de très-grands hommes en vers et en prose.

MAROT[3], par son tour et par son style, semble avoir écrit depuis Ronsard: il n'y a guère entre ce premier et nous que la différence de quelques mots.

RONSARD et les auteurs ses contemporains ont plus nui au style qu'ils ne lui ont servi[4]. Ils l'ont retardé dans le chemin de la perfection; ils l'ont exposé à la manquer pour toujours, et à n'y plus revenir. Il est étonnant que les ouvrages de Marot, si naturels et si faciles, n'aient su faire de Ronsard, d'ailleurs plein de verve et d'enthousiasme, un plus grand

---

1. *Malherbe*, né à Caen en 1555, mort en 1628: *Odes, paraphrases de psaumes, Stances, Épigrammes*; sévérité de son goût; poésies plus remarquables par le style que par l'imagination: le jugement qu'en porte La Bruyère est très-vague.

Théophile de Viau, né en 1590, mort en 1626; auteur de poésies empreintes de beaucoup de mauvais goût: il est fâcheux que La Bruyère le rapproche de Malherbe.

2. *Ronsard*, né en 1525, mort en 1585: ses odes, ses sonnets, élégies, poëmes, lui ont donné une certaine popularité; poëte de grande imagination, il s'est discrédité par sa malheureuse tentative de réformer le français, dont il a méconnu le génie.

3. *Marot* (Clément), né en 1495, mort en 1544, justement estimé pour ses épîtres et poésies légères.

4. Comparez ce que dit Boileau:

> Ronsard qui le suivit, par une autre méthode,
> Réglant tout, brouilla tout, fit un art à sa mode,
> Et toutefois longtemps eut un heureux destin:
> Mais sa muse, en français parlant grec et latin,
> Vit, dans l'âge suivant, par un retour grotesque,
> Tomber de ses grands mots le faste pédantesque.   (*Art poét.*, I.)

poëte que Ronsard et que Marot ; et, au contraire, que Belleau [1], Jodelle et du Bartas aient été sitôt suivis d'un RACAN [2] et d'un MALHERBE, et que notre langue, à peine corrompue, se soit vue réparée.

MAROT et RABELAIS [3] sont inexcusables d'avoir semé l'ordure dans leurs écrits : tous deux avaient assez de génie et de naturel pour pouvoir s'en passer, même à l'égard de ceux qui cherchent moins à admirer qu'à rire dans un auteur. Rabelais surtout est incompréhensible [4]. Son livre est une énigme, quoi qu'on veuille dire, inexplicable : c'est une chimère, c'est le visage d'une belle femme avec des pieds et une queue de serpent, ou de quelque autre bête plus difforme ; c'est un monstrueux assemblage d'une morale fine et ingénieuse et d'une sale corruption. Où il est mauvais, il passe bien loin au delà du pire, c'est le charme de la canaille ; où il est bon, il va jusqu'à l'exquis et à l'excellent, il peut être le mets des plus délicats.

Deux écrivains [5] dans leurs ouvrages ont blâmé MONTAGNE, que je ne crois pas, aussi bien qu'eux, exempt de toute sorte de blâme : il paraît que tous deux ne l'ont estimé en nulle manière. L'un ne pensait pas assez pour goûter un auteur qui pense beaucoup ; l'autre pense trop subtilement pour s'accommoder de pensées qui sont naturelles.

Un style grave, sérieux, scrupuleux, va fort loin : on lit AMYOT [6] et COEFFETEAU [7] : lequel lit-on de leurs contempo-

1. *Belleau*, né en 1528, mort en 1577 ; *Jodelle*, né en 1532, mort en 1573 ; *du Bartas*, né en 1544, mort en 1590 : tous trois faisaient partie de la pléiade poétique.
2. *Racan*, né en 1589, mort en 1670, a laissé des *Mémoires pour la vie de Malherbe*; des *Bergeries*, recueil d'idylles qui eut de la vogue ; des *odes sacrées*, des *poésies diverses*, généralement très-faibles.
3. *Rabelais*, né à Chinon en 1483, mort en 1553, auteur de *Gargantua* et de *Pantagruel*, roman satirique plein d'extravagances, de bouffonneries, et en même temps de bon sens, d'esprit et même d'érudition.
4. *Incompréhensible*. Rabelais, qui dans son livre s'est attaqué à toutes les puissances de son siècle, a dû, pour sauver ses hardiesses, recourir souvent à des allusions obscures et grotesques.
5. Nicole et le P. Malebranche. Le premier est celui qui ne *pense pas assez*, et le second, celui qui pense *trop subtilement*.
6. *Amyot*, né à Melun en 1513, mort en 1593 ; traducteur de Plutarque et des romans grecs de Longus et d'Héliodore ; l'un de nos meilleurs écrivains du 16e siècle pour la naïveté et la pureté de son langage.
7. *Coeffeteau*, né en 1574, mort en 1623 ; auteur d'une *histoire romaine*, aujourd'hui parfaitement oubliée ; a laissé encore des ouvrages de controverse et une traduction de Florus.

rains? BALZAC, pour les termes et pour l'expression, est moins vieux que VOITURE : mais si ce dernier, pour le tour, pour l'esprit et pour le naturel, n'est pas moderne, et ne ressemble en rien à nos écrivains, c'est qu'il leur a été plus facile de le négliger que de l'imiter, et que le petit nombre de ceux qui courent après lui ne peut l'atteindre [1].

Le H. G. [2] est immédiatement au-dessous du rien : il y a bien d'autres ouvrages qui lui ressemblent. Il y a autant d'invention à s'enrichir par un sot livre qu'il y a de sottise à l'acheter : c'est ignorer le goût du peuple que de ne pas hasarder quelquefois de grandes fadaises.

L'on voit bien que l'*Opéra* est l'ébauche d'un grand spectacle : il en donne l'idée.

Je ne sais pas comment l'*Opéra*, avec une musique si parfaite et une dépense toute royale, a pu réussir à m'ennuyer.

Il y a des endroits dans l'*Opéra* qui laissent en désirer d'autres. Il échappe quelquefois de souhaiter la fin de tout le spectacle : c'est faute de théâtre, d'action et de choses qui intéressent.

L'*Opéra* jusques à ce jour n'est pas un poëme, ce sont des vers ; ni un spectacle, depuis que les machines ont disparu par le bon ménage d'*Amphion* et de sa race [3] : c'est un concert, ou ce sont des voix soutenues par des instruments. C'est prendre le change et cultiver un mauvais goût que de dire, comme l'on fait [4], que la machine n'est qu'un amusement d'enfants, et qui ne convient qu'aux marionnettes : elle augmente et embellit la fiction, soutient

1. *L'atteindre.* Au 17ᵉ siècle, Voiture était encore fort estimé; Boileau lui-même, dans la satire IX, associe son nom d'une manière assez inattendue à celui d'Horace :

Et ne savez-vous pas......
Et qu'à moins d'être au rang d'Horace ou de Voiture,
On rampe dans la fange avec l'abbé de Pure ?

2. Le *Mercure galant*, commencé en 1672 par Donneau de Visé. C'est par ces initiales H. G., dont la première est celle du mot *Hermes*, qu'il est désigné dans toutes les éditions des *Caractères* faites du vivant de La Bruyère. Il dit lui-même, dans la préface de son discours de réception à l'Académie française, qu'il a poussé le soin d'éviter les applications directes jusqu'à employer quelquefois *des lettres initiales qui n'ont qu'une signification vaine et incertaine* : c'en est ici un exemple.

3. Lulli, et son école, sa famille.

4. *Comme l'on fait. Faire*, employé fréquemment au 17ᵉ siècle pour remplacer un mot précédemment exprimé : « On vous aime autant en un quart d'heure qu'on *ferait* une autre en six mois. » (Molière, *Don Juan*,

dans les spectateurs cette douce illusion qui est tout le plaisir du théâtre, où[1] elle jette encore le merveilleux. Il ne faut point de vols, ni de chars, ni de changements aux Bérénices[2] et à Pénélope[3] ; il en faut aux *Opéras :* et le propre de ce spectacle est de tenir les esprits, les yeux et les oreilles dans un égal enchantement.

Ils ont fait le théâtre ces empressés, les machines, les ballets, les vers, la musique, tout le spectacle, jusques à la salle où s'est donné le spectacle, j'entends le toit et les quatre murs dès leurs fondements. Qui doute que la chasse sur l'eau, l'enchantement de la table[4], la merveille du labyrinthe[5], ne soient encore de leur invention ? J'en juge par le mouvement qu'ils se donnent et par l'air content dont ils s'applaudissent sur tout le succès. Si je me trompe, et qu'ils n'aient contribué en rien à cette fête[6] si superbe, si galante, si longtemps soutenue, et où un seul a suffi pour le projet et pour la dépense, j'admire deux choses : la tranquillité et le flegme de celui qui a tout remué, comme l'embarras et l'action de ceux qui n'ont rien fait.

Les connaisseurs, ou ceux qui se croient tels, se donnent voix délibérative et décisive sur les spectacles, se cantonnent aussi, et se divisent en des partis contraires, dont chacun, poussé par un tout autre intérêt que par celui du public ou de l'équité, admire un certain poëme[7] ou une

II, 2.) « Servez donc ce roi immortel et si plein de miséricorde, qui vous comptera un soupir et un verre d'eau donné en son nom plus que tous les autres ne *feront* jamais tout votre sang répandu. » (Bossuet, *Or. fun. du prince de Condé.*)

1. *Où elle jette.* Où se rencontre au 17ᵉ siècle lorsqu'il s'agit d'exprimer les rapports du datif ou de l'ablatif latin ; les exemples abondent dans Montaigne, Régnier, Rabelais, Corneille, Molière, Racine, et jusque dans les auteurs du 18ᵉ siècle : « Le duc conçut un dessein *où* les vieillards expérimentés ne purent atteindre. » (Bossuet, *Or. fun. du prince de Condé.*)

2. La *Bérénice* de Corneille et celle de Racine.

3. La *Pénélope* de l'abbé Genest, représentée en 1684.

4. Rendez-vous de chasse dans la forêt de Chantilly. (*Note de La Bruyère.*)

5. Collation très-ingénieuse donnée dans le labyrinthe de Chantilly. (*Note de La Bruyère.*)

6. *Cette fête.* Fête donnée en 1688 par le prince de Condé, fils du grand Condé, au Dauphin Louis, fils de Louis XIV et de Marie-Thérèse : cette fête dura huit jours.

7. *Certain poëme.* La Bruyère avait été témoin de l'engouement des partisans exclusifs de Corneille et de Racine.

certaine musique[1], et siffle toute autre. Ils nuisent également, par cette chaleur à défendre leurs préventions, et à la faction opposée, et à leur propre cabale : ils découragent par mille contradictions les poëtes et les musiciens, retardent le progrès des sciences et des arts, en leur ôtant le fruit qu'ils pourraient tirer de l'émulation et de la liberté qu'auraient plusieurs excellents maîtres de faire chacun dans leur genre, et selon leur génie, de très-beaux ouvrages.

D'où vient que l'on rit si librement au théâtre, et que l'on a honte d'y pleurer ? Est-il moins dans la nature de s'attendrir sur le pitoyable[2] que d'éclater sur le ridicule ? Est-ce l'altération des traits qui nous retient ? Elle est plus grande dans un ris immodéré que dans la plus amère douleur; et l'on détourne son visage pour rire comme pour pleurer en la présence des grands et de tous ceux que l'on respecte. Est-ce une peine que l'on sent à laisser voir que l'on est tendre et à marquer quelque faiblesse, surtout en un sujet faux, et dont il semble que l'on soit la dupe ? Mais, sans citer les personnes graves ou les esprits forts qui trouvent du faible dans un ris excessif comme dans les pleurs, et qui se les défendent également, qu'attend-on d'une scène tragique ? Qu'elle fasse rire ? Et d'ailleurs la vérité n'y règne-t-elle pas aussi vivement par ses images que dans le comique ? L'âme ne va-t-elle pas jusqu'au vrai dans l'un et l'autre genre avant que[3] de s'émouvoir ? Est-elle même si aisée à contenter ? Ne lui faut-il pas encore le vraisemblable ? Comme donc ce n'est point une chose bizarre d'entendre s'élever de tout un amphithéâtre un ris universel sur quelque

---

1. *Certaine musique.* Quelques années après La Bruyère, cette remarque se trouvait pleinement confirmée par la querelle des *Gluckistes* et des *Piccinistes.*

2. *Le pitoyable,* mot employé alors en bonne part : « Par des larmes amères, et par des élans vers le ciel, et par des plaintes tendres et *pitoyables.* » (Madame de Sévigné, 20 juin 1672.)

  J'entre en des sentiments qui ne sont pas croyables ;
  J'en ai de violents, j'en ai de *pitoyables.* (Corneille, Pol., III, 8.)

Remarquez encore l'hellénisme de cette construction « *le pitoyable;* » plus bas « *le vraisemblable.* »

3. *Avant que,* locution usitée au 17e siècle : « *Avant que de répondre* aux reproches que vous me faites » (Pascal, 12e *Prov.*) « *Avant que de passer* plus avant, je voudrais bien agiter à fond cette matière. » (Molière, *Mariage forcé,* 5.) « *Avant donc que d'écrire,* apprenez à penser. » (Boileau, Art poétique, I.)

endroit d'une comédie, et que cela suppose au contraire qu'il est plaisant et très-naïvement exécuté, aussi l'extrême violence que chacun se fait à contraindre ses larmes, et le mauvais ris dont [1] on veut les couvrir, prouvent clairement que l'effet naturel du grand tragique serait de pleurer tout franchement et de concert à la vue l'un de l'autre, et sans autre embarras que d'essuyer ses larmes ; outre qu'après être convenu de s'y abandonner, on éprouverait encore qu'il y a souvent moins lieu de craindre de pleurer au théâtre que de s'y morfondre.

Le poëme tragique vous serre le cœur dès son commencement[2], vous laisse à peine dans tout son progrès[3] la liberté de respirer et le temps de vous remettre ; ou, s'il vous donne quelque relâche, c'est pour vous replonger dans de nouveaux abîmes et dans de nouvelles alarmes. Il vous conduit à la terreur par la pitié, ou réciproquement à la pitié par le terrible[4]; vous mène par les larmes, par les sanglots, par l'incertitude, par l'espérance, par la crainte, par les surprises et par l'horreur, jusqu'à la catastrophe. Ce n'est donc pas un tissu[5] de jolis sentiments, de déclarations ten-

1. *Dont on veut les couvrir. Dont* dans le sens *duquel* ou *par lequel* : « L'autorité *dont* on prétend appuyer la censure. » (Molière, préface du *Tartufe*.)

Et je crois, par le rang que me donne ma race,
Qu'il est fort peu d'emplois *dont* je ne sois en passe.
(Id., *Misanthr.*, III, 1.)

« C'est la mort de M. de Turenne, *dont* je suis assurée que vous serez aussi touché et aussi désolé que nous le sommes ici. » (Madame de Sévigné.)

2. *Dès son commencement*. Le style oratoire animant volontiers son sujet, cet adjectif s'emploie souvent avec les noms de choses : « Nous anticipons l'avenir, comme pour hâter *son* cours. » (Pascal, *Pensées*.) « Le commerce est comme certaines sources : si vous détournez *leur* cours, vous les faites tarir. » (Fénelon, *Tél.*, III.) (V. *Gramm. fr.* de M. Lemaire, § 130.)

3. *Son progrès*, latinisme : son développement. Cf. le vers de Virgile

Sin in processu cœpit crudescere morbus. (*Géorg.*, III, 504.)

4. *A la pitié par le terrible.* Cf. Boileau, *Art poét.*, III :

Si d'un beau mouvement l'agréable fureur
Souvent ne nous remplit d'une douce terreur,
Ou n'excite en notre âme une pitié charmante, etc.

5. *Tissu.* Cf.

Là, par un long *tissu* de belles actions,
Il verra comme il faut dompter les nations.
(Corneille, *Cid*, I, 3.)

Laissez-nous faire à loisir le *tissu* de notre roman.
(Molière, *Crit. de l'Éc. des femmes*.)

dres, d'entretiens galants, de portraits agréables, de mots *doucereux*, ou quelquefois assez plaisants pour faire rire, suivi à la vérité d'une dernière scène[1] où les mutins n'entendent aucune raison, et où, pour la bienséance, il y a enfin du sang répandu, et quelque malheureux à qui il en coûte la vie.

Ce n'est point assez que les mœurs du théâtre ne soient point mauvaises, il faut encore qu'elles soient décentes et instructives. Il peut y avoir un ridicule si bas et si grossier, ou même si fade et si indifférent, qu'il n'est ni permis au poëte d'y faire attention ni possible aux spectateurs de s'en divertir. Le paysan ou l'ivrogne fournit quelques scènes à un farceur; il n'entre qu'à peine dans le vrai comique[2] : comment pourrait-il faire le fond ou l'action principale de la comédie? Ces caractères, dit-on, sont naturels : ainsi, par cette règle, on occupera bientôt tout l'amphithéâtre d'un laquais qui siffle, d'un malade dans sa garde-robe, d'un homme ivre qui dort ou qui vomit : y a-t-il rien de plus naturel? C'est le propre d'un efféminé de se lever tard, de passer une partie du jour à sa toilette, de se voir au miroir, de se parfumer, de se mettre des mouches, de recevoir des billets et d'y faire réponse : mettez ce rôle sur la scène, plus longtemps vous le ferez durer, un acte, deux actes, plus il sera naturel et conforme à son original; mais plus aussi il sera froid et insipide[3].

1. Sédition, dénoûment vulgaire des tragédies. (*Note de La Bruyère.*)

2. *Il n'entre qu'à peine dans le vrai comique*, c'est-à-dire, on ne voit guère figurer un tel personnage dans une comédie digne de ce nom : La Bruyère oublie des scènes fort agréables du *Don Juan* de Molière : voir acte II, presque tout entier, et *le Médecin malgré lui*, passim. Beaumarchais, dans *le Barbier de Séville*, a représenté avec beaucoup d'agrément le comte Almaviva jouant le rôle d'un cavalier entre deux vins; voir acte II, sc. 12. Toutefois cette protestation contre un grossier réalisme est en général fort juste, et trouverait plus que jamais aujourd'hui son application.

3. On ne peut douter que La Bruyère n'ait eu en vue ici *l'Homme à bonnes fortunes*, comédie de Baron, représentée en 1686. L'auteur peint le ridicule de certaines gens : « Un regard languissant, tirer son bas, peigner sa perruque et répondre par un soupir aux choses qu'ils n'ont pas seulement écoutées. » Act. IV, sc. 2. Et plus loin, sc. 11 : « Morbleu! je veux faire oublier que Moncade est au monde. Têtebleu! j'oubliais moi-même le meilleur, de l'eau de fleur d'orange! » Molière avait exprimé des idées analogues dans *les Précieuses ridicules*, sc. 4, où Gorgibus se plaint d'être ruiné par la pommade qu'emploient ses filles « à se graisser le museau. »

Il semble que le roman et la comédie[1] pourraient être aussi utiles qu'ils sont nuisibles : l'on y voit de si grands exemples de constance, de vertu, de tendresse et de désintéressement, de si beaux et de si parfaits caractères, que quand une jeune personne jette de là sa vue sur tout ce qui l'entoure, ne trouvant que des sujets indignes et fort au-dessous de ce qu'elle vient d'admirer, je m'étonne qu'elle soit capable pour eux de la moindre faiblesse.

Corneille[2] ne peut être égalé dans les endroits où il excelle : il a pour lors un caractère original et inimitable ; mais il est inégal. Ses premières comédies sont sèches, languissantes, et ne laissaient pas espérer qu'il dût ensuite aller si loin, comme ses dernières font qu'on s'étonne qu'il ait pu tomber de si haut. Dans quelques-unes de ses meilleures pièces, il y a des fautes inexcusables contre les mœurs[3] ; un style de déclamateur qui arrête l'action et la fait languir ; des négligences dans les vers et dans l'expression, qu'on ne peut comprendre en un si grand homme. Ce qu'il y a eu en lui de plus éminent, c'est l'esprit, qu'il a eu sublime[4], auquel il a été redevable de certains vers les plus heureux qu'on ait jamais lus ailleurs, de la conduite de son théâtre, qu'il a quelquefois hasardée contre les règles des anciens[5], et enfin de ses dénoûments : car il ne s'est pas

---

1. *Comédie* désigne indifféremment la tragédie ou la comédie proprement dite. « Les *comédies* de Corneille charment toute la cour. » (Sév., 31 mai 1680).

2. *Corneille*, né en 1606, mort en 1684.

3. *Contre les mœurs.* Il y a faute contre les mœurs, quand un personnage ne conserve pas dans tout le poëme le caractère que l'auteur lui a donné dès le début :

        Servetur ad imum
Qualis ab incepto processerit et sibi constet. (Horace, *Art poét.*, 127.)

4. *Sublime.* Cf. ce que dit madame de Sévigné : « Vous trouvez donc que vos comédiens ont bien de l'esprit de dire des vers de Corneille ; en vérité, il y en a de bien transportants. »

5. *Les règles des anciens.* Corneille ne s'est assujetti qu'à grand'peine à la règle des trois unités ; il a écrit à leur sujet des pages fort sensées : voir 3ᵉ *Disc. sur la tragédie.* Quant à la servilité à ces règles, voir ce que dit Molière dans la *Crit. de l'Éc. des femmes* : « Le même bon sens qui a fait autrefois ces observations les fait aisément tous les jours sans le secours d'Horace et d'Aristote. Je voudrais bien savoir si la grande règle de toutes les règles n'est pas de plaire, et si une pièce de théâtre qui a attrapé son but n'a pas suivi un bon chemin. » (Sc. 7.) Voir aussi la préface de *Bérénice* : « La principale règle est de plaire et de toucher ; toutes les autres ne sont faites que pour parvenir à cette première. »

toujours assujetti au goût des Grecs et à leur grande simplicité ; il a aimé, au contraire, à charger la scène d'événements[1] dont il est presque toujours sorti avec succès : admirable surtout par l'extrême variété et le peu de rapport qui se trouve pour le dessein entre un si grand nombre de poëmes qu'il a composés. Il semble qu'il y ait plus de ressemblance dans ceux de RACINE[2], et qu'ils tendent un peu plus à une même chose ; mais il est égal, soutenu, toujours le même partout, soit pour le dessein et la conduite de ses pièces, qui sont justes, régulières, prises dans le bon sens et dans la nature ; soit pour la versification, qui est correcte, riche dans ses rimes, élégante, nombreuse, harmonieuse : exact imitateur des anciens, dont il a suivi scrupuleusement la netteté et la simplicité de l'action ; à qui le grand et le merveilleux n'ont pas même manqué, ainsi qu'à Corneille ni le touchant ni le pathétique. Quelle plus grande tendresse que celle qui est répandue dans tout le Cid, dans Polyeucte et dans les Horaces ? Quelle grandeur ne se remarque point en Mithridate, en Porus et en Burrhus ? Ces passions encore favorites des anciens, que les tragiques aimaient à exciter sur les théâtres, et qu'on nomme la terreur et la pitié, ont été connues de ces deux poëtes : Oreste, dans l'Andromaque de Racine, et Phèdre du même auteur, comme l'Œdipe[3] et les Horaces de Corneille, en sont la preuve. Si cependant il est permis de faire entre eux quelque comparaison, et les marquer l'un et l'autre par ce qu'ils ont de plus propre et par ce qui éclate le plus ordinairement dans leurs ouvrages, peut-être qu'on pourrait parler ainsi : Corneille nous assujettit à ses caractères et à ses idées, Racine se conforme aux nôtres ; celui-là peint les hommes comme ils devraient être, celui-ci les peint tels qu'ils sont[4]. Il y a plus dans le premier de ce que l'on admire, et de ce que l'on doit même

1. *D'événements.* Cette remarque porte surtout sur *Rodogune* et *Héraclius*.
2. *Racine,* né en 1639, mort en 1699.
3. *Œdipe* n'a pas conservé, et cela avec raison, la vogue dont il jouissait à l'époque de La Bruyère.
4. Toute cette appréciation de La Bruyère, présentée sous forme piquante et par antithèses, est d'une grande justesse, à la condition qu'on n'en détache pas une pensée : il est certain que le Cid, Auguste, Polyeucte, etc., sont des personnages plus grands que nature ; tandis que les héros et les héroïnes de Racine ont des passions plus humaines. Comparez à ce passage le parallèle que fait aussi Vauvenargues de Corneille et de Racine dans ses *Réflexions critiques sur quelques poëtes.*

imiter; il y a plus dans le second de ce qu'on reconnaît dans les autres, ou de ce que l'on éprouve dans soi-même. L'un élève, étonne, maîtrise, instruit; l'autre plaît, remue, touche, pénètre. Ce qu'il y a de plus beau, de plus noble et de plus impérieux dans la raison est manié par le premier; et par l'autre, ce qu'il y a de plus flatteur et de plus délicat dans la passion. Ce sont dans celui-là des maximes, des règles, des préceptes; et dans celui-ci, du goût et des sentiments. L'on est plus occupé aux pièces de Corneille; l'on est plus ébranlé et plus attendri à celles de Racine. Corneille est plus moral [1]; Racine, plus naturel. Il semble que l'un imite SOPHOCLE, et que l'autre doit plus à EURIPIDE [2].

Le peuple appelle éloquence la facilité que quelques-uns ont de parler seuls et longtemps, jointe à l'emportement du geste, à l'éclat de la voix et à la force des poumons [3]. Les pédants ne l'admettent aussi que dans le discours oratoire, et ne la distinguent pas de l'entassement des figures, de l'usage des grands mots et de la rondeur des périodes.

Il semble que la logique est l'art de convaincre de quelque vérité, et l'éloquence un don de l'âme, lequel nous rend maîtres du cœur et de l'esprit des autres, qui fait que nous leur inspirons et que nous leur persuadons tout ce qui nous plaît.

L'éloquence peut se trouver dans les entretiens et dans tout genre d'écrire [4]. Elle est rarement où on la cherche, et elle est quelquefois où on ne la cherche point.

L'éloquence est au sublime ce que le tout est à sa partie.

Qu'est-ce que le sublime? Il ne paraît pas qu'on l'ait défini [5]. Est-ce une figure? Naît-il des figures, ou du moins

---

1. *Plus moral.* L'auteur lui-même explique ce mot plus haut en disant que Corneille instruit; les modèles de rares vertus et de grands sentiments qu'il nous offre sont en effet un enseignement des plus élevés, et qui s'impose à l'esprit.

2. Dans tout ce morceau fort remarquable, il n'y a que cette dernière pensée qui manque entièrement de justesse.

3. Rapprochez de ce passage ce que Buffon dit de l'éloquence au début de son discours à l'Académie : « Il s'est trouvé dans tous les temps des hommes qui ont su commander aux autres par la puissance de la parole, etc. »

4. « L'éloquence embrasse tous les divers caractères de l'élocution : peu d'ouvrages sont éloquents; mais on voit des traits d'éloquence semés dans plusieurs écrits. » (Vauvenargues, *De l'Esprit humain*, XIII.)

5. « Le sublime ajoute à la noblesse une force et une hauteur qui ébranlent l'esprit, qui l'étonnent et le jettent hors de lui-même; c'est

de quelques figures? Tout genre d'écrire reçoit-il le sublime, ou s'il n'y a que les grands sujets qui en soient capables[1]? Peut-il briller autre chose dans l'églogue qu'un beau naturel, et dans les lettres familières, comme dans les conversations, qu'une grande délicatesse? ou plutôt le naturel et le délicat ne sont-ils pas le sublime des ouvrages dont ils font la perfection? Qu'est-ce que le sublime? où entre le sublime?

Les synonymes sont plusieurs dictions, ou plusieurs phrases différentes, qui signifient une même chose. L'antithèse est une opposition de deux vérités qui se donnent du jour l'une à l'autre. La métaphore, ou la comparaison, emprunte d'une chose étrangère une image sensible[2] et naturelle d'une vérité. L'hyperbole exprime au delà de la vérité, pour ramener l'esprit à la mieux connaître. Le sublime ne peint que la vérité, mais en un sujet noble; il la peint tout entière, dans sa cause et dans son effet; il est l'expression ou l'image la plus digne de cette vérité. Les esprits médiocres ne trouvent point l'unique expression[3], et usent de synonymes. Les jeunes gens sont éblouis de l'éclat de l'antithèse, et s'en servent. Les esprits justes, et qui aiment à faire des images qui soient précises, donnent naturellement dans[4] la comparaison et la métaphore. Les esprits vifs, pleins de feu, et qu'une vaste imagination emporte hors des règles et de la justesse, ne peuvent s'assouvir de l'hyperbole. Pour le sublime, il n'y a même entre les grands génies que les plus élevés qui en soient capables.

---

l'expression la plus propre d'un sentiment élevé, ou d'une grande et surprenante idée. » (Vauvenargues, *De l'Esprit humain*, XIII.)

1. *Capables*, sens latin du mot : « Quelques paroles ambiguës d'une de ses lettres, qui, étant *capables* d'un bon sens, doivent être prises en bonne part. » (Pascal, 16ᵉ *Prov.*) « Mes forces ne sont pas *capables* d'un tel dessein. » (Mont. au lecteur.)

2. *Une image sensible*. Voici une métaphore de Corneille souvent citée, et qui tombe parfaitement sous le sens :

> Et tous trois à l'envi s'empresser ardemment
> A qui dévorerait ce règne d'un moment. (*Othon*, I, 1.)

3. *L'unique expression*. La Bruyère a dit plus haut, p. 11, que « entre toutes les différentes expressions qui peuvent rendre une seule de nos pensées, il n'y en a qu'une qui soit la bonne. »

4. *Donnent dans*. « Vous *donnez* furieusement *dans* le marquis. » (Molière, *Av.*, I, 5.)

Tout écrivain, pour écrire nettement, doit se mettre à la place de ses lecteurs, examiner son propre ouvrage comme quelque chose qui lui est nouveau, qu'il lit pour la première fois, où il n'a nulle part, et que l'auteur aurait soumis à sa critique [1], et se persuader ensuite qu'on n'est pas entendu seulement à cause que l'on s'entend soi-même, mais parce qu'on est en effet intelligible.

L'on n'écrit que pour être entendu ; mais il faut du moins en écrivant faire entendre de belles choses. L'on doit avoir une diction pure, et user de termes qui soient propres, il est vrai ; mais il faut que ces termes si propres expriment des pensées nobles, vives, solides, et qui renferment un très-beau sens [2]. C'est faire de la pureté et de la clarté du discours un mauvais usage que de les faire servir à une matière aride, infructueuse, qui est sans sel, sans utilité, sans nouveauté. Que sert aux lecteurs de comprendre aisément et sans peine des choses frivoles et puériles, quelquefois fades et communes, et d'être moins incertains de la pensée d'un auteur qu'ennuyés de son ouvrage ?

Si l'on jette quelque profondeur dans certains écrits, si l'on affecte une finesse de tour, et quelquefois une trop grande délicatesse, ce n'est que par la bonne opinion qu'on a de ses lecteurs.

L'on a cette incommodité à essuyer dans la lecture des livres faits par des gens de parti et de cabale, que l'on n'y voit pas toujours la vérité [3]. Les faits y sont déguisés, les raisons réciproques n'y sont point rapportées dans toute leur force, ni avec une entière exactitude ; et, ce qui use la plus longue patience, il faut lire un grand nombre de termes durs et injurieux que se disent des hommes graves, qui, d'un point de doctrine ou d'un fait contesté, se font une querelle personnelle. Ces ouvrages ont cela de par-

---

1. C'est la même pensée que celle de Boileau :

   Soyez-vous à vous-même un sévère critique.   (*Art poét.* I,)

2. Horace a dit d'une manière à peu près semblable :

   Omne tulit punctum qui miscuit utile dulci
   Lectorem delectando pariterque monendo.   (*Art poét.*)

3. « On ne sait si La Bruyère a voulu désigner les Jésuites et les Jansénistes ; mais on peut en dire autant de tous les livres écrits dans quelque temps que ce soit par des gens de partis opposés. » — Cette note, dont nous ignorons l'auteur, nous a paru bonne à conserver.

ticulier qu'ils ne méritent ni le cours prodigieux qu'ils ont pendant un certain temps, ni le profond oubli où ils tombent lorsque, le feu et la division venant à s'éteindre, ils deviennent des almanachs de l'autre année.

La gloire ou le mérite de certains hommes est de bien écrire ; et de quelques autres, c'est de n'écrire point[1].

L'on écrit régulièrement depuis vingt années : l'on est esclave de la construction : l'on a enrichi la langue de nouveaux mots, secoué le joug du latinisme et réduit le style à la phrase purement française : l'on a presque retrouvé le nombre que Malherbe et Balzac avaient les premiers rencontré, et que tant d'auteurs depuis eux ont laissé perdre ; l'on a mis enfin dans le discours tout l'ordre et toute la netteté dont il est capable : cela conduit insensiblement à y mettre de l'esprit[2].

Il y a des artisans ou des habiles dont l'esprit est aussi vaste que l'art et la science qu'ils professent : ils lui rendent avec avantage, par le génie et par l'invention, ce qu'ils tiennent d'elle et de ses principes : ils sortent de l'art pour l'ennoblir, s'écartent des règles, si elles ne les conduisent pas au grand et au sublime ; ils marchent seuls et sans compagnie, mais ils vont fort haut et pénètrent fort loin, toujours sûrs et confirmés par le succès des avantages que l'on tire quelquefois de l'irrégularité. Les esprits justes, doux, modérés, non-seulement ne les atteignent pas, ne les admirent pas, mais ils ne les comprennent point, et voudraient encore moins les imiter. Ils demeurent tranquilles dans l'étendue de leur sphère, vont jusqu'à un certain point qui fait les bornes de leur capacité et de leurs lumières ; ils ne vont pas plus loin, parce qu'ils ne voient

---

1. Cette pensée, exprimée sous une forme si concise, ressemble à ce que dit Molière :

> Croyez-moi. Résistez à vos tentations,
> Dérobez au public ces occupations,
> Et n'allez point quitter, de quoi que l'on vous somme,
> Le nom que dans la cour vous avez d'honnête homme,
> Pour prendre, de la main d'un avide imprimeur,
> Celui de ridicule et misérable auteur.   (*Misanthr.*, II, 2.)

2. La remarque de La Bruyère est fort juste ; sous l'influence de la cour de Versailles la langue avait perdu quelque chose de cette verdeur originale qu'elle a dans Pascal, Bossuet, La Fontaine, Corneille, madame de Sévigné. Comme Fénelon, l'auteur la trouvait « gênée et appauvrie. »

rien au delà; ils ne peuvent au plus qu'être les premiers d'une seconde classe, et exceller dans le médiocre.

Il y a des esprits, si je l'ose dire, inférieurs et subalternes, qui ne semblent faits que pour être le recueil, le registre ou le magasin de toutes les productions des autres génies. Ils sont plagiaires, traducteurs, compilateurs : ils ne pensent point. Ils disent ce que les auteurs ont pensé[1]; et comme le choix des pensées est invention, ils l'ont mauvais, peu juste, et qui les détermine plutôt à rapporter beaucoup de choses que d'excellentes choses : ils n'ont rien d'original et qui soit à eux : ils ne savent que ce qu'ils ont appris; et ils n'apprennent que ce que tout le monde veut bien ignorer, une science vaine, aride, dénuée d'agrément et d'utilité, qui ne tombe point dans la conversation[2], qui est hors de commerce, semblable à une monnaie qui n'a point de cours. On est tout à la fois étonné de leur lecture et ennuyé de leurs entretiens ou de leurs ouvrages. Ce sont ceux que les grands et le vulgaire confondent avec les savants, et que les sages renvoient au pédantisme.

La critique souvent n'est pas une science : c'est un métier, où il faut plus de santé que d'esprit, plus de travail que de capacité, plus d'habitude que de génie. Si elle vient d'un homme qui ait moins de discernement que de lecture, et qu'elle s'exerce sur de certains chapitres, elle corrompt et les lecteurs et l'écrivain.

Je conseille à un auteur né copiste, et qui a l'extrême modestie de travailler d'après quelqu'un, de ne se choisir pour exemplaires[3] que ces sortes d'ouvrages où il entre de l'esprit, de l'imagination, ou même de l'érudition : s'il n'atteint pas ses originaux, du moins il en approche, et il se fait lire. Il doit, au contraire, éviter comme un écueil de vouloir

---

1. Molière a caractérisé avec la vigueur qui lui est particulière cette race de compilateurs :

Il semble à trois gredins, dans leur petit cerveau,
Que, pour être imprimés et reliés en veau,
Les voilà dans l'état d'importantes personnes.....   (Fem. sav., IV, 3.)

2. *Qui ne tombe point dans.* Molière a employé le même latinisme : « Et pour *tomber dans l'exemple*, il y avait l'autre jour. » (*Crit. de l'Éc. des femm.*, 3.) « Il n'est pas tombé *dans la tête* d'aucun dévot qu'elle (l'âme de Turenne) ne fût pas en bon état. » (Madame de Sévigné.)

3. *Exemplaires.* C'est le mot d'Horace : « Vos exemplaria græca. »

imiter ceux qui écrivent par humeur[1], que le cœur fait parler, à qui il inspire les termes et les figures, et qui tirent, pour ainsi dire, de leurs entrailles tout ce qu'ils expriment sur le papier : dangereux modèles, et tout propres à faire tomber dans le froid, dans le bas et dans le ridicule ceux qui s'ingèrent de les suivre[2]. En effet, je rirais d'un homme qui voudrait sérieusement parler mon ton de voix[3] ou me ressembler de visage[4].

Un homme né chrétien et Français se trouve contraint dans la satire : les grands sujets lui sont défendus; il les entame quelquefois, et se détourne ensuite sur de petites choses[5], qu'il relève par la beauté de son génie et de son style.

Il faut éviter le style vain et puéril, de peur de ressembler à *Dorilas* et *Handburg*[6]. L'on peut, au contraire, en une sorte d'écrits, hasarder de certaines expressions, user de termes transposés et qui peignent vivement[7], et plaindre ceux qui ne sentent pas le plaisir qu'il y a à s'en servir ou à les entendre.

Celui qui n'a égard en écrivant qu'au goût de son siècle songe plus à sa personne qu'à ses écrits. Il faut toujours tendre à la perfection; et alors cette justice qui nous est quelquefois refusée par nos contemporains, la postérité sait nous la rendre.

---

1. *Par humeur*, voir plus haut, p. 11.

2. *S'ingèrent de les suivre*. « Et vous êtes un impertinent de vous *ingérer des affaires d'autrui*. » (Molière, *Méd. malgré lui*, I, 2.)

3. *Parler mon ton de voix*. « Dormez votre sommeil, riches de la terre. » (Bossuet, *Or. fun. de Le Tellier*.)

4. Le livre de La Bruyère donna naissance à une foule d'imitations : *Théophraste moderne*, ou *Nouveaux caractères des mœurs*; *les différents Caractères des femmes du siècle*; *Caractères des vertus et des vices*, etc.

5. *Se détourne sur*, ellipse imitée du latin.

6. On prétend que par le nom de *Dorilas* La Bruyère désigne Varilas, historien assez agréable, mais fort inexact. Quant au nom de *Handburg*, il n'y a pas la moindre incertitude : il est la parodie exacte de Maimbourg : *hand* voulant dire *main* en allemand et en anglais. Madame de Sévigné a dit du P. Maimbourg, qu'*il a ramassé le délicat des mauvaises ruelles*. Ce jugement s'accorde fort bien avec celui de La Bruyère.

7. *De termes transposées*, d'inversions; la phrase de La Bruyère en offre un exemple. En voici d'autres bien connus : « Restait cette redoutable infanterie de l'armée d'Espagne. »(Bossuet, *Or. fun. du prince de Condé*.) « Déjà frémissait dans son camp l'ennemi confus et déconcerté; déjà prenait l'essor, pour se sauver dans les montagnes, cet aigle, etc. » (Fléchier, *Or. fun. de Turenne*.)

Il ne faut point mettre un ridicule où il n'y en a point : c'est se gâter le goût, c'est corrompre son jugement et celui des autres. Mais le ridicule qui est quelque part, il faut l'y voir, l'en tirer avec grâce, et d'une manière qui plaise et qui instruise.

Horace, ou Despréaux, l'a dit avant vous. Je le crois sur votre parole, mais je l'ai dit comme mien. Ne puis-je pas penser après eux une chose vraie, et que d'autres encore penseront après moi[1] ?

Du mérite personnel.

Qui peut, avec les plus rares talents et le plus excellent mérite[2], n'être pas convaincu de son inutilité, quand il considère qu'il laisse, en mourant, un monde qui ne se sent pas de sa perte, et où tant de gens se trouvent pour le remplacer ?

De bien des gens, il n'y a que le nom qui vale[3] quelque chose. Quand vous les voyez de fort près, c'est moins que rien : de loin ils imposent[4].

Tout persuadé que je suis que ceux que l'on choisit pour de différents emplois, chacun selon son génie et sa profession,

---

1. « Il faut qu'il imboive leurs humeurs, non qu'il apprenne leurs preceptes; et qu'il oublie hardiment, s'il veult, d'où il les tient, mais qu'il se les sçache approprier. La vérité et la raison sont communes à un chascun, et ne sont non plus à qui les a dites premièrement qu'à qui les dict aprez... Les abeilles pillotent deçà delà les fleurs : mais elles en font aprez le miel, qui est tout leur; ce n'est plus thym, ny mariolaine, ainsin les pieces empruntées d'aultruy, il les transformera et confondra pour en faire un ouvrage tout sien. » (Montaigne, I, 25.)

2. *Le plus excellent mérite.* Ce superlatif est autorisé par l'exemple de nos meilleurs écrivains : « *Les plus excellents* auteurs de nos jours. » (Fénelon, *Lettre à l'Académie*, X.)

3. *Qui vale*, pour *qui vaille*. Il est vraisemblable que l'auteur aurait voulu que *valoir* se conjuguât comme *prévaloir;* son désir n'a point été exaucé.

4. *Ils imposent.* Imposer s'employait indifféremment en bonne part, *imposer du respect*, et en mauvaise part, pour *tromper :*

Et ses roulements d'yeux et son ton radouci
N'*imposent* qu'à des gens qui ne sont pas d'ici. (Molière, *Misanth.*, I, 1.)

font bien, je me hasarde de[1] dire qu'il se peut faire qu'il y ait au monde plusieurs personnes connues ou inconnues, que l'on n'emploie pas, qui feraient très-bien; et je suis induit à ce sentiment par le merveilleux succès de certaines gens que le hasard seul a placés, et de qui jusqu'alors on n'avait pas attendu de fort grandes choses.

Combien d'hommes admirables, et qui avaient de très-beaux génies, sont morts sans qu'on en ait parlé! Combien vivent encore dont on ne parle point, et dont on ne parlera jamais!

Quelle horrible peine à un homme qui est sans prôneurs et sans cabale, qui n'est engagé dans aucun corps, mais qui est seul, et qui n'a que beaucoup de mérite pour toute recommandation, de se faire jour à travers l'obscurité où il se trouve et de venir au niveau d'un fat qui est en crédit!

Personne presque ne s'avise de lui-même du mérite d'un autre.

Les hommes sont trop occupés d'eux-mêmes pour avoir le loisir de pénétrer ou de discerner les autres : de là vient qu'avec un grand mérite et une plus grande modestie l'on peut être longtemps ignoré[2].

Le génie et les grands talents manquent souvent, quelquefois aussi les seules occasions : tels peuvent être loués de ce qu'ils ont fait, et tels de ce qu'ils auraient fait.

Il est moins rare de trouver de l'esprit que des gens qui se servent du leur, ou qui fassent valoir celui des autres, et le mettent à quelque usage[3].

Il y a plus d'outils que d'ouvriers, et de ces derniers plus de mauvais que d'excellents : que pensez-vous de celui qui

---

1. *Je me hasarde de.* De s'employait souvent pour la préposition à; c'était sans doute pour éviter un hiatus, comme le fait remarquer M. Génin dans son *Lexique* de la langue de Molière : « Vous ne trouverez pas étrange que nous *cherchions d'en prendre vengeance.* » (Molière, *Don Juan*, III, 4.)

Et déjà mon rival *commence de* paraître. (Id., *Don Garcie*, V, 3.)

Ah! je vous *apprendrai de* me traiter ainsi. (Id., *Amphit.*, III, 4.)

2. *Ignoré.*

Mais souvent un esprit qui se flatte et qui s'aime,
Méconnaît son génie et *s'ignore soi-même.* (Boileau, *Art poét.*, I.)

3. *Le mettent à quelque usage*, appliquer à. Molière a dit à peu près de même : « C'est une fille de ma mère nourrice que j'*ai mise à la chambre.* » (*Comtesse d'Escarb.*, 4.)

veut scier avec un rabot, et qui prend sa scie pour raboter?

Il n'y a point au monde un si pénible métier que celui de se faire un grand nom[1] : la vie s'achève, que l'on a à peine ébauché son ouvrage.

Que faire d'*Égésippe* qui demande un emploi? Le mettra-t-on dans les finances ou dans les troupes? Cela est indifférent, et il faut que ce soit l'intérêt seul qui en décide; car il est aussi capable de manier de l'argent, ou de dresser des comptes, que de porter les armes. Il est propre à tout, disent ses amis, ce qui signifie toujours qu'il n'a pas plus de talent pour une chose que pour une autre, ou, en d'autres termes, qu'il n'est propre à rien. Ainsi la plupart des hommes, occupés d'eux seuls dans leur jeunesse, corrompus par la paresse ou par le plaisir, croient faussement, dans un âge plus avancé, qu'il leur suffit d'être inutiles ou dans l'indigence, afin que la république[2] soit engagée à[3] les placer ou à les secourir; et ils profitent rarement de cette leçon si importante : que les hommes devraient employer les premières années de leur vie à devenir tels[4] par leurs études et par leur travail, que la république elle-même eût besoin de leur industrie[5] et de leurs lumières; qu'ils fussent comme une pièce nécessaire à tout son édifice, et qu'elle se trouvât portée par ses propres avantages à faire leur fortune ou à l'embellir.

---

1. Boileau, dans son épître à Racine, a exprimé éloquemment cette vérité :

> Ne crois pas toutefois, par tes savants ouvrages,
> Entraînant tous les cœurs, gagner tous les suffrages, etc.

2. *La république*. C'est le sens des mots latins *res publica*, l'État.
3. *Engagée à*, c'est-à-dire, soit tenue à.
4. *Tels*, latinisme fréquent chez La Bruyère et employé au 17e siècle : « Quand nous aurons *de tels* chrétiens, dont *les délices* soient de se nourrir des paroles de la foi. » (Fénelon, *Serm. p. la fête de l'Épiph.*) Voir plus loin, p. 54 : « Il ne l'est pas moins d'être *tel* qu'on ne s'informe plus si vous en avez. »
5. *Industrie*, *industria*, activité, talent, habileté : « Ils admirent l'*industrie* et l'excellence d'un ouvrier qui a élevé des palais superbes. » (Massillon, *Paraph.*, ps. VIII et XVIII.)

> Mais bientôt, rappelant sa cruelle *industrie*,
> Il me représenta l'honneur et la patrie. (Racine, *Iphig.*, I, 1.)

L'adjectif *industrieux* a une signification dérivée de celle-ci : « Je soutiens que l'univers porte le caractère d'une cause infiniment puissante et *industrieuse*. » (Fénelon, *Exist. de Dieu*, 1re p.)

Nous devons travailler à nous rendre très-dignes de quelque emploi : le reste ne nous regarde point, c'est l'affaire des autres.

Se faire valoir par des choses qui ne dépendent point des autres, mais de soi seul, ou renoncer à se faire valoir : maxime inestimable et d'une ressource infinie dans la pratique, utile aux faibles, aux vertueux, à ceux qui ont de l'esprit, qu'elle rend maîtres de leur fortune ou de leur repos : pernicieuse pour les grands, qui diminuerait leur cour, ou plutôt le nombre de leurs esclaves; qui ferait tomber leur morgue avec une partie de leur autorité, et les réduirait presque à leurs entremets et à leurs équipages; qui les priverait du plaisir qu'ils sentent à se faire prier, presser, solliciter, à faire attendre ou à refuser, à promettre et à ne pas donner; qui les traverserait dans le goût qu'ils ont quelquefois à mettre les sots en vue, et à anéantir le mérite quand il leur arrive de le discerner; qui bannirait des cours les brigues, les cabales, les mauvais offices, la bassesse, la flatterie, la fourberie; qui ferait d'une cour orageuse, pleine de mouvements et d'intrigues, comme une pièce comique ou même tragique, dont les sages ne seraient que les spectateurs; qui remettrait de la dignité dans les différentes conditions des hommes, de la sérénité sur leurs visages; qui étendrait leur liberté; qui réveillerait en eux, avec les talents naturels, l'habitude du travail et de l'exercice; qui les exciterait à l'émulation, au désir de la gloire, à l'amour de la vertu; qui, au lieu de courtisans vils, inquiets, inutiles, souvent onéreux à la république, en ferait ou de sages économes ou d'excellents pères de famille, ou des juges intègres, ou de bons officiers, ou de grands capitaines, ou des orateurs, ou des philosophes; et qui ne leur attirerait à tous nul autre inconvénient que celui peut-être de laisser à leurs héritiers moins de trésors que de bons exemples[1].

Il faut en France beaucoup de fermeté et une grande étendue d'esprit pour se passer des charges et des emplois,

---

1. Tout ce morceau est une protestation éloquente, pleine de hardiesse et de dignité contre un état social par suite duquel de grands génies, comme Corneille, par exemple, étaient réduits à comparer à Auguste un receveur général, M. de Montoron (voir l'épître dédicatoire de *Cinna*). Molière et Boileau ont également çà et là des traits hardis contre leur siècle.

2.

et consentir ainsi à demeurer chez soi et à ne rien faire. Personne presque n'a assez de mérite pour jouer ce rôle avec dignité, ni assez de fond pour remplir le vide du temps[1] sans ce que le vulgaire appelle des affaires. Il ne manque cependant à l'oisiveté du sage qu'un meilleur nom, et que méditer, parler, lire, et être tranquille, s'appelât travailler.

Un homme de mérite, et qui est en place, n'est jamais incommodé par sa vanité; il s'étourdit moins du poste qu'il occupe, qu'il n'est humilié par un plus grand qu'il ne remplit pas, et dont il se croit digne : plus capable d'inquiétude que de fierté ou de mépris pour les autres, il ne pèse qu'à soi-même[2].

Il coûte[3] à un homme de mérite de faire assidûment sa cour, mais par une raison bien opposée à celle que l'on pourrait croire. Il n'est point tel sans une grande modestie, qui l'éloigne de penser qu'il fasse le moindre plaisir aux princes s'il se trouve sur leur passage, se poste devant leurs yeux et leur montre son visage; il est plus proche de se persuader qu'il les importune, et il a besoin de toutes les raisons tirées de l'usage et de son devoir, pour se résoudre à se montrer. Celui, au contraire, qui a bonne opinion de soi,

---

1. *Remplir le vide du temps.* Pascal a exprimé les mêmes idées avec plus d'énergie encore : « On charge les hommes, dès l'enfance, du soin de leur honneur, de leur bien, de leurs amis, et encore du bien et de l'honneur de leurs amis..... Ainsi on leur donne des charges et des affaires qui les font tracasser dès la pointe du jour. Voilà, direz-vous, une étrange manière de les rendre heureux. Que pourrait-on faire de mieux pour les rendre malheureux? Comment! ce qu'on pourrait faire? Il ne faudrait que leur ôter tous ces soins; car alors ils se verraient, ils penseraient à ce qu'ils sont, d'où ils viennent, où ils vont, etc. » (*Pensées*, art. IV.)

2. *Il ne pèse qu'à soi-même.* Au dix-septième siècle, on mettait *soi* partout où le latin mettait *sibi* ou *se* :

Qu'il fasse autant pour *soi* comme je fais pour lui.
(Corneille, *Pol.*, III, 8.)

Charmant, jeune, traînant tous les cœurs après *soi*. (Racine, *Phéd.* II, 5.)

Idoménée revenant à *soi*-même remercia ses amis. (Fénelon, *Télém.*, V.)

3. *Il coûte.*

En vain nous appelons mille gens à notre aide;
Plus ils sont, plus *il coûte*. (La Fontaine, XI, 1.)

On trouve la même locution plus loin, p. 150, dans La Bruyère : « Il coûte si peu aux grands à ne donner que des paroles. » (*Des Grands.*)

et que le vulgaire appelle un glorieux[1], a du goût à se faire voir ; et il fait sa cour avec d'autant plus de confiance, qu'il est incapable de s'imaginer que les grands dont il est vu pensent autrement de sa personne qu'il fait[2] lui-même.

Un honnête homme se paye par ses mains de l'application qu'il a à son devoir par le plaisir qu'il sent à le faire, et se désintéresse sur les éloges, l'estime et la reconnaissance, qui lui manquent quelquefois.

Si j'osais faire une comparaison entre deux conditions tout à fait inégales, je dirais qu'un homme de cœur pense à remplir ses devoirs à peu près comme le couvreur songe à couvrir : ni l'un ni l'autre ne cherchent à exposer leur vie, ni ne sont détournés par le péril ; la mort pour eux est un inconvénient dans le métier, et jamais un obstacle. Le premier aussi n'est guère plus vain d'avoir paru à la tranchée, emporté un ouvrage ou forcé un retranchement, que celui-ci d'avoir monté sur de hauts combles ou sur la pointe d'un clocher. Ils ne sont tous deux appliqués qu'à bien faire, pendant que le fanfaron travaille à ce que l'on dise de lui qu'il a bien fait.

La modestie est au mérite ce que les ombres sont aux figures dans un tableau : elle lui donne de la force et du relief[3].

Un extérieur simple est l'habit des hommes vulgaires : il est taillé pour eux et sur leur mesure ; mais c'est une parure pour ceux qui ont rempli leur vie de grandes actions : je les compare à une beauté négligée, mais plus piquante.

Certains hommes, contents d'eux-mêmes, de quelque action ou de quelque ouvrage qui ne leur a pas mal réussi, et ayant ouï dire que la modestie sied bien aux grands

---

1. *Glorieux.* Ce terme s'employait encore en bonne et en mauvaise part :

> Je ne sais pas pourquoi l'on vante l'Alexandre ;
> Ce n'est qu'un *glorieux* qui ne dit rien de tendre. (Boileau, sat. III.)

> Non, non ; il n'est point d'âme un peu bien située
> Qui veuille d'une estime ainsi prostituée,
> Et *la plus glorieuse* a des régals peu chers,
> Dès qu'on voit qu'on nous mêle avec tout l'univers.
> (Molière, *Misanth.*, I, 1.)

2. *Qu'il fait lui-même.* Voir plus haut, p. 22, n° 4.
3. Cette fine et délicate comparaison rappelle celle de Boileau :

> La satire ne sert qu'à rendre un fat illustre :
> C'est une ombre au tableau qui lui donne du lustre. (*Sat.*, IX.)

hommes, osent être modestes[1], contrefont les simples et les naturels ; semblables à ces gens d'une taille médiocre qui se baissent aux portes de peur de se heurter.

Votre fils est bègue, ne le faites pas monter sur la tribune. Votre fille est née pour le monde, ne l'enfermez pas parmi les vestales. *Xantus*, votre affranchi, est faible et timide ; ne différez pas, retirez-le des légions et de la milice[2]. Je veux l'avancer, dites-vous : comblez-le de biens, surchargez-le de terres, de titres et de possessions : servez-vous du temps[3] ; nous vivons dans un siècle où elles lui feront plus d'honneur que la vertu. Il m'en coûterait trop, ajoutez-vous. Parlez-vous sérieusement, *Crassus*? Songez-vous que c'est une goutte d'eau que vous puisez du Tibre pour enrichir Xantus que vous aimez, et pour prévenir les honteuses suites d'un engagement[4] où il n'est pas propre[5] ?

Il ne faut regarder dans ses amis que la seule vertu qui nous attache à eux, sans aucun examen de leur bonne ou de leur mauvaise fortune ; et, quand on se sent capable de les suivre dans leur disgrâce, il faut les cultiver hardiment et avec confiance jusque dans leur plus grande prospérité.

S'il est ordinaire d'être vivement touché des choses rares, pourquoi le sommes-nous si peu de la vertu ?

S'il est heureux d'avoir de la naissance, il ne l'est pas moins d'être tel qu'on ne s'informe plus si vous en avez.

Il apparaît de temps en temps sur la face de la terre des hommes rares[6], exquis, qui brillent par leur vertu, et dont

---

1. *Osent être modestes*, alliance de mots aussi heureuse que celle de ce vers de Corneille :

   Et monté sur le faîte, il aspire à descendre.   (*Cinna*, II, 1.)

2. *Milice*, latinisme employé fréquemment au dix-septième siècle : « On le vit, en ce dernier rang *de la milice.* » (Fléchier, *Or. fun. de Turenne.*)

3. *Servez-vous du temps*, expression toute latine.

4. *Engagement*, fonction que l'on remplit.

5. *Où il n'est pas propre*. Voir plus haut, p. 23, n° 1, l'emploi de *où*. Propre, dans le sens du mot latin *idoneus*, fait pour. Molière a dit de même :

   Monsieur, je suis *mal propre* à décider la chose.   (*Misanthr.*, I, 2.)

6. *Il apparaît*, mouvement semblable à celui de Bossuet : « Un homme s'est rencontré d'une profondeur d'esprit incroyable. » (*Or. fun. d'Henriette d'Angleterre.*) Buffon a dit de même dans son discours à l'Académie : « Il s'est trouvé dans tous les temps des hommes qui ont su commander aux autres par la puissance de la parole, etc. »

les qualités éminentes jettent un éclat prodigieux. Semblables à ces étoiles extraordinaires dont on ignore les causes, et dont on sait encore moins ce qu'elles deviennent après avoir disparu, ils n'ont ni aïeuls[1] ni descendants; ils composent seuls toute leur race.

Le bon esprit nous découvre notre devoir, notre engagement à le faire, et s'il y a du péril, avec péril; il inspire le courage, ou il y supplée.

Quand on excelle dans son art, et qu'on lui donne toute la perfection dont il est capable, l'on en sort[2] en quelque manière, et l'on s'égale à ce qu'il y a de plus noble et de plus relevé. V***[3] est un peintre; C***[4], un musicien; et l'auteur de Pyrame[5] est un poëte : mais MIGNARD est MIGNARD[6], LULLI est LULLI, et CORNEILLE est CORNEILLE.

Un homme libre, et qui n'a point de femme, s'il a quelque esprit, peut s'élever au-dessus de sa fortune, se mêler dans le monde, et aller de pair avec les plus honnêtes gens[7] : cela est moins facile à celui qui est engagé; il semble que le mariage met tout le monde dans son ordre.

Après le mérite personnel, il faut l'avouer, ce sont les éminentes dignités et les grands titres dont les hommes tirent plus de distinction et plus d'éclat; et qui ne sait être un Érasme doit penser à être évêque. Quelques-uns, pour étendre leur renommée, entassent sur leurs personnes des pairies, des colliers d'ordre, des primaties, la pourpre, et

---

1. *Aïeuls.* La distinction entre *aïeux*, ancêtres, et *aïeuls*, grand-père et grand'mère, n'existait pas autrefois : « Le souvenir de leurs aïeuls devient leur opprobre. » (Massillon, *Pet. Car., Gr. de J. C.*) « Des aïeuls dont il ne reste qu'une vile poussière. » (Id., *ib.*)

2. *L'on en sort*, on est un homme éminent, extraordinaire; on sort de la foule.

3. Vignon, peintre d'histoire, né à Tours en 1590, mort en 1670.

4. Colasse, maître de chapelle du roi, gendre de Lulli, né en 1639, mort en 1709.

5. Pradon, l'indigne rival de Racine.

6. *Mignard* (Pierre), né en 1610, mort en 1695, premier peintre du roi; excellait dans le portrait et était le meilleur coloriste de son temps. Il a peint une galerie de Versailles et la coupole du Val-de-Grâce, célébrée par Molière dans une pièce de vers assez médiocre.

7. *Les plus honnêtes gens.* Ceux qui occupent la position la plus honorable : La Bruyère ne veut pas parler de la moralité. Molière a dit de même :

Mais le jeune Cléon, chez qui vont aujourd'hui
Nos *plus honnêtes gens*, que dites-vous de lui ? (*Misanth.*, II, 5.)

ils auraient besoin d'une tiare : mais quel besoin a *Trophime*[1] d'être cardinal?

L'or éclate, dites-vous, sur les habits de *Philémon*: il éclate de même chez les marchands. Il est habillé des plus belles étoffes : le sont-elles moins toutes déployées dans les boutiques et à la pièce? Mais la broderie et les ornements y ajoutent encore la magnificence : je loue donc le travail de l'ouvrier. Si on lui demande quelle heure il est, il tire une montre qui est un chef-d'œuvre; la garde de son épée est un onyx[2]; il a au doigt un gros diamant qu'il fait briller aux yeux, et qui est parfait : il ne lui manque aucune de ces curieuses bagatelles que l'on porte sur soi autant pour la vanité que pour l'usage; et il ne se plaint[3] non plus toute sorte de parure qu'un jeune homme qui a épousé une riche vieille. Vous m'inspirez enfin de la curiosité; il faut voir du moins des choses si précieuses : envoyez-moi cet habit et ces bijoux de Philémon; je vous quitte de la personne[4].

Tu te trompes, Philémon, si, avec ce carrosse brillant, ce grand nombre de coquins qui te suivent, et ces six bêtes qui te traînent, tu penses que l'on t'en estime davantage. L'on écarte tout cet attirail qui t'est étranger, pour pénétrer jusques à toi, qui n'es qu'un fat.

Ce n'est pas qu'il faut quelquefois pardonner à celui qui, avec un grand cortège, un habit riche et un magnifique équipage, s'en croit plus de naissance et plus d'esprit : il lit cela dans la contenance et dans les yeux de ceux qui lui parlent.

Un homme à la cour, et souvent à la ville, qui a un long manteau de soie ou de drap de Hollande, une ceinture large et placée haut sur l'estomac, le soulier de maroquin, la calotte de même, d'un beau grain, un collet bien fait et

---

1. Les éditions publiées par La Bruyère lui-même portent *Trophime*: dans les éditions postérieures à sa mort, on a imprimé *Bénigne* (Bossuet). C'était Bossuet qui avait placé La Bruyère auprès de M. le Duc : l'affection la plus intime régnait entre eux.

2. Agate. (*Note de La Bruyère.*)

3. *Il ne se plaint.* Cette expression, fort usitée alors, semble calquée sur le latin *non invidere*, ne pas refuser.

  Que mon âme, en ce jour de joie et d'opulence,
  D'un superbe convoi *plaindrait* peu la dépense. (Boileau, ép. V, v. 64.)

4. Voir plus haut, p. 16, n° 5.

bien empesé, les cheveux arrangés et le teint vermeil[1] ; qui avec cela se souvient de quelques distinctions métaphysiques[2], explique ce que c'est que la lumière de gloire, et sait précisément comment l'on voit Dieu : cela s'appelle un docteur. Une personne humble, qui est ensevelie dans le cabinet, qui a médité, cherché, consulté, confronté, lu ou écrit pendant toute sa vie, est un homme docte.

Chez nous, le soldat est brave et l'homme de robe est savant : nous n'allons pas plus loin. Chez les Romains, l'homme de robe était brave et le soldat était savant : un Romain était tout ensemble et le soldat et l'homme de robe.

Il semble que le héros est d'un seul métier, qui est celui de la guerre; et que le grand homme est de tous les métiers, ou de la robe, ou de l'épée, ou du cabinet, ou de la cour : l'un et l'autre mis ensemble ne pèsent pas un homme de bien.

Dans la guerre, la distinction entre le héros et le grand homme est délicate : toutes les vertus militaires font l'un et l'autre. Il semble néanmoins que le premier soit jeune, entreprenant, d'une haute valeur, ferme dans les périls, intrépide; que l'autre excelle par un grand sens, par une vaste prévoyance, par une haute capacité et par une longue expérience. Peut-être qu'ALEXANDRE n'était qu'un héros, et que CÉSAR était un grand homme.

Æmile[3] était né ce que les plus grands hommes ne devien-

---

1. *Le teint vermeil.*

Ses chanoines vermeils et brillants de santé
S'engraissaient d'une longue et sainte oisiveté.   (Boileau, *Lutr.*, I, 18.)

2. *Distinctions métaphysiques*, toutes les controverses philosophiques et théologiques auxquelles plusieurs des grands écrivains d'alors s'intéressaient. Madame de Sévigné y fait souvent allusion : « Je voulus prendre hier une petite dose de *morale*, je m'en trouvai assez bien. » (*Lett.* 170.) « Je poursuis cette *morale* de Nicole que je trouve délicieuse; elle ne m'a encore donné aucune leçon contre la pluie, mais j'en attends, car j'y trouve tout..... Enfin, je trouve ce livre admirable; personne n'a écrit comme ces messieurs, car je mets Pascal de moitié à tout ce qui est beau. » (*Lett.* 184.) La Fontaine n'a pas dédaigné non plus la métaphysique. (Voir *Disc. à madame de La Sablière*, X, 1.)

3. La plupart des traits rassemblés dans ce portrait semblent appartenir au grand Condé. On conçoit que La Bruyère, employé à l'éducation du petit-fils de ce héros, se soit plu à tracer l'image du prince qui avait jeté tant d'éclat sur l'auguste famille à laquelle lui-même était attaché; toutefois, d'autres commentateurs croient rencontrer dans ce caractère des traits qui conviennent à Turenne comme à Condé.

nent qu'à force de règles, de méditation et d'exercice. Il n'a eu dans ses premières années qu'à remplir[1] des talents qui étaient naturels, et qu'à se livrer à son génie. Il a fait, il a agi avant que de savoir, ou plutôt il a su ce qu'il n'avait jamais appris. Dirai-je que les jeux de son enfance ont été plusieurs victoires? Une vie accompagnée d'un extrême bonheur joint à une longue expérience serait illustre par les seules actions qu'il avait achevées dès sa jeunesse[2]. Toutes les occasions de vaincre qui se sont depuis offertes, il les a embrassées; et celles qui n'étaient pas, sa vertu[3] et son étoile les ont fait naître : admirable même et par les choses qu'il a faites et par celles qu'il aurait pu faire. On l'a regardé comme un homme incapable de céder à l'ennemi, de plier sous le nombre ou sous les obstacles; comme une âme du premier ordre, pleine de ressources et de lumières[4], et qui voyait encore où personne ne voyait plus; comme celui qui, à la tête des légions, était pour elles un présage de la victoire, et qui valait seul plusieurs légions; qui était grand dans la prospérité, plus grand quand la fortune lui a été contraire : la levée d'un siége, une retraite, l'ont plus ennobli que ses triomphes; l'on ne met qu'après les batailles gagnées et les villes prises; qui était rempli de gloire et de modestie, on lui a entendu dire, « Je fuyais, » avec la même grâce qu'il disait, « Nous les battîmes; » un homme dévoué à l'État, à sa famille, au chef de sa famille; sincère pour Dieu et pour les hommes, autant admirateur du mérite que s'il lui eût été

1. *Remplir des talents*, compléter, développer; c'est le sens de l'expression latine *implere numerum*; Racine a dit de la même manière :

Seigneur, j'irai *remplir* le nombre des vestales.   (*Brit.*, III, 8.)

2. La Bruyère s'est inspiré de plusieurs traits de l'oraison funèbre de Bossuet : « On y élevait jusqu'au ciel le coup d'essai du duc d'Enghien; c'en serait assez pour illustrer une autre vie que la sienne; mais pour lui c'est le premier pas de sa course. »

3. *Sa vertu*, sens latin du mot :

Sais-tu que ce vieillard fut la même *vertu*,
La vaillance et l'honneur de son temps?....   (Corneille, *Cid*.)

4. *Pleine de ressources et de lumières.* Ceci semble s'appliquer davantage à Turenne : ce sont encore les expressions de Bossuet : « L'un enfin, par la profondeur de son génie et les incroyables ressources de son courage, s'élève au-dessus des plus grands périls, et sait même profiter de toutes les infidélités de la fortune. »

moins propre et moins familier : un homme vrai, simple, magnanime, à qui il n'a manqué que les moindres vertus[1].

Les enfants des dieux[2], pour ainsi dire, se tirent des règles de la nature, et en sont comme l'exception : ils n'attendent presque rien du temps et des années. Le mérite chez eux devance l'âge[3]. Ils naissent instruits[4], et ils sont plus tôt des hommes parfaits que le commun des hommes ne sort de l'enfance.

Les vues courtes, je veux dire les esprits bornés et resserrés dans leur petite sphère, ne peuvent comprendre cette universalité de talents que l'on remarque quelquefois dans un même sujet : où ils voient l'agréable, ils en excluent le solide ; où ils croient découvrir les grâces du corps, l'agilité, la souplesse, la dextérité, ils ne veulent plus y admettre[5] les dons de l'âme, la profondeur, la réflexion, la sagesse : ils ôtent de l'histoire de Socrate qu'il ait dansé.

Il n'y a guère d'homme si accompli et si nécessaire aux siens, qu'il n'ait de quoi se faire moins regretter.

Un homme d'esprit et d'un caractère simple et droit peut tomber dans quelque piége ; il ne pense pas que personne veuille lui en dresser, et le choisir pour être sa dupe : cette confiance le rend moins précautionné, et les mauvais plaisants l'entament par cet endroit. Il n'y a qu'à perdre pour

---

1. Bossuet avait fait également allusion à l'humeur inégale de Condé : « Ce n'est plus ces promptes saillies qu'il savait si vite et si agréablement réparer, mais enfin qu'on lui voyait quelquefois dans les occasions ordinaires. » (*Or. fun. du prince de Condé.*)

2. Fils, petit-fils, issus de rois. (*Note de La Bruyère.*)

3. *Devance l'âge.*

Je suis jeune, il est vrai, mais aux âmes bien nées
La valeur n'attend pas le nombre des années. (Corneille, *Cid*, II, 2.)

4. *Ils naissent instruits.* L'austère bon sens de La Bruyère se laisse désirer ici. La Fontaine a exprimé avec une fine raillerie la même idée :

Le fils de Jupiter devait, par sa naissance,
Avoir un autre esprit, et d'autres dons des cieux,
Que les enfants des autres dieux. (XI, 2.)

5. *Y admettre.* Y, au dix-septième siècle, était d'un usage très-répandu : c'était le corrélatif de *à lui, leur,* représentant des personnes ou des choses ; il s'employait aussi pour *dans* et *avec* : « Je veux vous y servir, et vous épargner des soins inutiles. » (Molière, *Don Juan*, III, 4.) Dans la phrase de La Bruyère, il est redondant comme dans celle-ci : « C'est une chose où il *y* va de l'intérêt du prochain. » (Id., *Pourc.*, II, 4.)

ceux qui en viendraient à une seconde charge : il n'est trompé qu'une fois.

J'éviterai avec soin d'offenser personne, si je suis équitable, mais sur toutes choses[1] un homme d'esprit, si j'aime le moins du monde mes intérêts.

Il n'y a rien de si délié[2], de si simple, et de si imperceptible, où il n'entre des manières qui nous décèlent. Un sot ni n'entre, ni ne sort, ni ne s'assied, ni ne se lève, ni ne se tait, ni n'est sur ses jambes, comme un homme d'esprit.

Je connais *Mopse* d'une visite qu'il m'a rendue sans me connaître. Il prie des gens qu'il ne connaît point de le mener chez d'autres dont il n'est pas connu ; il écrit à des femmes qu'il connaît de vue ; il s'insinue[3] dans un cercle de personnes respectables, et qui ne savent quel il est ; et là, sans attendre qu'on l'interroge, ni sans sentir qu'il interrompt, il parle, et souvent, et ridiculement. Il entre une autre fois dans une assemblée, se place où il se trouve, sans nulle attention aux autres ni à soi-même : on l'ôte d'une place destinée à un ministre, il s'assied à celle d'un duc et pair : il est là précisément celui dont la multitude rit, et qui seul est grave et ne rit point. Chassez un chien du fauteuil du roi, il grimpe à la chaire du prédicateur ; il regarde le monde indifféremment, sans embarras, sans pudeur : il n'a pas, non plus que le sot, de quoi rougir[4].

Celse est d'un rang médiocre, mais des grands le souffrent : il n'est pas savant, il a relation avec des savants : il a peu de mérite, mais il connaît des gens qui en ont beaucoup : il

---

1. *Sur toutes choses*, sur tout : Corneille a dit de même dans *Cinna*, V, 1 :

> Prends un siége, Cinna, prends, et *sur toute chose*
> Observe exactement la loi que je t'impose.

2. *Délié*, mince ; au sens propre : « Cette coiffe est un peu trop *déliée* j'en vais quérir une plus épaisse. » (Molière, *Pourc.*, III, 2.) « Il porte des chemises très-*déliées*. » (La Bruyère, *de la Mode.*) Au sens figuré, insignifiant : « Cette erreur est si *déliée* que, pour peu qu'on s'en éloigne, on se trouve dans la vérité. » (Pascal, 3ᵉ *Prov.*) « La gloire est une passion qu'il ne connaît pas, qui est trop *déliée* et trop spirituelle pour lui. » (Balzac, *Disc. à la régente.*)

3.
> Cependant sa grimace est partout bien venue,
> On l'accueille, on lui rit, partout il s'*insinue*. (Molière, *Misanthr.*, I, 1.)

4. On sait que Molière a fait une comédie des *Fâcheux*, où le même caractère se trouve représenté en traits souvent heureux.

n'est pas habile, mais il a une langue qui peut servir de truchement, et des pieds qui peuvent le porter d'un lieu à un autre. C'est un homme né pour des allées et venues, pour écouter des propositions et les rapporter, pour en faire d'office, pour aller plus loin que sa commission[1], et en être désavoué; pour réconcilier des gens qui se querellent à leur première entrevue; pour réussir dans une affaire et en manquer mille; pour se donner toute la gloire de la réussite, et pour détourner sur les autres la haine[2] d'un mauvais succès. Il sait les bruits communs[3], les historiettes de la ville; il ne fait rien; il dit ou il écoute ce que les autres font; il est nouvelliste; il sait même le secret des familles: il entre dans de plus hauts mystères; il vous dit pourquoi celui-ci est exilé, et pourquoi on rappelle cet autre: il connaît le fond et les causes de la brouillerie des deux frères et de la rupture des deux ministres[4]. N'a-t-il pas prédit aux premiers les tristes suites de leur mésintelligence? N'a-t-il pas dit de ceux-ci que leur union ne serait pas longue? N'était-il pas présent à de certaines paroles qui furent dites? N'entra-t-il pas dans une espèce de négociation? Le voulut-on croire? fut-il écouté? A qui parlez-vous de ces choses? Qui a eu plus de part que Celse à toutes ces intrigues de cour? Et si cela n'était ainsi, s'il ne l'avait du moins ou rêvé ou imaginé, songerait-il à vous le faire croire? aurait-il l'air important et mystérieux d'un homme revenu d'une ambassade[5]?

1. *Que sa commission,* c'est-à-dire qu'il n'a été chargé de le faire :

Çà, je veux étouffer le courroux qui m'enflamme,
Et tout du long t'ouïr sur *la commission.* (Molière, *Amph.*, II, 1.)

2. *La haine,* le mécontentement que peut causer un mauvais succès: c'est l'idée latine *invidia.*

3. « *Commun,* » qui appartient à tous.

4. Allusion au dissentiment qui éclata entre Louvois, ministre de la guerre, et Seignelay, fils du grand Colbert, ministre de la marine. Louvois s'opposait à toute intervention pour aider Jacques II à remonter sur le trône; Louis XIV se rangea à l'avis de Seignelay, mais il ne donna à Jacques qu'un secours peu efficace. Transporté en Irlande par une escadre française, Jacques perdit la bataille de la Boyne (10 juillet 1690) et revint en France mourir au château de Saint-Germain (1701.)

5. On peut rapprocher ce caractère de la fable de La Fontaine, *le Coche et la Mouche,* VII, 9 : la morale offre les mêmes traits que La Bruyère a si bien indiqués :

Ainsi certaines gens, faisant les empressés,
S'introduisent dans les affaires :
Ils font partout les nécessaires,
Et, partout importuns, devraient être chassés.

Ménippe est l'oiseau paré de divers plumages qui ne sont pas à lui. Il ne parle pas, il ne sent pas ; il répète des sentiments et des discours, se sert même si naturellement de l'esprit des autres, qu'il y est le premier trompé, et qu'il croit souvent dire son goût ou expliquer sa pensée, lorsqu'il n'est que l'écho de quelqu'un qu'il vient de quitter. C'est un homme qui est de mise un quart d'heure de suite, qui le moment d'après baisse, dégénère, perd le peu de lustre qu'un peu de mémoire lui donnait, et montre la corde. Lui seul ignore combien il est au-dessous du sublime et de l'héroïque ; et, incapable de savoir jusqu'où l'on peut avoir de l'esprit, il croit naïvement que ce qu'il en a est tout ce que les hommes en sauraient avoir : aussi a-t-il l'air et le maintien de celui qui n'a rien à désirer sur ce chapitre, et qui ne porte envie à personne. Il se parle souvent à soi-même[1], et il ne s'en cache pas ; ceux qui passent le voient[2], et qu'il semble[3] toujours prendre un parti, ou décider qu'une telle chose est sans réplique. Si vous le saluez quelquefois, c'est le jeter dans l'embarras de savoir s'il doit rendre le salut, ou non ; et, pendant qu'il délibère, vous êtes déjà hors de portée. Sa vanité l'a fait honnête homme, l'a mis au-dessus de lui-même, l'a fait devenir ce qu'il n'était pas. L'on juge en le voyant qu'il n'est occupé que de sa personne ; qu'il sait que tout lui sied bien, et que sa parure est assortie ; qu'il croit que tous les yeux sont ouverts sur lui, et que les hommes se relayent pour le contempler[4].

Celui qui, logé chez soi dans un palais avec deux appar-

1. Voir plus haut, p. 30, n. 2.
2. *Le voient.* Voient cela, qu'il se parle à lui-même.
3. *Et qu'il semble.* Cette tournure peu régulière s'employait alors :

> Voudrait-il *insulter* à la crainte publique,
> Et que le chef des Grecs, irritant les destins, etc. (Racine, *Iphig.*, I, 2.)
> Non, elle est générale, et je hais tous les hommes.
> Les uns, *parce* qu'ils sont méchants et malfaisants,
> Et les autres *pour être* aux méchants complaisants.
> (Molière, *Misanth.*, I, 1.)

4. On s'accorde à croire que les principaux traits de ce caractère s'appliquent au maréchal de Villeroi. Saint-Simon s'exprime sur son compte presque dans les mêmes termes : « Incapable de toute affaire, même d'en rien comprendre par delà l'écorce..... il se piquait néanmoins d'être fort honnête homme ; mais comme il n'avait point de sens, *il montrait la corde* fort aisément..... On n'y trouvait qu'un tissu de fatuité, de recherche et d'applaudissement de soi, de montre de faveur et de grandeur de fortune. » (Ch. 302.)

tements pour les deux saisons, vient coucher au Louvre dans un entre-sol, n'en use pas ainsi par modestie. Cet autre qui pour conserver une taille fine s'abstient de vin, et ne fait qu'un seul repas, n'est ni sobre ni tempérant; et d'un troisième qui, importuné d'un ami pauvre, lui donne enfin quelque secours, l'on dit qu'il achète son repos, et nullement qu'il est libéral. Le motif seul fait le mérite des actions des hommes, et le désintéressement y met la perfection.

La fausse grandeur est farouche et inaccessible : comme elle sent son faible, elle se cache, ou du moins ne se montre pas de front, et ne se fait voir qu'autant qu'il faut pour imposer et ne paraître point ce qu'elle est, je veux dire une vraie petitesse. La véritable grandeur est libre, douce, familière, populaire. Elle se laisse toucher et manier; elle ne perd rien à être vue de près : plus on la connaît, plus on l'admire. Elle se courbe par bonté vers ses inférieurs et revient sans effort dans son naturel. Elle s'abandonne quelquefois, se néglige, se relâche de ses avantages, toujours en pouvoir de les reprendre et de les faire valoir : elle rit, joue et badine, mais avec dignité. On l'approche tout ensemble avec liberté et avec retenue. Son caractère est noble et facile, inspire le respect et la confiance, et fait que les princes nous paraissent grands et très-grands, sans nous faire sentir que nous sommes petits [1].

Le sage guérit de l'ambition par l'ambition même; il tend à de si grandes choses, qu'il ne peut se borner à ce qu'on appelle des trésors, des postes, la fortune et la faveur. Il ne voit rien dans de si faibles avantages qui soit assez bon et assez solide pour remplir son cœur et pour mériter ses soins et ses désirs; il a même besoin d'efforts pour ne les pas trop dédaigner. Le seul bien capable de le tenter est cette sorte de gloire qui devrait naître de la vertu toute pure et toute simple; mais les hommes ne l'accordent guère, et il s'en passe.

---

[1]. Massillon s'exprime presque dans les mêmes termes : « Les grands, placés si haut par la nature, ne sauraient plus trouver de gloire qu'en s'abaissant; ils n'ont plus de distinction à se donner du côté du rang et de la naissance; ils ne peuvent s'en donner que par l'affabilité; et s'il est encore un orgueil qui puisse leur être permis, c'est celui de se rendre humains et accessibles, etc. » (*Petit Carême*, 5e serm.) « Loin de nous les héros sans humanité, s'écrie Bossuet; ils pourront bien forcer les respects et ravir l'admiration comme font tous les objets extraordinaires, mais ils n'auront pas les cœurs. » (*Or. fun. du prince de Condé.*)

Celui-là est bon, qui fait du bien aux autres : s'il souffre pour le bien qu'il fait, il est très-bon ; s'il souffre de ceux à qui il a fait ce bien, il a une si grande bonté qu'elle ne peut être augmentée que dans le cas où ses souffrances viendraient à croître ; et s'il en meurt [1], sa vertu ne saurait aller plus loin : elle est héroïque, elle est parfaite.

Du cœur.

Il y a un goût dans la pure amitié où ne peuvent atteindre ceux qui sont nés médiocres [2].

L'amitié peut subsister entre des gens de différents sexes, exempte même de toute grossièreté. Une femme cependant regarde toujours un homme comme un homme ; et réciproquement, un homme regarde une femme comme une femme. Cette liaison n'est ni passion ni amitié pure ; elle fait une classe à part.

L'amour naît brusquement, sans autre réflexion, par tempérament ou par faiblesse : un trait de beauté nous fixe, nous détermine. L'amitié, au contraire, se forme peu à peu, avec le temps, par la pratique, par un long commerce [3]. Combien d'esprit, de bonté de cœur, d'attachement, de services et de complaisance dans les amis, pour faire en plusieurs années bien moins que ne fait quelquefois en un moment un beau visage ou une belle main !

Le temps, qui fortifie les amitiés, affaiblit l'amour.

Tant que l'amour dure, il subsiste de soi-même, et quelquefois par les choses qui semblent le devoir éteindre, par les caprices, par les rigueurs, par l'éloignement, par la jalousie. L'amitié, au contraire, a besoin de secours ; elle périt faute de soins, de confiance et de complaisance.

1. « *S'il en meurt.* » *En* représente l'idée précédemment exprimée, *ce bien* ; il vient du latin *inde*, et sert à indiquer le point de départ, la cause : « Ceux qui admirent l'homme puissant voudraient être à *sa place* ; ceux qui le craignent voudraient *l'en* tirer. » (Fléchier.)

2. *Nés médiocres.* Par ce mot de *médiocres*, La Bruyère entend non-seulement les qualités de l'esprit, mais celles du cœur.

3. Molière exprime les mêmes idées, *Misanth.*, I, 2 :

Mais l'amitié demande un peu plus de mystère...
Avec lumière et choix cette union veut naître, etc.

Il est plus ordinaire de voir un amour extrême qu'une parfaite amitié.

L'amour et l'amitié s'excluent l'un l'autre.

Celui qui a eu l'expérience d'un grand amour néglige l'amitié; et celui qui est épuisé sur l'amitié n'a encore rien fait pour l'amour.

L'amour commence par l'amour, et l'on ne saurait passer de la plus forte amitié qu'à un amour faible.

Rien ne ressemble mieux à une vive amitié que ces liaisons que l'intérêt de notre amour nous fait cultiver.

L'on n'aime bien qu'une seule fois, c'est la première. Les amours qui suivent sont moins involontaires.

L'amour qui naît subitement est le plus long à guérir.

L'amour qui croît peu à peu, et par degrés, ressemble trop à l'amitié pour être une passion violente.

Celui qui aime assez pour vouloir aimer un million de fois plus qu'il ne fait ne cède en amour qu'à celui qui aime plus qu'il ne voudrait.

Si j'accorde que dans la violence d'une grande passion on peut aimer quelqu'un plus que soi-même, à qui ferai-je plus de plaisir, ou à ceux qui aiment, ou à ceux qui sont aimés?

Les hommes souvent veulent aimer, et ne sauraient y réussir: ils cherchent leur défaite sans pouvoir la rencontrer; et, si j'ose ainsi parler, ils sont contraints de demeurer libres.

Ceux qui s'aiment d'abord avec la plus violente passion contribuent bientôt chacun de leur part à s'aimer moins, et ensuite à ne s'aimer plus. Qui d'un homme ou d'une femme met davantage[1] du sien dans cette rupture? Il n'est pas aisé de le décider. Les femmes accusent les hommes d'être volages; et les hommes disent qu'elles sont légères.

Quelque délicat[2] que l'on soit en amour, on pardonne plus de fautes que dans l'amitié.

C'est une vengeance douce à celui qui aime beaucoup, de

---

1. *Davantage* s'employait fréquemment là où nous mettrions *plus* aujourd'hui: toutefois la différence entre ces deux mots, c'est que le premier s'emploie absolument, tandis que le second s'emploie surtout quand il y a une comparaison avec un terme qui s'énonce ensuite: « Ceste response l'encouragea encore *davantage*. » (Amyot, *Lycurgue*, 8.)

2. *Délicat*, ombrageux, susceptible: « Hélas! nous sommes si *délicats* sur la fidélité de nos amis! » (Massillon, *Car.*, *l'ass.*)

faire, par tout son procédé, d'une personne ingrate une très-ingrate.

Il est triste d'aimer sans une grande fortune, et qui nous donne les moyens de combler ce que l'on aime, et le rendre si heureux qu'il n'ait plus de souhaits à faire.

S'il se trouve une femme pour qui l'on ait eu une grande passion, et qui ait été indifférente, quelques importants services qu'elle nous rende dans la suite de notre vie, l'on court un grand risque d'être ingrat.

Une grande reconnaissance emporte avec soi beaucoup de goût et d'amitié pour la personne qui nous oblige.

Être avec des gens qu'on aime, cela suffit : rêver, leur parler, ne leur parler point, penser à eux, penser à des choses plus indifférentes, mais auprès d'eux, tout est égal.

Il n'y a pas si loin de la haine à l'amitié que de l'antipathie [1].

Il semble qu'il est moins rare de passer de l'antipathie à l'amour qu'à l'amitié.

L'on confie son secret dans l'amitié; mais il échappe dans l'amour.

L'on peut avoir la confiance de quelqu'un sans en avoir le cœur : celui qui a le cœur n'a pas besoin de révélation ou de confiance; tout lui est ouvert.

L'on ne voit dans l'amitié que les défauts qui peuvent nuire à nos amis; l'on ne voit en amour de défauts dans ce qu'on aime que ceux dont on souffre soi-même [2].

Il n'y a qu'un premier dépit en amour, comme la première faute dans l'amitié, dont on puisse faire bon usage.

Il semble que s'il y a un soupçon injuste, bizarre, et sans fondement, qu'on ait une fois appelé jalousie, cette autre jalousie qui est un sentiment juste, naturel, fondé en raison et sur l'expérience, mériterait un autre nom.

Le tempérament a beaucoup de part à la jalousie, et elle ne suppose pas toujours une grande passion : c'est cependant un paradoxe qu'un violent amour sans délicatesse [3].

---

1. Sous-entendu : à l'amitié.

2. *L'on ne voit en amour.* Molière a développé finement la même idée, *Misanth.*, II, 5 :

> L'amour pour l'ordinaire est peu fait à ces lois,
> Et l'on voit les amants vanter toujours leur choix, etc.

3. *Délicatesse*, susceptibilité : voir plus haut, p. 52, n. 2.

Il arrive souvent que l'on souffre tout seul de la délicatesse : l'on souffre de la jalousie, et l'on fait souffrir les autres.

Celles qui ne nous ménagent sur rien et ne nous épargnent nulles occasions de jalousie ne mériteraient de nous aucune jalousie, si l'on se réglait plus par leurs sentiments et leur conduite que par son cœur.

Les froideurs et les relâchements dans l'amitié ont leurs causes : en amour, il n'y a guère d'autre raison de ne s'aimer plus que de s'être trop aimés.

L'on n'est pas plus maître de toujours aimer qu'on ne l'a été de ne pas aimer.

Les amours meurent par le dégoût, et l'oubli les enterre.

Le commencement et le déclin de l'amour se font sentir par l'embarras où l'on est de se trouver seuls.

Cesser d'aimer, preuve sensible que l'homme est borné[1], et que le cœur a ses limites.

C'est faiblesse que d'aimer; c'est souvent une autre faiblesse que de guérir.

On guérit comme on se console; on n'a pas dans le cœur de quoi toujours pleurer et toujours aimer.

Il devrait y avoir dans le cœur des sources inépuisables de douleur pour de certaines pertes. Ce n'est guère par vertu ou par force d'esprit que l'on sort d'une grande affliction. L'on pleure amèrement, et l'on est sensiblement touché; mais l'on est ensuite si faible, ou si léger, que l'on se console[2].

Si une laide se fait aimer, ce ne peut être qu'éperdument; car il faut que ce soit ou par une étrange faiblesse de

---

1. *Borné*, restreint, resserré; pris absolument et expliqué par la fin de la phrase. Lamartine a exprimé la même pensée :

> Borné dans ses désirs, infini dans ses vœux,
> L'homme est un dieu déchu qui se souvient des cieux.

2. *L'on se console.* « D'où vient que cet homme qui a perdu depuis peu de mois son fils unique, et qui, accablé de procès et de querelles, était ce matin si troublé, n'y pense plus maintenant? Ne vous en étonnez pas; il est tout occupé à voir par où passera ce sanglier...... » (Pascal, *Pensées, Misère de l'h.*) Bossuet s'exprime ainsi dans l'oraison funèbre de Michel Le Tellier : « Oh! si quelques générations, que dis-je? si quelques années après votre mort vous reveniez, hommes oubliés, au milieu du monde, vous vous hâteriez de rentrer dans vos tombeaux pour ne pas voir votre nom terni, votre mémoire abolie, et votre prévoyance trompée dans vos amis, dans vos créatures, et plus encore dans vos héritiers et dans vos enfants. »

son amant, ou par de plus secrets et de plus invincibles charmes que ceux de la beauté.

L'on est encore longtemps à se voir par habitude, et à se dire de bouche[1] que l'on s'aime, après que les manières disent qu'on ne s'aime plus.

Vouloir oublier quelqu'un, c'est y penser. L'amour a cela de commun avec les scrupules, qu'il s'aigrit par les réflexions et les retours que l'on fait pour s'en délivrer. Il faut, s'il se peut, ne point songer à sa passion, pour l'affaiblir.

L'on veut faire tout le bonheur, ou, si cela ne se peut ainsi, tout le malheur de ce qu'on aime.

Regretter ce que l'on aime est un bien, en comparaison de vivre avec ce que l'on hait.

Quelque désintéressement qu'on ait à l'égard de ceux qu'on aime, il faut quelquefois se contraindre pour eux et avoir la générosité de recevoir.

Celui-là peut prendre, qui goûte un plaisir aussi délicat à recevoir que son ami en sent à lui donner[2].

Donner, c'est agir; ce n'est pas souffrir de ses bienfaits, ni céder à l'importunité ou à la nécessité de ceux qui nous demandent.

Si l'on a donné à ceux que l'on aimait, quelque chose qu'il arrive, il n'y a plus d'occasions où l'on doive songer à ses bienfaits.

On a dit en latin qu'il coûte moins cher de haïr que d'aimer; ou, si l'on veut, que l'amitié est plus à charge que la haine. Il est vrai qu'on est dispensé de donner à ses ennemis; mais ne coûte-t-il rien de s'en venger? Ou, s'il est doux et naturel de faire du mal à ce que l'on hait, l'est-il moins de faire du bien à ce qu'on aime? Ne serait-il pas dur et pénible de ne leur en point faire?

Il y a du plaisir à rencontrer les yeux de celui à qui l'on vient de donner.

---

1. *De bouche*, comme dans la locution : dire quelque chose *de bouche*, non de cœur : « Des satisfactions si sensibles que je ne les pourrai *dire de bouche*. » (Pascal, *Lett.* I.) « Vous pourrez vous concerter avec lui *de bouche*. » (J. J. Rousseau, *Hél.*, II, 3.)

2. « Si en l'amitié de quoy je parle, l'un pouvoit donner à l'aultre, ce seroit celuy qui recevroit le bienfaict qui obligeroit son compaignon; car cherchant l'un et l'aultre, plus que toute aultre chose, de s'entre-bienfaire, celuy qui en presse la matière et l'occasion est celuy-là qui faict le libéral, donnant ce contentement à son amy d'effectuer en son endroict ce qu'il désire le plus..... » (Montaigne, *Essais*, I, 27.)

Je ne sais si un bienfait qui tombe sur un ingrat, et ainsi sur un indigne, ne change pas de nom, et s'il méritait plus de reconnaissance.

La libéralité consiste moins à donner beaucoup qu'à donner à propos[1].

S'il est vrai que la pitié ou la compassion soit un retour vers nous-mêmes, qui nous met en la place des malheureux, pourquoi tirent-ils de nous si peu de soulagement dans leurs misères?

Il vaut mieux s'exposer à l'ingratitude que de manquer aux misérables.

L'expérience confirme que la mollesse ou l'indulgence pour soi et la dureté pour les autres n'est qu'un seul et même vice.

Un homme dur au travail et à la peine, inexorable à soi-même, n'est indulgent aux autres que par un excès de raison.

Quelque désagrément qu'on ait à se trouver chargé d'un indigent, l'on goûte à peine les nouveaux avantages qui le tirent enfin de notre sujétion : de même, la joie que l'on reçoit de l'élévation de son ami est un peu balancée par la petite peine qu'on a de le voir au-dessus de nous, ou s'égaler à nous. Ainsi l'on s'accorde mal avec soi-même[2] ; car l'on veut des dépendants, et qu'il n'en coûte rien : l'on veut aussi le bien de ses amis ; et s'il arrive, ce n'est pas toujours par s'en réjouir que l'on commence.

On convie[3], on invite, on offre sa maison, sa table, son bien et ses services : rien ne coûte qu'à tenir parole.

C'est assez pour soi d'un fidèle ami, c'est même beaucoup de l'avoir rencontré ; on ne peut en avoir trop pour le service des autres.

Quand on a assez fait auprès de certaines personnes pour avoir dû se les acquérir[4], si cela ne réussit point, il y a encore une ressource, qui est de ne plus rien faire.

---

1. Quelques-unes de ces pensées semblent inspirées de Sénèque : voir de Beneficiis, passim.

2. L'on s'accorde mal. « Moi-même, je ne m'accorde pas toujours avec moi-même. » (Bossuet, Conn. de Dieu.)

3. On convie. Au sens propre, inviter à un banquet, à une solennité ; a quelque chose de plus solennel ou de plus amical qu'inviter.

4. Se les acquérir. Très-usité alors dans le sens de gagner l'affection :

Sa tête est le seul prix dont il peut m'acquérir.
(Corneille, Cinna, I, 2.)

Vivre avec ses ennemis comme s'ils devaient un jour être nos amis [1], et vivre avec nos amis comme s'ils pouvaient devenir nos ennemis, n'est ni selon la nature de la haine ni selon les règles de l'amitié : ce n'est point une maxime morale, mais politique [2].

On ne doit pas se faire des ennemis de ceux qui, mieux connus, pourraient avoir rang entre nos amis. On doit faire choix d'amis si sûrs et d'une si exacte probité, que, venant à cesser de l'être, ils ne veuillent pas abuser de notre confiance, ni se faire craindre comme nos ennemis.

Il est doux de voir ses amis par goût et par estime; il est pénible de les cultiver par intérêt : c'est *solliciter*.

Il faut briguer la faveur de ceux à qui l'on veut du bien, plutôt que de ceux de qui l'on espère du bien.

On ne vole point des mêmes ailes pour sa fortune, que l'on fait pour des choses frivoles et de fantaisie. Il y a un sentiment de liberté à suivre ses caprices, et tout au contraire de servitude à courir pour son établissement : il est naturel de le souhaiter beaucoup et d'y travailler peu, de se croire digne de le trouver sans l'avoir cherché.

Celui qui sait attendre le bien qu'il souhaite ne prend pas le chemin de se désespérer s'il ne lui arrive pas; et celui, au contraire, qui désire une chose avec une grande impatience y met trop du sien pour en être assez récompensé par le succès.

Il y a de certaines gens qui veulent si ardemment et si déterminément une certaine chose, que, de peur de la manquer, ils n'oublient rien de ce qu'il faut faire pour la manquer.

Les choses les plus souhaitées n'arrivent point, ou, si elles arrivent, ce n'est ni dans le temps ni dans les circonstances où elles auraient fait un extrême plaisir.

---

1. « Ita amicum habeas, posse inimicum fieri ut putes. » (Senecæ ac P. Syri *sententiæ*.) « Il fault marcher en ces aultres amitiés (les amitiés communes) la bride à la main, avecque prudence et précaution : la liaison n'est pas nouée en manière qu'on n'ait aulcunement à s'en desfier. Aimez-le, disoit Chilon, comme ayant quelque jour à le hair; haïssez-le comme ayant à l'aimer, etc. » (Montaigne, I, 27.)

2. Cicéron a dit dans le *de Amicitia*, XVI, 59 : « Negabat (Scipio) ullam vocem inimiciorem amicitiæ potuisse reperiri, quam ejus qui dixisset, ita amare oportere, ut si aliquando esset osurus.... Impuri cujusdam, aut ambitiosi, aut omnia ad suam potentiam revocantis esse sententiam. »

Il faut rire avant que d'être heureux, de peur de mourir sans avoir ri.

La vie est courte, si elle ne mérite ce nom que lorsqu'elle est agréable; puisque, si l'on cousait ensemble toutes les heures que l'on passe avec ce qui plaît, l'on ferait à peine d'un grand nombre d'années une vie de quelques mois.

Qu'il est difficile d'être content de quelqu'un!

On ne pourrait se défendre de quelque joie à voir [1] périr un méchant homme; l'on jouirait alors du fruit de sa haine, et l'on tirerait de lui tout ce qu'on en peut espérer, qui est le plaisir de sa perte. Sa mort enfin arrive, mais dans une conjoncture où nos intérêts ne nous permettent pas de nous en réjouir: il meurt trop tôt ou trop tard.

Il est pénible à un homme fier de pardonner à celui qui le surprend en faute, et qui se plaint de lui avec raison : sa fierté ne s'adoucit que lorsqu'il reprend ses avantages, et qu'il met l'autre dans son tort.

Comme nous nous affectionnons de plus en plus aux personnes à qui nous faisons du bien, de même nous haïssons violemment ceux que nous avons beaucoup offensés.

Il est également difficile d'étouffer dans les commencements le sentiment des injures, et de le conserver après un certain nombre d'années.

C'est par faiblesse que l'on hait un ennemi, et que l'on songe à s'en venger; et c'est par paresse que l'on s'apaise, et qu'on ne se venge point [2].

Il y a bien autant de paresse que de faiblesse à se laisser gouverner.

Il ne faut pas penser à gouverner un homme tout d'un coup et sans autre préparation dans une affaire importante,

---

1. *A voir périr.* A s'emploie pour *en* suivi d'un participe présent: « Ils triomphent *à montrer* là-dessus la folie du monde. » (Pascal, *Pens.*, 7.)

>Il faut avec vigueur ranger les jeunes gens,
>Et nous faisons contre eux *à leur être* indulgens.
>
>(Molière, *École des femm.*, V, 7.)

Cette tournure correspond au gérondif en *do*, ou au supin en *u* des Latins, qui n'est lui-même qu'un datif ou un ablatif.

2. « Les hommes ne sont pas sujets à perdre le souvenir des injures, ils cessent de haïr ceux qui les ont outragés. L'application de se venger du mal leur paraît une servitude à laquelle ils ont peine à se soumettre. » (La Rochefoucauld, XIV.)

et qui serait capitale[1] à lui ou aux siens; il sentirait d'abord l'empire et l'ascendant qu'on veut prendre sur son esprit, et il secouerait le joug par honte ou par caprice. Il faut tenter auprès de lui les petites choses, et de là le progrès jusqu'aux plus grandes est immanquable. Tel ne pouvait au plus, dans les commencements, qu'entreprendre de le faire partir pour la campagne ou retourner à la ville, qui finit par lui dicter un testament où il réduit son fils à la légitime[2].

Pour gouverner quelqu'un longtemps et absolument, il faut avoir la main légère, et ne lui faire sentir que le moins qu'il se peut sa dépendance.

Tels se laissent gouverner jusqu'à un certain point, qui au delà sont intraitables et ne se gouvernent plus; on perd tout à coup la route de leur cœur et de leur esprit: ni hauteur, ni souplesse, ni force, ni industrie, ne les peuvent dompter; avec cette différence que quelques-uns sont ainsi faits par raison et avec fondement, et quelques autres par tempérament et par humeur.

Il se trouve des hommes qui n'écoutent ni la raison ni les bons conseils, et qui s'égarent volontairement par la crainte qu'ils ont d'être gouvernés.

D'autres consentent d'être gouvernés par leurs amis en des choses presque indifférentes, et s'en font un droit de les gouverner à leur tour en des choses graves et de conséquence.

Drance veut passer pour gouverner son maître, qui n'en croit rien, non plus que le public: parler sans cesse à un grand que l'on sert[3], en des lieux et en des temps où il convient[4] le moins; lui parler à l'oreille ou en des termes mystérieux, rire jusqu'à éclater en sa présence, lui couper la parole, se mettre entre lui et ceux qui lui parlent, dédaigner ceux qui viennent faire leur cour ou attendre impatiemment qu'ils se retirent, se mettre proche de lui en une posture trop libre, figurer avec lui le dos appuyé à une cheminée, le tirer par son habit, lui marcher sur les talons, faire le familier,

---

1. *Capitale*, essentielle :

C'est un crime envers lui si grand, si *capital*. (Corneille, *Pol.*, IV, 6)

« Il ne faut pas se flatter; les plus expérimentés dans les affaires font des fautes *capitales*. » (Bossuet, *reine d'Anglet.*)

2. *La légitime*, portion assurée par la loi aux enfants sur l'héritage de leurs parents, et dont ils ne peuvent être privés.

3. *Que l'on sert*, dont on fréquente la maison.

4. *Il convient*, latinisme comme précédemment, p. 13, n. 2.

prendre des libertés, marquent[1] mieux un fat qu'un favori.

Un homme sage ni ne[2] se laisse gouverner ni ne cherche à gouverner les autres; il veut que la raison gouverne seule, et toujours.

Je ne haïrais pas d'être[3] livré par la confiance à une personne raisonnable, et d'en être gouverné en toutes choses, et absolument, et toujours : je serais sûr de bien faire sans avoir le soin de délibérer; je jouirais de la tranquillité de celui qui est gouverné par la raison.

Toutes les passions sont menteuses : elles se déguisent autant qu'elles le peuvent aux yeux des autres; elles se cachent à elles-mêmes; il n'y a point de vice qui n'ait une fausse ressemblance avec quelque vertu, et qui ne s'en aide.

On trouve un livre de dévotion, et il touche; on en ouvre un autre qui est galant, et il fait son impression. Oserai-je dire que le cœur seul concilie les choses contraires et admet les incompatibles?

Les hommes rougissent moins de leurs crimes que de leurs faiblesses et de leur vanité. Tel est ouvertement injuste, violent, perfide, calomniateur, qui cache son amour ou son ambition, sans autre vue que de la cacher.

Le cas n'arrive guère où l'on puisse dire : J'étais ambitieux; ou on ne l'est point, ou on l'est toujours; mais le temps vient où l'on avoue que l'on a aimé.

Les hommes commencent par l'amour, finissent par l'ambition, et ne se trouvent souvent dans une assiette[4] plus tranquille que lorsqu'ils meurent.

Rien ne coûte moins à la passion que de se mettre au-dessus de la raison : son grand triomphe est de l'emporter sur l'intérêt.

---

1. *Marquent.* Construction à remarquer : le verbe a pour sujet tous les infinitifs dont se compose la période; la grammaire voudrait régulièrement, *tout cela* marque; mais comme la phrase de La Bruyère gagne à cette façon de s'exprimer!

2. *Ni ne,* tournure fréquente au dix-septième siècle : « Ni l'édifice n'est plus solide que le fondement, ni l'accident attaché à l'être plus réel que l'être même. » (Bossuet, *Or. fun. de Henriette d'Angl.*)

3. *Je ne haïrais pas d'être.* Locution analogue à *aimer de.* « Une religion qui n'aimerait pas d'être approfondie. » (Massillon, *Carême, Vérit. relig.*)

4. *Assiette.* « Si votre esprit demeure dans la même *assiette.* » (Bossuet, *Lett.* 30.) « Il n'est pas besoin d'un grand art pour faire sortir les meilleurs esprits de leur *assiette.* » (Vauvenargues, *Max.,* 278.)

L'on est plus sociable et d'un meilleur commerce par le cœur que par l'esprit.

Il y a de certains grands sentiments, de certaines actions, nobles et élevées, que nous devons moins à la force de notre esprit qu'à la bonté de notre naturel.

Il n'y a guère au monde un plus bel excès que celui de la reconnaissance.

Il faut être bien dénué d'esprit, si l'amour, la malignité, la nécessité, n'en font pas trouver.

Il y a des lieux que l'on admire; il y en a d'autres qui touchent, et où l'on aimerait à vivre [1].

Il me semble que l'on dépend des lieux pour l'esprit, l'humeur, la passion, le goût et les sentiments [2].

Ceux qui font bien mériteraient seuls d'être enviés, s'il n'y avait encore un meilleur parti à prendre, qui est de faire mieux : c'est une douce vengeance contre ceux qui nous donnent cette jalousie.

Quelques-uns se défendent d'aimer et de faire des vers, comme de deux faibles qu'ils n'osent avouer, l'un du cœur, l'autre de l'esprit.

Il y a quelquefois dans le cours de la vie de si chers plaisirs et de si tendres engagements que l'on nous défend, qu'il est naturel de désirer du moins qu'ils fussent permis : de si grands charmes ne peuvent être surpassés que par celui de savoir y renoncer par vertu.

De la société et de la conversation.

Un caractère bien fade est celui de n'en avoir aucun.

C'est le rôle d'un sot d'être importun : un homme habile [3] sent s'il convient [4] ou s'il ennuie; il sait disparaître le moment qui précède celui où il serait de trop quelque part.

---

1. Cette nuance délicate de sentiment a été pour J. J. Rousseau et pour Bernardin de Saint-Pierre un texte à développements poétiques. Voir surtout, de J. J. Rousseau, les *Rêveries*, 5ᵉ prom., et sa 3ᵉ lettre à M. de Malesherbes.
2. Montesquieu a développé jusqu'au paradoxe cette idée dans l'*Esprit des Lois*, liv. XIV, ch. 1 à 6, de l'*Influence des climats*.
3. *Habile*. Voir p. 7, n. 2.
4. *S'il convient*, s'il plaît, s'il est agréé.

L'on marche sur les mauvais plaisants, et il pleut par tout pays de cette sorte d'insectes. Un bon plaisant est une pièce rare : à un homme qui est né tel, il est encore fort délicat d'en soutenir longtemps le personnage ; il n'est pas ordinaire que celui qui fait rire se fasse estimer.

Il y a beaucoup d'esprits obscènes, encore plus de médisants ou de satiriques, peu de délicats. Pour badiner avec grâce, et rencontrer[1] heureusement sur les plus petits sujets, il faut trop de manières, trop de politesse, et même trop de fécondité : c'est créer que de railler ainsi, et faire quelque chose de rien.

Si l'on faisait une sérieuse attention à tout ce qui se dit de froid, de vain et de puéril dans les entretiens ordinaires, l'on aurait honte de parler ou d'écouter ; et l'on se condamnerait peut-être à un silence perpétuel, qui serait une chose pire dans le commerce[2] que les discours inutiles. Il faut donc s'accommoder à[3] tous les esprits, permettre comme un mal nécessaire le récit des fausses nouvelles, les vagues réflexions sur le gouvernement présent ou sur l'intérêt des princes, le débit des beaux sentiments, et qui reviennent toujours les mêmes : il faut laisser *Aronce* parler proverbe[4], et *Mélinde* parler de soi, de ses vapeurs, de ses migraines et de ses insomnies.

L'on voit des gens qui, dans les conversations ou dans le peu de commerce que l'on a avec eux, vous dégoûtent par leurs ridicules expressions, par la nouveauté, et j'ose dire

---

1. *Rencontrer*, pris d'une manière absolue ; nous l'avons vu plus haut employé au participe, p. 15 : « Il y a un terme.... qui est *rencontré*. »

2. *Commerce*, relation de société. La Bruyère emploie fréquemment ce terme d'une manière absolue ; voir quelques lignes plus bas : « Dans le peu de *commerce* que l'on a avec eux. »

Dans le brillant *commerce* il se mêle sans cesse.
(Molière, *Misanth.*, II, 5.)

3. *S'accommoder à*. « C'est une vie à laquelle il ne peut *s'accommoder*. » (Pascal, *Pensées*.) « Si vos résolutions *s'accommodaient* à nos désirs. » (Sévigné, 421.)

4. *Parler proverbe*. *Parler*, employé autrefois comme verbe actif ; nous disons encore *parler raison* :

Et, sans *parler* curé, doyen, chantre ou Sorbonne... (Régnier, sat. XV.)
A cause qu'elle manque à *parler* Vaugelas... (Molière, *Femm. sav.*, II, 7.)

« Je vous demande, *ce que je parle* avec vous, qu'est-ce que c'est ? » (Id., *Bourg. gentilh.*, III, 3.)

par l'impropriété des termes dont ils se servent, comme par l'alliance de certains mots qui ne se rencontrent ensemble que dans leur bouche, et à qui ils font signifier des choses que leurs premiers inventeurs n'ont jamais eu intention de leur faire dire. Ils ne suivent en parlant ni la raison ni l'usage, mais leur bizarre génie, que l'envie de toujours plaisanter, et peut-être de briller, tourne insensiblement à un jargon qui leur est propre, et qui devient enfin leur idiome naturel; ils accompagnent un langage si extravagant d'un geste affecté et d'une prononciation qui est contrefaite[1]. Tous sont contents d'eux-mêmes et de l'agrément de leur esprit, et l'on ne peut pas dire qu'ils en soient entièrement dénués, mais on les plaint de ce peu qu'ils en ont; et, ce qui est pire, on en souffre.

Que dites-vous? comment? je n'y suis pas : vous plairait-il de recommencer? J'y suis encore moins, je devine enfin : vous voulez, *Acis*, me dire qu'il fait froid; que ne disiez-vous : Il fait froid? Vous voulez m'apprendre qu'il pleut ou qu'il neige; dites : Il pleut, il neige. Vous me trouvez bon visage, et vous désirez de m'en féliciter; dites : Je vous trouve bon visage. Mais, répondez-vous, cela est bien uni et bien clair : et, d'ailleurs, qui ne pourrait pas en dire autant? Qu'importe, Acis? est-ce un si grand mal d'être entendu quand on parle, et de parler comme tout le monde[2]? Une chose vous manque, Acis, à vous et à vos semblables, les diseurs de phébus[3], vous ne vous en défiez point, et je vais vous jeter dans l'étonnement. Une chose vous manque, c'est l'esprit : ce n'est pas tout; il y a en vous une chose de trop, qui est l'opinion d'en savoir plus que les autres : voilà la source de votre pompeux galimatias, de vos phrases embrouillées et de vos grands mots qui ne signifient rien[4]. Vous

---

1. Allusion au langage des *précieux*, ridiculisés par Molière et par Boileau. Voir *les Précieuses ridicules*, sc. 12, et *les Héros de roman* de Boileau.

2. On cherche ce qu'il dit après qu'il a parlé. (Molière, *Femm. sav.*, II, 8.)

3. *Diseurs de phébus*. Ceux qui, en affectant un magnifique langage, tombent dans le galimatias. Phébus, personnage des romans de mademoiselle de Scudéry, aura donné lieu à cette locution : *parler phébus*.

4. *Grands mots*.

Projicit ampullas et sesquipedalia verba. (Horace, *Ars poet.*, 125.)

Ils me font dire aussi des mots longs d'une toise,
De grands mots qui tiendraient d'ici jusqu'à Pontoise.
(Racine, *Plaid.*, III, 3.)

abordez cet homme ou vous entrez dans cette chambre, je vous tire par votre habit et je vous dis à l'oreille : Ne songez point à avoir de l'esprit, n'en ayez point; c'est votre rôle : ayez, si vous pouvez, un langage simple[1], et tel que l'ont ceux en qui vous ne trouvez aucun esprit; peut-être alors croira-t-on que vous en avez.

Qui peut se promettre d'éviter dans la société des hommes la rencontre de certains esprits vains, légers, familiers, délibérés[2], qui sont toujours dans une compagnie ceux qui parlent et qu'il faut que les autres écoutent? On les entend de l'antichambre, on entre impunément, et sans crainte de les interrompre : ils continuent leur récit sans la moindre attention pour ceux qui entrent ou qui sortent, comme pour le rang ou le mérite des personnes qui composent le cercle : ils font taire celui qui commence à conter une nouvelle, pour la dire de leur façon, qui est la meilleure; ils la tiennent de *Zamet*, de *Ruccelay*, ou de *Conchini*[3], qu'ils ne connaissent point, à qui ils n'ont jamais parlé, et qu'ils traiteraient de monseigneur s'ils leur parlaient. Ils s'approchent quelquefois de l'oreille du plus qualifié de l'assemblée pour le gratifier d'une circonstance que personne ne sait, et dont ils ne veulent pas que les autres soient instruits; ils suppriment quelques noms pour déguiser l'histoire qu'ils racontent et pour détourner les applications : vous les priez, vous les pressez inutilement : il y a des choses qu'ils ne diront pas; il y a des gens qu'ils ne sauraient nommer, leur parole y est engagée; c'est le dernier secret, c'est un mystère, outre que

---

1. *Un langage simple.* Pascal exprime une pensée analogue : « Ce n'est pas dans les choses extraordinaires et bizarres que se trouve l'excellence de quelque genre que ce soit. On s'élève pour y arriver, et on s'en éloigne : il faut le plus souvent s'abaisser. Les meilleurs livres sont ceux que ceux qui les lisent croient qu'ils auraient pu faire. La nature, qui seule est bonne, est toute familière et commune. » (*De l'art de persuader.*)

2. *Délibérés*, qui a quelque chose de libre, de résolu : « Hardy, adventureux, *delibéré*. » (Rabelais, *Garg.*, I, 27.)

3. Sans dire *monsieur*. (La Bruyère.) — La Bruyère transporte ici la scène sous le règne de Henri IV. Zamet, Ruccelay et Conchini étaient trois Italiens amenés en France par la reine Marie de Médicis et comblés de ses faveurs. On sait l'horrible fin du dernier, qui était devenu le maréchal d'Ancre.

Il tutoie, en parlant, ceux du plus haut étage,
Et le nom de *monsieur* est chez lui hors d'usage.
(Molière, *Misanth.*, II, 5.)

vous leur demandez l'impossible : car, sur ce que vous voulez apprendre d'eux, ils ignorent le fait et les personnes.

Arrias a tout lu, a tout vu; il veut le persuader ainsi : c'est un homme universel, et il se donne pour tel; il aime mieux mentir que de se taire, ou de paraître ignorer quelque chose. On parle à la table d'un grand d'une cour du Nord; il prend la parole, et l'ôte à ceux qui allaient dire ce qu'ils en savent : il s'oriente dans cette région lointaine comme s'il en était originaire; il discourt des mœurs de cette cour, des femmes du pays, de ses lois et de ses coutumes; il récite des historiettes qui y sont arrivées; il les trouve plaisantes, et il en rit le premier jusqu'à éclater. Quelqu'un se hasarde de le contredire, et lui prouve nettement qu'il dit des choses qui ne sont pas vraies; Arrias ne se trouble point, prend feu au contraire contre l'interrupteur. Je n'avance, lui dit-il, je ne raconte rien que je ne sache d'original; je l'ai appris de *Sethon*, ambassadeur de France dans cette cour, revenu à Paris depuis quelques jours, que je connais familièrement, que j'ai fort interrogé, et qui ne m'a caché aucune circonstance. Il reprenait le fil de sa narration avec plus de confiance qu'il ne l'avait commencée, lorsque l'un des conviés lui dit : C'est Sethon à qui vous parlez, lui-même, et qui arrive de son ambassade[1].

Il y a un parti à prendre dans les entretiens entre une certaine paresse qu'on a de parler, ou quelquefois un esprit abstrait qui, nous jetant loin du sujet de la conversation, nous fait faire ou de mauvaises demandes ou de sottes réponses, et une attention importune qu'on a au moindre mot qui échappe pour le relever, badiner autour, y trouver un mystère[2] que les autres n'y voient pas, y chercher de la

---

1. La Bruyère a emprunté quelques traits à Théophraste, caractère du *grand parleur*. Comparez également Montesquieu, *Lett. pers.*, 72. « Je me trouvai l'autre jour dans une compagnie où je vis un homme bien content de lui. Dans un quart d'heure, il décida trois questions de morale, quatre problèmes historiques, et cinq points de physique. Je n'ai jamais vu un décisionnaire si universel.... Je lui parlai de la Perse; mais à peine lui eus-je dit quatre mots, qu'il me donna deux démentis, fondés sur l'autorité de MM. Tavernier et Chardin. Ah! bon Dieu! dis-je en moi-même, quel homme est-ce là? Il connaîtra tout à l'heure les rues d'Ispahan mieux que moi! »

2. *Un mystère*.
Ce *quoi qu'on die* en dit beaucoup plus qu'il ne semble.
Je ne sais pas, pour moi, si chacun me ressemble,
Mais j'entends là-dessous un million de mots. (Molière, *Fem. sav.*, III, 2.)

finesse et de la subtilité, seulement pour avoir occasion d'y placer la sienne.

Être infatué de soi, et s'être fortement persuadé qu'on a beaucoup d'esprit, est un accident qui n'arrive guère qu'à celui qui n'en a point, ou qui en a peu : malheur pour lors à qui est exposé à l'entretien d'un tel personnage ! Combien de jolies phrases lui faudra-t-il essuyer[1] ! combien de ces mots aventuriers qui paraissent subitement, durent un temps, et que bientôt on ne revoit plus ! S'il conte une nouvelle, c'est moins pour l'apprendre à ceux qui l'écoutent que pour avoir le mérite de la dire, et de la dire bien ; elle devient un roman entre ses mains ; il fait penser les gens à sa manière, leur met en la bouche ses petites façons de parler, et les fait toujours parler longtemps ; il tombe ensuite en des parenthèses qui peuvent passer pour des épisodes, mais qui font oublier le gros de l'histoire, et à lui qui vous parle, et à vous qui le supportez. Que serait-ce de vous et de lui, si quelqu'un ne survenait heureusement pour déranger le cercle et faire oublier la narration ?

J'entends *Théodecte* de l'antichambre ; il grossit sa voix à mesure qu'il s'approche. Le voilà entré ; il rit, il crie, il éclate ; on bouche ses oreilles ; c'est un tonnerre : il n'est pas moins redoutable par les choses qu'il dit que par le ton dont il parle ; il ne s'apaise et il ne revient de ce grand fracas que pour bredouiller des vanités[2] et des sottises ; il a si peu d'égard au temps, aux personnes, aux bienséances, que chacun a son fait[3] sans qu'il ait eu intention de le lui donner ; il n'est pas encore assis, qu'il a, à son insu, désobligé toute l'assemblée. A-t-on servi, il se met le premier à table, et dans la première place ; les femmes sont à sa droite et à sa gauche : il mange, il boit, il conte, il plaisante, il interrompt tout à la fois. Il n'a nul discernement des personnes, ni du maître, ni des conviés ; il abuse de la folle déférence qu'on a pour lui.

---

1. *Essuyer*, subir : « C'est un supplice assez fâcheux que de se produire à des sots, que d'essuyer sur des compositions *la barbarie* d'un stupide. » (Molière, *Bourg. gentilh.*, I, 1.)

<blockquote>
Ces conversations ne font que m'ennuyer,
Et c'est trop que vouloir me les faire essuyer. (Id., *Misanth.*, II, 4.)
</blockquote>

2. *Vanités*, des choses vaines et sans consistance.
3. *A son fait*. « Il me donna un soufflet, mais je lui dis bien son fait. » (Molière, *Pourc.*, I, 6.)

Est-ce lui, est-ce *Eutidème* qui donne le repas? Il rappelle à soi toute l'autorité de la table[1]; et il y a un moindre inconvénient à la lui laisser entière qu'à la lui disputer: le vin et les viandes n'ajoutent rien à son caractère. Si l'on joue, il gagne au jeu; il veut railler celui qui perd, et il l'offense: les rieurs sont pour lui; il n'y a sorte de fatuités qu'on ne lui passe. Je cède[2] enfin, et je disparais, incapable de souffrir plus longtemps Théodecte et ceux qui le souffrent.

Troïle est utile à ceux qui ont trop de bien: il leur ôte l'embarras du superflu; il leur sauve la peine d'amasser de l'argent, de faire des contrats, de fermer des coffres, de porter des clefs sur soi et de craindre un vol domestique; il les aide dans leurs plaisirs, et il devient capable ensuite de les servir dans leurs passions: bientôt il les règle et les maîtrise dans leur conduite. Il est l'oracle d'une maison, celui dont on attend, que dis-je? dont on prévient, dont on devine les décisions; il dit de cet esclave: Il faut le punir, et on le fouette; et de cet autre: Il faut l'affranchir, et on l'affranchit. L'on voit qu'un parasite ne le fait pas rire; il peut lui déplaire, il est congédié: le maître est heureux si Troïle lui laisse sa femme et ses enfants. Si celui-ci est à table, et qu'il prononce d'un mets qu'il est friand, le maître et les conviés, qui en mangeaient sans réflexion, le trouvent friand, et ne s'en peuvent rassasier; s'il dit au contraire d'un autre mets qu'il est insipide, ceux qui commençaient à le goûter n'osant avaler le morceau qu'ils ont à la bouche, ils[3] le jettent à terre[4]: tous ont les yeux sur lui, observent son maintien et son visage avant de prononcer sur le vin ou sur les viandes qui sont servies. Ne le cherchez pas ailleurs que

---

1. *L'autorité de la table.* On le croirait le maître de la maison, l'*amphitryon où l'on dîne*, comme s'exprime Molière; le roi du festin, comme le disent les anciens: « Non regna vini sortiere talis. » (Horace, *Od.*, I, 4.)

2. *Je cède*, pris d'une manière absolue et dans le sens du mot latin *cedere*, je me retire ou je succombe à l'importunité du personnage. Racine a dit à peu près de même:

Du moins, s'il faut *céder*. (*Mithrid.*, III, 1.)

3. *Ils*, explétif: « La source de tout le mal est que *ceux* qui n'ont pas craint de tenter au siècle passé la réformation par le schisme, ne trouvant pas de plus fort rempart contre leurs nouveautés que la sainte autorité de l'Église, *ils* ont été obligés de la renverser. » (Bossuet, *Reine d'Angl.*)

4. *Le jettent à terre.* La Bruyère dit également plus loin, en parlant de Ménalque le distrait, qu'*il jette à terre* ce qu'on lui a versé de trop: aujourd'hui un pareil procédé paraîtrait fort inconvenant.

dans la maison de ce riche qu'il gouverne; c'est là qu'il mange, qu'il dort, et qu'il fait digestion, qu'il querelle son valet, qu'il reçoit ses ouvriers et qu'il remet ses créanciers. Il régente, il domine dans une salle; il y reçoit la cour, et les hommages de ceux qui, plus fins que les autres, ne veulent aller au maître que par Troïle. Si l'on entre par malheur sans avoir une physionomie qui lui agrée, il ride son front et il détourne sa vue; si on l'aborde, il ne se lève pas; si l'on s'assied auprès de lui, il s'éloigne; si on lui parle, il ne répond point; si l'on continue de parler, il passe dans une autre chambre; si on le suit, il gagne l'escalier : il franchirait tous les étages, ou il se lancerait par une fenêtre, plutôt que de se laisser joindre par quelqu'un qui a un visage ou un son de voix qu'il désapprouve; l'un et l'autre sont agréables en Troïle, et il s'en est servi heureusement pour s'insinuer ou pour conquérir [1]. Tout devient, avec le temps, au-dessous de ses soins, comme il est au-dessus de vouloir [2] se soutenir ou continuer de plaire par le moindre des talents qui ont commencé à le faire valoir. C'est beaucoup qu'il sorte quelquefois de ses méditations et de sa taciturnité pour contredire, et que même pour critiquer il daigne une fois le jour avoir de l'esprit : bien loin d'attendre de lui qu'il défère à [3] vos sentiments, qu'il soit complaisant, qu'il vous loue, vous n'êtes pas sûr qu'il aime toujours votre approbation ou qu'il souffre votre complaisance.

Il faut laisser parler cet inconnu que le hasard a placé auprès de vous dans une voiture publique, à une fête ou à un spectacle; et il ne vous coûtera bientôt, pour le connaître, que de l'avoir écouté : vous saurez son nom, sa demeure, son pays, l'état de son bien, son emploi, celui de son père, la famille dont est sa mère, sa parenté, ses alliances, les armes de sa maison; vous comprendrez qu'il

---

1. *Conquérir*, pris absolument :

Et ce n'est que pour vous que vous avez *conquis*.
(Corneille, *Nicom.*, II, 5.)

« Il semblait qu'ils ne *conquissent* que pour donner. » (Montesquieu, *Rom.*, 5.)

2. *Au-dessus de vouloir*. La Bruyère n'a pu faire passer dans l'usage l'emploi de ce mot avec un verbe.

3. *Défère à*, céder par respect : « Je *défère* tant à votre jugement que je ne veux plus avoir mauvaise opinion de moi. » (Balzac, liv. I, Lett. 4.) « Ce ne sont pas des choses où les enfants soient obligés de *déférer* aux pères. » (Molière, Av., IV, 3.)

est noble, qu'il a un château, de beaux meubles, des valets et un carrosse.

Il y a des gens qui parlent un moment avant que d'avoir pensé. Il y en a d'autres qui ont une fade attention à ce qu'ils disent, et avec qui l'on souffre dans la conversation de tout le travail de leur esprit : ils sont comme pétris de phrases et de petits tours d'expression, concertés[1] dans leur geste et dans tout leur maintien; ils sont puristes[2] et ne hasardent pas le moindre mot, quand il devrait faire le plus bel effet du monde : rien d'heureux ne leur échappe; rien ne coule de source et avec liberté : ils parlent proprement[3] et ennuyeusement.

L'esprit de la conversation consiste bien moins à en montrer beaucoup qu'à en faire trouver aux autres : celui qui sort de votre entretien content de soi et de son esprit l'est de vous parfaitement[4]. Les hommes n'aiment point à vous admirer; ils veulent plaire : ils cherchent moins à être instruits, et même réjouis, qu'à être goûtés et applaudis; et le plaisir le plus délicat est de faire celui d'autrui[5].

Il ne faut pas qu'il y ait trop d'imagination dans nos conversations ni dans nos écrits; elle ne produit souvent que des idées vaines et puériles, qui ne servent point à perfectionner le goût et à nous rendre meilleurs : nos pensées doivent être prises dans le bon sens et la droite raison, et doivent être un effet de notre jugement[6].

1. *Concertés*, pris en mauvaise part, étudiés, affectés :

> Ses expressions affectées,
> Ses louanges trop *concertées*.... (Lamothe, *Odes*.)

2. Gens qui affectent une grande pureté de langage. (*Note de La Bruyère.*)

3. *Proprement*, ils emploient toujours le mot propre.

4. Quintilien fait la même remarque au sujet de l'orateur : « Auditoribus nonnullis grata sunt hæc, quæ quum intellexerunt, acumine suo delectantur, et gaudent, quasi non audiverint sed quasi invenerint. » (Liv. VIII, c. II, 21.)

5. « Ce qui fait que peu de personnes sont agréables dans la conversation, c'est que chacun songe plus à ce qu'il a dessein de dire qu'à ce que les autres disent, et que l'on n'écoute guère quand on a bien envie de parler. » (La Rochefoucauld, *Réfl. diverses, de la Conversation.*)

6. Bossuet, dans son traité *de la Connaissance de Dieu et de soi-même*, distingue très-nettement les gens d'imagination des gens d'esprit : « Les premiers sont féconds en descriptions, en peintures vives, en comparaisons et autres choses semblables que les sens fournissent. Le bon esprit donne aux autres un fort raisonnement avec un discernement exact et juste qui produit des paroles propres et précises. » (Ch. I.)

C'est une grande misère que de n'avoir pas assez d'esprit pour bien parler, ni assez de jugement pour se taire. Voilà le principe de toute impertinence.

Dire d'une chose modestement, ou qu'elle est bonne, ou qu'elle est mauvaise, et les raisons pourquoi elle est telle, demande du bon sens et de l'expression; c'est une affaire. Il est plus court de prononcer d'un ton décisif, et qui emporte la preuve de ce qu'on avance, ou qu'elle est exécrable, ou qu'elle est miraculeuse.

Rien n'est moins selon Dieu et selon le monde que d'appuyer tout ce que l'on dit dans la conversation, jusques aux choses les plus indifférentes, par de longs et de fastidieux serments[1]. Un honnête homme qui dit oui et non mérite d'être cru : son caractère jure pour lui, donne créance à ses paroles, et lui attire toute sorte de confiance.

Celui qui dit incessamment qu'il a de l'honneur et de la probité, qu'il ne nuit à personne, qu'il consent que le mal qu'il fait aux autres lui arrive, et qui jure pour le faire croire, ne sait pas même contrefaire l'homme de bien.

Un homme de bien ne saurait empêcher, par toute sa modestie, qu'on ne dise de lui ce qu'un malhonnête homme sait dire de soi.

Cléon parle peu obligeamment ou peu juste, c'est l'un ou l'autre; mais il ajoute qu'il est fait ainsi, et qu'il dit ce qu'il pense.

Il y a parler bien, parler aisément, parler juste, parler à propos : c'est pécher contre ce dernier genre que de s'étendre sur un repas magnifique que l'on vient de faire, devant des gens qui sont réduits à épargner leur pain; de dire merveilles de sa santé devant des infirmes; d'entretenir de ses richesses, de ses revenus et de ses ameublements un homme qui n'a ni rentes ni domicile; en un mot, de parler de son bonheur devant des misérables[2]. Cette conversation est trop forte pour eux; et la comparaison qu'ils font alors de leur état au vôtre est odieuse.

---

1. C'était un travers fort à la mode, comme on peut le voir fréquemment dans Molière : « Tu n'as point vu ceci, marquis? Ah! Dieu me damne! » (*Fâch.*, I, 1.) Voir aussi *Crit. de l'Éc. des Femm.*, 6, et *passim*.

2. *Misérables*, dans le sens de *malheureux*, sans y joindre l'idée de mépris qui s'y attache ordinairement aujourd'hui; c'est le sens du mot latin. Pascal l'emploie fréquemment au même sens : « L'homme connaît qu'il est *misérable*. Il est donc *misérable*, puisqu'il l'est. » (Pascal, *Pensées*.)

Pour vous, dit *Eutiphron,* vous êtes riche, ou vous devez l'être : dix mille livres de rente, et en fonds de terre, cela est beau, cela est doux, et l'on est heureux à moins ; pendant que lui, qui parle ainsi, a cinquante mille livres de revenu, et qu'il croit n'avoir que la moitié de ce qu'il mérite. Il vous taxe, il vous apprécie, il fixe votre dépense ; et s'il vous jugeait digne d'une meilleure fortune, et de celle même où il aspire, il ne manquerait pas de vous la souhaiter. Il n'est pas le seul qui fasse de si mauvaises estimations ou des comparaisons si désobligeantes ; le monde est plein d'Eutiphrons.

Quelqu'un, suivant la pente de la coutume qui veut qu'on loue, et par l'habitude qu'il a à la flatterie et à l'exagération, congratule[1] *Théodème* sur un discours qu'il n'a point entendu et dont personne n'a pu encore lui rendre compte ; il ne laisse pas de lui parler de son génie, de son geste, et surtout de la fidélité de sa mémoire : et il est vrai que Théodème est demeuré court.

L'on voit des gens, brusques, inquiets, *suffisants*[2], qui, bien qu'oisifs, et sans aucune affaire qui les appelle ailleurs, vous expédient, pour ainsi dire, en peu de paroles, et ne songent qu'à se dégager de vous : on leur parle encore, qu'ils sont partis et ont disparu. Ils ne sont pas moins impertinents que ceux qui vous arrêtent seulement pour vous ennuyer ; ils sont peut-être moins incommodes.

Parler et offenser pour de certaines gens est précisément la même chose : ils sont piquants et amers, leur style est mêlé de fiel et d'absinthe ; la raillerie, l'injure, l'insulte, leur découlent des lèvres comme leur salive. Il leur serait utile d'être nés muets ou stupides. Ce qu'ils ont de viva-

---

1. *Congratule.* Ce mot s'emploie encore aujourd'hui, mais avec une nuance de plaisanterie. Ce mot depuis quelques années avait été remplacé par le mot *féliciter* : « Si le mot *féliciter* n'est pas encore françois (écrit Balzac), il le sera l'année qui vient : M. de Vaugelas m'a promis de ne pas lui être contraire quand nous solliciterons sa réception. » (*Lett. à M. L'huillier,* 18 janv. 1642.)

2. *Suffisants.* Ce mot se prenait souvent en bonne part, dans le sens de *qui suffit à quelque chose* : « Le roi cherche des gens qui soient *suffisants,* et capables de remplir les prélatures et les grandes charges. » (Furetière.) De même pour le mot *suffisance* : « Homme de suffisance, homme de capacité. » (Molière, *Mar. forcé,* 6.) Dans le sens moderne :

Vous me parlez bien ferme, et cette *suffisance*... (Id., *Misanthr.,* I, 2.)

cité et d'esprit leur nuit davantage que¹ ne fait à quelques autres leur sottise. Ils ne se contentent pas toujours de répliquer avec aigreur, ils attaquent souvent avec insolence : ils frappent sur tout ce qui se trouve sous leur langue, sur les présents, sur les absents; ils heurtent de front et de côté, comme des béliers : demande-t-on à des béliers qu'ils n'aient pas de cornes? de même n'espère-t-on pas de réformer par cette peinture des naturels si durs, si farouches, si indociles. Ce que l'on peut faire de mieux, d'aussi loin qu'on les découvre, est de les fuir de toute sa force, et sans regarder derrière soi.

Il y a des gens d'une certaine étoffe ou d'un certain caractère avec qui il ne faut jamais se commettre, de qui l'on ne doit se plaindre que le moins qu'il est possible, et contre qui il n'est pas même permis d'avoir raison.

Entre deux personnes qui ont eu ensemble une violente querelle, dont l'un a raison et l'autre ne l'a pas², ce que la plupart de ceux qui y ont assisté ne manquent jamais de faire, ou pour se dispenser de juger, ou par un tempérament qui m'a toujours paru hors de sa place, c'est de condamner tous les deux : leçon importante, motif pressant et indispensable de fuir à l'orient quand le fat est à l'occident, pour éviter de partager avec lui le même tort.

Je n'aime pas un homme que je ne puis aborder le premier, ni saluer avant qu'il me salue, sans m'avilir à ses yeux, et sans tremper dans la bonne opinion qu'il a de lui-même. MONTAGNE dirait³ : « Je veux avoir mes coudées franches, et être courtois et affable à mon point⁴, sans remords ne⁵

---

1. *Davantage que*, locution employée au seizième, au dix-septième et au dix-huitième siècle. « La faiblesse de l'homme paraît bien *davantage* en ceux qui ne la connaissent pas *qu'en* ceux qui la connaissent. » (Pascal, *Pensées*.) « Quel astre brille *davantage* dans le firmament *que* le prince de Condé n'a fait en Europe? » (Bossuet, *Orais. fun. du prince de Condé*.)

2. *Ne l'a pas*. Dans cette construction, fréquente alors, le pronom est indéfini et invariable, et rappelle seulement l'idée exprimée : « Une reine si grande par tant de titres *le* devenait tous les jours par les grandes actions du roi. » (Bossuet). « Il ne suffit pas d'avoir *raison*; c'est *la* gâter, *la* déshonorer, que de *la* soutenir d'une manière brusque et hautaine. » (Fénelon.) Voir Lemaire, *Grammaire de la langue française*.

3. Imité de Montagne. (La Bruyère.)

4. *A mon point*, au moment où il me convient; imité de l'expression latine *puncto temporis*.

5. *Ne pour ni*. « *Ne* plus *ne* moins que nous redoublons nos caresses. » (Balzac, *le Prince*, préamb.) Molière l'emploie dans les *Femmes savantes*, V, 3, et par dérision dans *le Malade imaginaire*, II, 6.

conséquence. Je ne puis du tout estriver[1] contre mon penchant, et aller au rebours de mon naturel, qui m'emmène vers celui que je trouve à ma rencontre. Quand il m'est égal, et qu'il ne m'est point ennemi, j'anticipe son bon accueil; je le questionne sur sa disposition et santé; je lui fais offre de mes offices sans tant marchander sur le plus ou sur le moins, ne être, comme disent aucuns[2], sur le qui-vive. Celui-là me déplaist, qui, par la connoissance que j'ai de ses coutumes et façons d'agir, me tire de cette liberté et franchise. Comment me ressouvenir tout à propos, et d'aussi loin que je vois cet homme, d'emprunter une contenance grave et importante, et qui l'avertisse que je crois le valoir bien et au delà; pour cela, de me ramentevoir[3] de mes bonnes qualités et conditions et des siennes mauvaises, puis en faire la comparaison? C'est trop de travail pour moi, et ne suis du tout capable de si roide et si subite attention; et, quand bien même elle m'auroit succédé[4] une première fois, je ne laisserois de fléchir et me démentir à une seconde tâche: je ne puis me forcer et contraindre pour quelconque à être fier. »

Avec de la vertu, de la capacité, et une bonne conduite, l'on peut être insupportable. Les manières, que l'on néglige comme de petites choses, sont souvent ce qui fait que les hommes décident de vous en bien ou en mal: une légère attention à les avoir douces et polies prévient leurs mauvais jugements. Il ne faut presque rien pour être cru fier, incivil, méprisant, désobligeant; il faut encore moins pour être estimé tout le contraire.

La politesse[5] n'inspire pas toujours la bonté, l'équité, la

1. *Estriver*, quereller, se débattre en paroles : « Ces valets sont continuellement à *estriver*, à se débattre de paroles. » (Furetière.) Encore usité au temps de La Bruyère.

2. *Aucuns*, encore employé dans le sens de *quelques-uns* en style de palais et en style familier :

Phèdre était si succinct qu'*aucuns* l'en ont blâmé. (La Fontaine, VI, 1.)

« *Aucuns* disent, et je n'ai pas de peine... » (P. L. Courier, I, 102.)

3. *Ramentevoir*, remettre en l'esprit, peut-être *ad mentem habere*, avec *re* itératif :

Ne ramentevons rien, et réparons l'offense. (Molière, *Dépit am.*, III, 4.)

4. *Succédé*, réussi :

Quelque chose de bon nous pourra *succéder*. (Id., *Dépit am.*, III, 1.)

Tout *succède*, madame, à mon empressement. (Racine, *Iphig.*, III, 3.)

5. *Politesse*. Ce mot signifiait alors toutes les qualités d'un homme distingué; il correspond au mot latin *urbanitas* ou *humanitas*.

3. *La Bruyère.*

complaisance, la gratitude; elle en donne du moins les apparences, et fait paraître l'homme au dehors comme il devrait être intérieurement.

L'on peut définir l'esprit de politesse; l'on ne peut en fixer la pratique : elle suit l'usage et les coutumes reçues; elle est attachée aux temps, aux lieux, aux personnes, et n'est point la même dans les deux sexes, ni dans les différentes conditions : l'esprit tout seul ne la fait pas deviner; il fait qu'on la suit par imitation, et que l'on s'y perfectionne. Il y a des tempéraments qui ne sont susceptibles que de la politesse, et il y en a d'autres qui ne servent qu'aux grands talents ou à une vertu solide. Il est vrai que les manières polies donnent cours au mérite et le rendent agréable, et qu'il faut avoir de bien éminentes qualités pour se soutenir sans la politesse.

Il me semble que l'esprit de politesse est une certaine attention à faire que, par nos paroles et par nos manières, les autres soient contents de nous et d'eux-mêmes.

C'est une faute contre la politesse que de louer immodérément, en présence de ceux que vous faites chanter ou toucher un instrument, quelque autre personne qui a ces mêmes talents; comme devant ceux qui vous lisent leurs vers, un autre poëte.

Dans les repas ou les fêtes que l'on donne aux autres, dans les présents qu'on leur fait, et dans tous les plaisirs qu'on leur procure, il y a faire bien et faire selon leur goût : le dernier est préférable.

Il y aurait une espèce de férocité[1] à rejeter indifféremment toutes sortes de louanges : l'on doit être sensible à celles qui nous viennent des gens de bien, qui louent en nous sincèrement des choses louables.

Un homme d'esprit, et qui est né fier, ne perd rien de sa fierté et de sa roideur pour se trouver pauvre : si quelque chose au contraire doit amollir son humeur, le rendre plus doux et plus sociable, c'est un peu de prospérité.

Ne pouvoir supporter tous les mauvais caractères dont le monde est plein n'est pas un fort bon caractère[2] : il faut, dans le commerce, des pièces d'or et de la monnaie.

---

1. *Férocité*, humeur farouche; même idée que le mot latin *ferox*.
2. Pensée empruntée à Montaigne : « La sottise est une mauvaise qualité; mais de ne la pouvoir supporter, et s'en despiter et ronger, comme
3.

Vivre avec des gens qui sont brouillés, et dont il faut écouter de part et d'autre les plaintes réciproques, c'est, pour ainsi dire, ne pas sortir de l'audience, et entendre du matin au soir plaider et parler procès.

L'on sait des gens qui avaient coulé leurs jours dans une union étroite : leurs biens étaient en commun ; ils n'avaient qu'une même demeure : ils ne se perdaient pas de vue. Ils se sont aperçus à plus de quatre-vingts ans qu'ils devaient se quitter l'un l'autre et finir leur société ; ils n'avaient plus qu'un jour à vivre, et ils n'ont osé entreprendre de le passer ensemble ; ils se sont dépêchés de rompre avant que de mourir ; ils n'avaient de fonds pour la complaisance que jusque-là. Ils ont trop vécu pour le bon exemple : un moment plus tôt ils mouraient sociables, et laissaient après eux un rare modèle de la persévérance dans l'amitié.

L'intérieur des familles est souvent troublé par les défiances, par les jalousies et par l'antipathie, pendant que des dehors contents, paisibles et enjoués nous trompent, et nous y font supposer une paix qui n'y est point : il y en a peu qui gagnent à être approfondies. Cette visite que vous rendez vient de suspendre une querelle domestique qui n'attend que votre retraite pour recommencer.

Dans la société, c'est la raison qui plie la première. Les plus sages sont souvent menés par le plus fou et le plus bizarre : l'on étudie son faible, son humeur, ses caprices ; l'on s'y accommode : l'on évite de le heurter ; tout le monde lui cède : la moindre sérénité qui paraît sur son visage lui attire des éloges ; on lui tient compte de n'être pas toujours insupportable. Il est craint, ménagé, obéi, quelquefois aimé.

Il n'y a que ceux qui ont eu de vieux collatéraux, ou qui en ont encore, et dont il s'agit d'hériter, qui puissent dire ce qu'il en coûte.

Cléante[1] est un très-honnête homme ; il s'est choisi une femme qui est la meilleure personne du monde, et la plus

---

il m'advient, c'est une aultre sorte de maladie qui ne doibt guères à la sottise en importunité. » (*Essais*, III, 8.)

1. Ce passage en rappelle un de Plutarque, que nous allons rapporter ici : « Il y a quelquefois de petites hargnes et riottes souvent répétées, procédantes de quelques fâcheuses conditions, ou de quelque dissimilitude ou incompatibilité de nature, que les étrangers ne connaissent pas, lesquelles par succession de temps engendrent de si grandes aliénations de volontés entre des personnes, qu'elles ne peuvent plus

raisonnable : chacun, de sa part, fait tout le plaisir et tout l'agrément des sociétés où il se trouve; l'on ne peut voir ailleurs plus de probité, plus de politesse : ils se quittent demain, et l'acte de leur séparation est tout dressé chez le notaire. Il y a, sans mentir, de certains mérites qui ne sont point faits pour être ensemble, de certaines vertus incompatibles.

L'on peut compter sûrement sur la dot, le douaire[1] et les conventions, mais faiblement sur les *nourritures*[2] : elles dépendent d'une union fragile de la belle-mère et de la bru, et qui périt souvent dans l'année du mariage.

Un beau-père aime son gendre, aime sa bru. Une belle-mère aime son gendre, n'aime point sa bru. Tout est réciproque.

Ce qu'une marâtre aime le moins de tout ce qui est au monde, ce sont les enfants de son mari : plus elle est folle de son mari, plus elle est marâtre.

Les marâtres font déserter les villes et les bourgades, et ne peuplent pas moins la terre de mendiants, de vagabonds, de domestiques et d'esclaves que la pauvreté.

G** et H**[3] sont voisins de campagne, et leurs terres sont contiguës; ils habitent une contrée déserte et solitaire. Éloignés des villes et de tout commerce, il semblait que la fuite[4] d'une entière solitude ou l'amour de la société eût dû les assujettir à une liaison réciproque; il est cependant dif-

---

vivre ni habiter ensemble. » (Vie de Paulus Æmilius, ch. III, de la version d'Amyot.)

1. *Douaire.* Ce que le mari donne à sa femme en faveur du mariage qu'il contracte, et pour qu'elle en jouisse en usufruit, en cas qu'elle lui survive.

2. *Nourritures*, convention par laquelle il est stipulé que les époux seront nourris, durant un certain nombre d'années, par les parents de l'un d'eux.

3. Ici les auteurs de clefs donnent des noms qui se rapportent aux initiales du texte, ce qui pourrait faire croire qu'ils ont rencontré juste. Voici comme ils racontent l'aventure : « Vedeau de Grammont, conseiller de la cour en la seconde des enquêtes, eut un très-grand procès avec M. Hervé, doyen du parlement, au sujet d'une bêche. Ce procès, commencé pour une bagatelle, donna lieu à une inscription en faux de titre de noblesse dudit Vedeau; et cette affaire alla si loin, qu'il fut dégradé publiquement, sa robe déchirée sur lui; outre cela, condamné à un bannissement perpétuel, depuis converti en une prison à Pierre-Encise : ce qui le ruina absolument. Il avait épousé la fille de M. Genou, conseiller en la grand'chambre. »

4. *La fuite*, le besoin de fuir, de se soustraire.

ficile d'exprimer la bagatelle qui les a fait rompre, qui les rend implacables l'un pour l'autre, et qui perpétuera leurs haines dans leurs descendants. Jamais des parents, et même des frères [1], ne se sont brouillés pour une moindre chose.

Je suppose qu'il n'y ait que deux hommes sur la terre qui la possèdent seuls, et qui la partagent toute entre eux deux ; je suis persuadé qu'il leur naîtra bientôt quelque sujet de rupture, quand ce ne serait que pour les limites.

Il est souvent plus court et plus utile de cadrer [2] aux autres que de faire que les autres s'ajustent à nous.

J'approche d'une petite ville, et je suis déjà sur une hauteur d'où je la découvre. Elle est située à mi-côte ; une rivière baigne ses murs, et coule ensuite dans une belle prairie : elle a une forêt épaisse qui la couvre des vents [3] froids et de l'aquilon. Je la vois dans un jour si favorable, que je compte ses tours et ses clochers : elle me paraît peinte sur le penchant de la colline [4]. Je me récrie, et je dis : Quel plaisir de vivre sous un si beau ciel et dans ce séjour si délicieux [5] ! Je descends dans la ville, où je n'ai pas couché deux nuits, que je ressemble à ceux qui l'habitent : j'en veux sortir.

Il y a une chose qu'on n'a point vue sous le ciel, et que selon toutes les apparences on ne verra jamais : c'est une petite ville qui n'est divisée en aucuns partis [6] ; où les familles sont unies, et où les cousins se voient avec confiance ; où un mariage n'engendre point une guerre civile ; où la que-

---

1. *Des frères.* Ovide a dit :

   Fratrum quoque gratia rara est.   (*Métam.*, I.)

2. *Cadrer*, se prêter au caractère, se construit avec à ou avec : « Toutes choses *cadrent* au juste à nos desseins. » (Bossuet, *Serm. Quinq.*, 2.) « I livres *cadrent* mal *avec* le mariage. » (Molière, *Femmes sav.*, V, 4.)

3. *La couvre des vents*, la protège contre : « Les montagnes de Norwége sont des boulevards admirables qui *couvrent* de ce vent les pays du nord. » (Montesquieu, *Esp.*, XVII, 3.)

4.   Du lieu qui m'y retient veux-tu voir le tableau ?
       C'est un petit village, ou plutôt un hameau...   (Boileau, ép. VI.)

5.   O fortuné séjour ! ô champs aimés des cieux !
       Que, pour jamais foulant vos prés délicieux,
       Ne puis-je ici fixer ma course vagabonde... !   (Id., *ibid.*)

6. *Aucuns partis. Aucun*, employé au pluriel avec le sens négatif, a pour lui les meilleures autorités :

   J'ai vu beaucoup d'hymens ; *aucuns* d'eux ne me tentent.
                                              (La Fontaine, VII, 2.)
   Je *ne* me satisfais d'*aucunes* conject...   (Corneille, *Hor.*, I, 4.)

relle des rangs ne se réveille pas à tous moments par l'offrande, l'encens et le pain bénit, par les processions et par les obsèques ; d'où l'on a banni les *caquets*, le mensonge et la médisance ; où l'on voit parler ensemble le bailli[1] et le président, les élus[2] et les assesseurs[3] ; où le doyen vit bien avec ses chanoines, où les chanoines ne dédaignent pas les chapelains, et où ceux-ci souffrent les chantres.

Les provinciaux et les sots sont toujours prêts à se fâcher, et à croire qu'on se moque d'eux ou qu'on les méprise : il ne faut jamais hasarder la plaisanterie, même la plus douce et la plus permise, qu'avec des gens polis ou qui ont de l'esprit.

On ne prime point avec les grands, ils se défendent par leur grandeur ; ni avec les petits, ils vous repoussent par le *qui-vive*.

Tout ce qui est mérite se sent, se discerne, se devine réciproquement : si l'on voulait être estimé, il faudrait vivre avec des personnes estimables.

Celui qui est d'une éminence au-dessus des autres qui le met à couvert de la repartie, ne doit jamais faire une raillerie piquante.

Il y a de petits défauts que l'on abandonne volontiers à la censure, et dont nous ne haïssons pas à[4] être raillés ; ce sont de pareils défauts que nous devons choisir pour railler les autres.

Rire des gens d'esprit, c'est le privilége des sots : ils sont dans le monde ce que les fous sont à la cour, je veux dire sans conséquence.

La moquerie est souvent indigence d'esprit[5].

Vous le croyez votre dupe : s'il feint de l'être, qui est plus dupe de lui ou de vous ?

---

1. *Bailli,* officier royal d'épée ou de robe ; rendait la justice dans l'étendue d'un certain ressort : ainsi nommé du vieux mot *bail,* garde, gouverneur.

2. *Élus,* officiers royaux subalternes connaissant en première instance de l'assiette des tailles et autres subsides.

3. *Assesseurs,* officiers de justice créés pour servir de conseil à un juge d'épée, ou le suppléer en son absence.

4. *Haïssons... à.* La Bruyère a cru pouvoir dire *haïr à* comme on dit *aimer à ;* plus haut p. 60, n. 3, il emploie *haïr de.*

5. « C'est un grand signe de médiocrité de louer toujours modérément. » (Vauvenargues, *Réfl.*, XII.)

> Il veut voir des défauts à tout ce qu'on écrit,
> Et pense que louer n'est pas d'un bel esprit,
> Que c'est être savant que trouver à redire.... (Molière, *Misanth.*, II, 5.)

Si vous observez avec soin qui sont les gens qui ne peuvent louer, qui blâment toujours, qui ne sont contents de personne, vous reconnaîtrez que ce sont ceux mêmes dont personne n'est content.

Le dédain et le rengorgement[1] dans la société attire précisément le contraire de ce que l'on cherche, si c'est à se faire estimer.

Le plaisir de la société entre les amis se cultive par une ressemblance de goût sur ce qui regarde les mœurs et par quelque différence d'opinions sur les sciences : par là, ou l'on s'affermit dans ses sentiments, ou l'on s'exerce et l'on s'instruit par la dispute[2].

L'on ne peut aller loin dans l'amitié, si l'on n'est pas disposé à se pardonner les uns aux autres les petits défauts.

Combien de belles et inutiles raisons à étaler à celui qui est dans une grande adversité, pour essayer de le rendre tranquille ! Les choses de dehors, qu'on appelle les événements, sont quelquefois plus fortes que la raison et que la nature. Mangez, dormez, ne vous laissez point mourir de chagrin, songez à vivre : harangues froides, et qui réduisent à l'impossible. Êtes-vous raisonnable de vous tant inquiéter ? n'est-ce pas dire : Êtes-vous fou d'être malheureux ?

Le conseil, si nécessaire pour les affaires, est quelquefois, dans la société, nuisible à qui le donne et inutile à celui à qui il est donné. Sur les mœurs, vous faites remarquer des défauts ou que l'on n'avoue pas, ou que l'on estime des vertus; sur les ouvrages, vous rayez les endroits qui paraissent admirables à leur auteur, où il se complaît davantage, où il croit s'être surpassé lui-même[3]. Vous perdez ainsi la confiance de vos amis, sans les avoir rendus ni meilleurs ni plus habiles.

L'on a vu, il n'y a pas longtemps, un cercle de personnes[4] des deux sexes liées ensemble par la conversation

---

1. *Rengorgement* ne se trouve ni dans Furetière, ni dans l'Académie, édit. de 1694 : le verbe *rengorger* seul y existe.

2. *Dispute*, discussion; en latin *disputare*, être d'avis différent.

3. De ce vers, direz-vous, l'expression est basse.
    Ah ! monsieur, pour ce vers je vous demande grâce,
    Répondra-t-il d'abord....   (Boileau, *Art poét.*, I.)

4. *Les précieuses et leurs alcovistes*. C'est l'hôtel de Rambouillet qui a donné l'exemple de ces réunions. M. Taschereau, dans son *Histoire de la vie de Molière*, explique ce qu'elles étaient : « Une *chère*, une précieuse

et par un commerce d'esprit : ils laissaient au vulgaire l'art de parler d'une manière intelligible ; une chose dite entre eux peu clairement en entraînait une autre encore plus obscure, sur laquelle on enchérissait par de vraies énigmes, toujours suivies de longs applaudissements ; par tout ce qu'ils appelaient délicatesse, sentiments, tour et finesse d'expression, ils étaient enfin parvenus à n'être plus entendus, et à ne s'entendre pas eux-mêmes. Il ne fallait, pour fournir à ces entretiens, ni bon sens, ni jugement, ni mémoire, ni la moindre capacité ; il fallait de l'esprit, non pas du meilleur, mais de celui qui est faux, et où l'imagination a trop de part.

Je le sais, *Théobalde*[1], vous êtes vieilli ; mais voudriez-vous que je crusse que vous êtes baissé, que vous n'êtes plus poëte ni bel esprit, que vous êtes présentement aussi mauvais juge de tout genre d'ouvrage que méchant auteur, que vous n'avez plus rien de naïf et de délicat dans la conversation ? Votre air libre et présomptueux me rassure, et me persuade tout le contraire. Vous êtes donc aujourd'hui tout ce que vous fûtes jamais, et peut-être meilleur ; car si à votre âge vous êtes si vif et si impétueux, quel nom, Théobalde, fallait-il vous donner dans votre jeunesse, et lorsque vous étiez la *coqueluche* ou l'entêtement de certaines femmes qui ne juraient que par vous et sur votre parole, qui disaient : *Cela est délicieux ; qu'a-t-il dit ?*

L'on parle impétueusement dans les entretiens, souvent par vanité ou par humeur, rarement avec assez d'attention : tout occupé du désir de répondre à ce qu'on n'écoute point, l'on suit ses idées, et on les explique sans le moindre égard pour les raisonnements d'autrui ; l'on est bien éloigné de trouver ensemble la vérité, l'on n'est pas encore convenu de celle que l'on cherche. Qui pourrait écouter ces sortes de conversations, et les écrire, ferait voir quelquefois de bonnes choses qui n'ont nulle suite.

Il a régné pendant quelque temps une sorte de conver-

devait se mettre au lit à l'heure où sa société habituelle lui rendait visite. Chacun venait se ranger dans son alcôve, dont la ruelle était ornée avec recherche. »

1. Nom donné par La Bruyère à tous ses détracteurs : voir préf. du disc. à l'Académie. On a cru qu'il faisait allusion à Boursault ; mais M. Walckenaer pense qu'il s'agit plutôt de Benserade, qui s'était opposé à l'admission de l'auteur à l'Académie en 1691, année où parut cet article dans la sixième édition.

sation fade et puérile qui roulait toute sur des questions frivoles qui avaient relation au cœur, à ce qu'on appelle passion ou tendresse. La lecture de quelques romans les avait introduites parmi les plus honnêtes gens[1] de la ville et de la cour ; ils s'en sont défaits, et la bourgeoisie les a reçues avec les pointes et les équivoques.

Quelques femmes de la ville ont la délicatesse de ne pas savoir ou de n'oser dire le nom des rues, des places, et de quelques endroits publics qu'elles ne croient pas assez nobles pour être connus. Elles disent *le Louvre, la place Royale :* mais elles usent de tours et de phrases plutôt que de prononcer de certains noms[2] ; et, s'ils leur échappent, c'est du moins avec quelque altération du mot, et après quelques façons qui les rassurent : en cela moins naturelles que les femmes de la cour, qui, ayant besoin, dans le discours, *des Halles, du Châtelet,* ou de choses semblables, disent : *les Halles, le Châtelet.*

Si l'on feint quelquefois de ne se pas souvenir de certains noms que l'on croit obscurs, et si l'on affecte de les corrompre en les prononçant, c'est par la bonne opinion qu'on a du sien[3].

L'on dit par belle humeur, et dans la liberté de la conversation, de ces choses froides qu'à la vérité l'on donne pour telles, et que l'on ne trouve bonnes que parce qu'elles sont extrêmement mauvaises. Cette manière basse de plaisanter a passé du peuple, à qui elle appartient, jusque dans une grande partie de la jeunesse de la cour, qu'elle a déjà infectée. Il est vrai qu'il y entre trop de fadeur et de grossièreté pour devoir craindre qu'elle s'étende plus loin, et qu'elle fasse de plus grands progrès dans un pays qui est le centre du bon goût et de la politesse ; l'on doit cependant en inspirer le dégoût à ceux qui la pratiquent : car, bien que ce ne soit

---

1. *Honnêtes gens.* Ce terme avait un sens très-étendu au dix-septième siècle ; comme le mot *honesti,* il signifiait *honorables* à tous les titres : « L'âge le rendra plus éclairé en *honnêtes gens.* » (Molière, *Crit. de l'Éc. des femmes,* 5.) Plus loin, sc. 7 : « C'est une étrange entreprise que celle de faire rire les *honnêtes gens.* »
2. *De certains noms. De* se mettait alors fréquemment devant *certains* ; aujourd'hui c'est l'exception : « Et cela pourrait expliquer *de certaines* bizarreries. » (Vauvenargues, *Vivacité.*)
3. C'est ce que faisait, dit-on, le maréchal de Richelieu, qui estropiait impitoyablement les noms de tous les roturiers de sa connaissance, même de ses confrères à l'Académie française.

5.

jamais sérieusement, elle ne laisse pas de tenir la place, dans leur esprit et dans le commerce ordinaire, de quelque chose de meilleur[1].

Entre dire de mauvaises choses ou en dire de bonnes que tout le monde sait, et les donner pour nouvelles, je n'ai pas à choisir.

« Lucain a dit une jolie chose ; il y a un beau mot de Claudien ; il y a cet endroit de Sénèque : » et là-dessus une longue suite de latin que l'on cite souvent devant des gens qui ne l'entendent pas, et qui feignent de l'entendre. Le secret serait d'avoir un grand sens et bien de l'esprit ; car ou l'on se passerait des anciens, ou, après les avoir lus avec soin, l'on saurait encore choisir les meilleurs, et les citer à propos.

Herm.joras ne sait pas qui est roi de Hongrie ; il s'étonne de n'entendre faire aucune mention du roi de Bohême : ne lui parlez pas des guerres de Flandre et de Hollande, dispensez-le du moins de vous répondre ; il confond les temps, il ignore quand elles ont commencé, quand elles ont fini : combats, siéges, tout lui est nouveau. Mais il est instruit de la guerre des Géants, il en raconte le progrès et les moindres détails ; rien ne lui est échappé : il débrouille de même l'horrible chaos des deux empires, le babylonien et l'assyrien ; il connaît à fond les Égyptiens et leurs dynasties. Il n'a jamais vu Versailles, il ne le verra point ; il a presque vu la tour de Babel ; il en compte les degrés ; il sait combien d'architectes ont présidé à cet ouvrage ; il sait le nom des architectes. Dirai-je qu'il croit Henri IV[2] fils de Henri III ? Il néglige du moins de rien connaître aux maisons de France, d'Autriche, de Bavière : « Quelles minuties ! » dit-il, pendant qu'il récite de mémoire toute une liste des rois des Mèdes ou de Babylone, et que les noms d'Apronal, d'Hérigebal, de Noesnemordach, de Mardokempad, lui sont aussi familiers qu'à nous ceux de Valois et de Bourbon. Il demande si l'empereur a jamais été marié ; mais personne ne lui apprendra que Ninus a eu deux femmes. On lui dit que le roi jouit d'une santé parfaite ; et il se souvient que Thetmosis, un roi

---

1. « La belle chose de faire entrer, aux conversations du Louvre, de vieilles équivoques ramassées parmi les boues des halles et de la place Maubert!... Et ceux qui trouvent ces belles rencontres n'ont-ils pas lieu de s'en glorifier?... etc. » (Molière, *Crit. de l'Éc. des femmes*, sc. 1.)

2. Henri le Grand. (La Bruyère.)

d'Égypte, était valétudinaire, et qu'il tenait cette complexion[1] de son aïeul Alipharmutosis. Que ne sait-il point? quelle chose lui est cachée de la vénérable antiquité? Il vous dira que Sémiramis, ou, selon quelques-uns, Sérimaris, parlait comme son fils Ninyas; qu'on ne les distinguait pas à la parole : si c'était parce que la mère avait une voix mâle comme son fils, ou le fils une voix efféminée comme sa mère, qu'il n'ose pas le décider. Il nous révélera que Nembrod était gaucher, et Sésostris ambidextre; que c'est une erreur de s'imaginer qu'un Artaxerce ait été appelé Longuemain parce que les bras lui tombaient jusqu'aux genoux, et non à cause qu'il avait une main plus longue que l'autre; et il ajoute qu'il y a des auteurs graves qui affirment que c'était la droite; qu'il croit néanmoins être bien fondé à soutenir que c'est la gauche.

Ascagne est statuaire, Hégion fondeur, Æschine foulon et *Cydias* bel esprit; c'est sa profession. Il a une enseigne, un atelier, des ouvrages de commande et des compagnons qui travaillent sous lui; il ne vous saurait rendre de plus d'un mois les stances qu'il vous a promises, s'il ne manque de parole à *Dosithée* qui l'a engagé[2] à faire une élégie; une idylle est sur le métier : c'est pour *Crantor* qui le presse, et qui lui laisse espérer un riche salaire. Prose, vers, que voulez-vous? il réussit également en l'un et en l'autre. Demandez-lui des lettres de consolation, ou sur une absence, il les entreprendra; prenez-les toutes faites et entrez dans son magasin, il y a à choisir[3]. Il a un ami qui n'a point d'autre fonction sur la terre que de le promettre longtemps à un certain monde, et de le présenter enfin dans les maisons comme homme rare et d'une exquise conversation; et là, ainsi que le musicien chante et que le joueur de luth touche son luth devant les personnes à qui il a été promis[4], Cydias, après avoir toussé,

---

1. *Complexion*, ensemble des caractères physiques que présente une personne considérée par rapport à sa santé : « Il faut avoir la *complexion* sanguine pour rire de ses bons mots. » (Balzac, liv. VI, lett. 4.) « Il était d'une *complexion* délicate. » (Bossuet, *Bern.*, I.)

2. *L'a engagé*, qui lui a commandé une élégie, qui l'a en quelque sorte pris à gage, à son service.

3. Toutes les métaphores sont admirablement choisies pour exprimer l'industrie littéraire.

4. Ceci rappelle les vers de Boileau, sat. III :

    Molière avec Tartufe y doit jouer son rôle,
    Et Lambert, qui plus est, m'a donné sa parole.

relevé sa manchette, étendu la main et ouvert les doigts, débite gravement ses pensées quintessenciées et ses raisonnements sophistiqués[1]. Différent de ceux qui, convenant de principes et connaissant la raison ou la vérité, qui est une, s'arrachent la parole l'un à l'autre pour s'accorder sur leurs sentiments, il n'ouvre la bouche que pour contredire : « Il me semble, dit-il gracieusement, que c'est tout le contraire de ce que vous dites, » ou, « je ne saurais être de votre opinion; » ou bien, « ç'a été autrefois mon entêtement[2], comme il est le vôtre; mais... il y a trois choses, ajoute-t-il, à considérer.... » et il en ajoute une quatrième : fade discoureur qui n'a pas mis plutôt le pied dans une assemblée, qu'il cherche quelques femmes auprès de qui il puisse s'insinuer, se parer de son bel esprit ou de sa philosophie et mettre en œuvre ses rares conceptions : car, soit qu'il parle ou qu'il écrive, il ne doit pas être soupçonné d'avoir en vue ni le vrai ni le faux, ni le raisonnable ni le ridicule; il évite uniquement de donner dans le sens des autres, et d'être de l'avis de quelqu'un : aussi attend-il dans un cercle que chacun se soit expliqué sur le sujet qui s'est offert, ou souvent qu'il a amené lui-même, pour dire dogmatiquement des choses toutes nouvelles, mais à son gré décisives et sans réplique. Cydias s'égale à Lucien et à Sénèque[3], se met au-dessus de Platon, de Virgile et de Théocrite; et son flatteur a soin de le confirmer tous les matins dans cette opinion. Uni de goût et d'intérêt avec les contempteurs d'Homère[4], il attend paisiblement que les hommes détrompés lui préfèrent les poëtes modernes; il se met en ce cas à la tête de ces derniers, et il sait à qui il adjuge la seconde place[5]. C'est, en un mot, un composé du pédant et du précieux,

---

1. Quelques-uns de ces traits ont fait penser que La Bruyère avait en vue Fontenelle.
2. *Entêtement*, passion obstinée :

> J'aime la poésie *avec entêtement*.
> (Molière, *Femmes sav.*, III, 2.)

Molière emploie de même le verbe *entêter* : « La qualité *l'entête*. » (*Misanthr.*, II, 5.)
3. Philosophe et poëte tragique. (La Bruyère.)
4. Perrault, Lamotte, et de Visé, auteur du *Mercure galant*, etc. Voir p. 11, note 1.
5. Lamotte loué par Fontenelle.

fait pour être admiré de la bourgeoisie et de la province[1], en qui néanmoins on n'aperçoit rien de grand que l'opinion qu'il a de lui-même.

C'est la profonde ignorance qui inspire le ton dogmatique. Celui qui ne sait rien croit enseigner aux autres ce qu'il vient d'apprendre lui-même; celui qui sait beaucoup pense à peine que ce qu'il dit puisse être ignoré, et parle plus indifféremment.

Les plus grandes choses n'ont besoin que d'être dites simplement; elles se gâtent par l'emphase : il faut dire noblement les plus petites[2]; elles ne se soutiennent que par l'expression, le ton et la manière.

Il me semble que l'on dit les choses encore plus finement qu'on ne peut les écrire.

Il n'y a guère qu'une naissance honnête[3], ou une bonne éducation, qui rende les hommes capables de secret.

Toute confiance est dangereuse, si elle n'est entière : il y a peu de conjonctures où il ne faille tout dire ou tout cacher. On a déjà trop dit de son secret à celui à qui l'on croit devoir en dérober une circonstance.

Des gens vous promettent le secret, et ils le révèlent eux-mêmes, et à leur insu; ils ne remuent pas les lèvres, et on les entend : on lit sur leur front et dans leurs yeux[4]; on voit au travers de leur poitrine; ils sont transparents. D'autres ne disent pas précisément une chose qui leur a été confiée, mais ils parlent et agissent de manière qu'on la découvre de soi-même; enfin quelques-uns méprisent votre secret, de quelque conséquence qu'il puisse être : « C'est un mystère, un tel m'en a fait part, et m'a défendu de le dire, » et ils le disent.

---

1. La bourgeoisie et la province n'étaient pas alors réputées pour leur bon goût. C'est ainsi que Molière a dit :

> Est-il de petits corps un plus lourd assemblage,
> Un esprit composé d'atomes plus bourgeois ? (*Femmes sav.*, II, 7.)

2. Quoi que vous écriviez, évitez la bassesse :
Le style le moins noble a pourtant sa noblesse....
. . . . Soyez simple avec art,
Sublime sans orgueil, agréable sans fard.... (Boileau, *Art poét.*, I.)

3. Voir p. 42, note 7.

4. Racine a dit avec une grande beauté d'expression :

> J'entendrai des regards que vous croirez muets. (*Brit.*, II, 3.)

Toute révélation d'un secret est la faute de celui qui l'a confié.

Nicandre s'entretient avec *Élise* de la manière douce et complaisante dont il a vécu avec sa femme depuis le jour qu'il en fit le choix jusques à sa mort : il a déjà dit qu'il regrette qu'elle ne lui ait pas laissé des enfants, et il le répète ; il parle des maisons qu'il a à la ville, et bientôt d'une terre qu'il a à la campagne ; il calcule le revenu qu'elle lui rapporte ; il fait le plan des bâtiments, en décrit la situation, exagère la commodité des appartements, ainsi que la richesse et la propreté[1] des meubles. Il assure qu'il aime la bonne chère[2], les équipages ; il se plaint que sa femme n'aimait point assez le jeu et la société. « Vous êtes si riche, lui disait un de ses amis, que n'achetez-vous cette charge ? pourquoi ne pas faire cette acquisition, qui étendrait votre domaine ? — On me croit, ajoute-t-il, plus de bien que je n'en possède. » Il n'oublie pas son extraction et ses alliances : *M. le surintendant, qui est mon cousin ; madame la chancelière, qui est ma parente :* voilà son style. Il raconte un fait qui prouve le mécontentement qu'il doit avoir de ses plus proches, et de ceux même qui sont ses héritiers : « Ai-je tort? dit-il à Élise ; ai-je grand sujet de leur vouloir du bien ? » et il l'en fait juge. Il insinue ensuite qu'il a une santé faible et languissante ; et il parle de la cave[3] où il doit être enterré. Il est insinuant, flatteur, officieux, à l'égard de tous ceux qu'il trouve auprès de la personne à qui il aspire. Mais Élise n'a pas le courage d'être riche en l'épousant. On annonce, au moment qu'il parle[4], un cavalier, qui de sa seule présence démonte la batterie de l'homme de ville : il

---

1. *Propreté* avait alors le sens d'*élégance*, comme l'adjectif *propre* : « Comment ! monsieur Jourdain, vous voilà *le plus propre* du monde ! » (Molière, *Bourg. gent.*, III, 4.)

2. *La bonne chère. Chère* signifie tout ce qui regarde la quantité, la qualité et la préparation des mets : « Comment appelez-vous ce traiteur de Limoges qui fait si *bonne chère* ? » (Molière, *Pourc.*, I, 6.) Ce mot signifiait primitivement *visage*, puis *bon accueil* : « Ne sachant quelle *chère* me faire. » (Sévigné, 291.)

3. *Cave*, autrefois, dans les églises, certain lieu voûté où l'on enterrait les morts. (Littré, *Dict.*)

4. *Au moment que. Que* s'employait fréquemment au lieu de *où* :

A l'heure *que* je parle, un jeune Égyptien. (Molière, *l'Ét.*, IV, 9.)
Hélas ! je m'en souviens, *le jour que* son courage....
(Racine, *Andr.*, III, 8.)

se lève déconcerté et chagrin, et va dire ailleurs qu'il veut se remarier.

Le sage quelquefois évite le monde, de peur d'être ennuyé[1].

Des biens de fortune.

Un homme fort riche peut manger des entremets, faire peindre ses lambris et ses alcôves, jouir d'un palais à la campagne et d'un autre à la ville, avoir un grand équipage, mettre un duc dans sa famille, et faire de son fils un grand seigneur : cela est juste et de son ressort. Mais il appartient peut-être à d'autres de vivre contents[2].

Une grande naissance ou une grande fortune annonce le mérite, et le fait plus tôt remarquer.

Ce qui disculpe le fat ambitieux de son ambition est le soin que l'on prend, s'il a fait une grande fortune, de lui trouver un mérite qu'il n'a jamais eu, et aussi grand qu'il croit l'avoir.

A mesure que la faveur et les grands biens se retirent d'un homme, ils laissent voir en lui le ridicule qu'ils couvraient, et qui y était sans que personne s'en aperçût.

Si l'on ne le voyait de ses yeux, pourrait-on jamais s'imaginer l'étrange disproportion que le plus ou le moins de pièces de monnaie met entre les hommes ?

Ce plus ou ce moins détermine à l'épée, à la robe ou à l'Église : il n'y a presque point d'autre vocation.

Deux marchands étaient voisins, et faisaient le même commerce, qui ont eu dans la suite une fortune toute dif-

---

1. *Ennuyé*, plus noble et plus fort qu'aujourd'hui : il en est de même du substantif *ennui* :

> Qu'elle m'épargnerait de contrainte et d'*ennui*! (Racine, *And.*, I, 3.)

> Et votre bouche encor muette à tant d'*ennui*
> N'a pas daigné s'ouvrir pour se plaindre de lui ! (Id., *Andr.*, IV, 2.)

Il en est de même des mots *triste*, *chagrin*, *gêner*, etc. « Ah! que vous me gênez! » (Id., *Andr.*, I, 4.) « Quelle était en secret ma honte et mes *chagrins*! » (Id., *Esth.*, I, 1.) « Menacer le favori victorieux de ses *tristes* et intrépides regards. » (Bossuet, *Or. fun. de Le Tellier.*)

2. « Ni l'or ni la grandeur ne nous rendent heureux. » (La Fontaine, *Phil. et Bauc.*)

férente. Ils avaient chacun une fille unique; elles ont été nourries ensemble, et ont vécu dans cette familiarité que donnent un même âge et une même condition : l'une des deux, pour se tirer d'une extrême misère, cherche à se placer; elle entre au service d'une fort grande dame et l'une des premières de la cour, chez sa compagne.

Si le financier manque son coup, les courtisans disent de lui : C'est un bourgeois, un homme de rien, un malotru; s'il réussit, ils lui demandent sa fille.

Quelques-uns [1] ont fait dans leur jeunesse l'apprentissage d'un certain métier, pour en exercer un autre, et fort différent, le reste de leur vie.

Un homme est laid, de petite taille, et a peu d'esprit. L'on me dit à l'oreille : Il a cinquante mille livres de rente; cela le concerne tout seul, et il ne m'en fera jamais ni pis ni mieux[2]; si je commence à le regarder avec d'autres yeux, et si je ne suis pas maître de faire autrement : quelle sottise[3] !

Un projet assez vain serait de vouloir tourner un homme fort sot et fort riche en ridicule; les rieurs sont de son côté.

N**, avec un portier rustre, farouche, tirant sur le Suisse, avec un vestibule et une antichambre, pour peu qu'il y fasse languir quelqu'un et se morfondre, qu'il paraisse enfin avec une mine grave et une démarche mesurée, qu'il écoute un peu et ne reconduise point, quelque subalterne qu'il soit d'ailleurs, il fera sentir de lui-même quelque chose qui approche de la considération.

Je vais, *Clitiphon*, à votre porte; le besoin que j'ai de vous me chasse de mon lit et de ma chambre : plût aux dieux

---

1. Les partisans, qui avaient souvent commencé par être laquais. Selon Furetière, un *partisan* est un financier qui fait des traités, des partis avec le roi, qui prend ses revenus à ferme, passe des marchés pour les fournitures : de là aussi le nom de *traitants*, de *maltôtier* et fournisseurs. Le Sage les a traduits sur la scène dans sa pièce de *Turcaret*.

2. *Il ne m'en fera.* Je ne m'en trouverai ni pire ni mieux. *Il fait*, impersonnel comme dans *il fait beau, il fait bon.* Molière a dit de même : « Il ne fait pas bien sûr. » (*Femmes sav.* V, 1.)

3.   O cives, cives, quærenda pecunia primum est,
       Virtus post nummos.   (Hor., I, ép. I, v. 53.)

Voir aussi Boileau, sat. VIII, 199 : « Quiconque est riche est tout... etc. » Et ép. V, 85 : « L'argent, l'argent, dit-on; sans lui tout est stérile..., etc. »

que je ne fusse ni votre client ni votre fâc... Vos esclaves me disent que vous êtes enfermé, et que vous ne pouvez m'écouter que d'une heure entière. Je reviens avant le temps qu'ils m'ont marqué, et ils me disent que vous êtes sorti. Que faites-vous, Clitiphon, dans cet endroit le plus reculé de votre appartement, de si laborieux qui vous empêche de m'entendre? Vous enfilez quelques mémoires, vous collationnez un registre, vous signez, vous paraphez; je n'avais qu'une chose à vous demander, et vous n'aviez qu'un mot à me répondre, oui ou non. Voulez-vous être rare? Rendez service à ceux qui dépendent de vous : vous le serez davantage par cette conduite que par ne vous pas laisser voir[1]. O homme important et chargé d'affaires, qui, à votre tour, avez besoin de mes offices[2], venez dans la solitude de mon cabinet! le philosophe est accessible. Je ne vous remettrai point à un autre jour. Vous me trouverez sur les livres de Platon qui traitent de la spiritualité de l'âme et de sa distinction d'avec le corps, ou la plume à la main pour calculer les distances de Saturne et de Jupiter : j'admire Dieu dans ses ouvrages, et je cherche, par la connaissance de la vérité, à régler mon esprit et devenir meilleur. Entrez, toutes les portes vous sont ouvertes : mon antichambre n'est pas faite pour s'y ennuyer[3] en m'attendant; passez jusqu'à moi sans me faire avertir. Vous m'apportez quelque chose de plus précieux que l'argent et l'or, si c'est une occasion de vous obliger. Parlez, que voulez-vous que je fasse pour vous? Faut-il quitter mes livres, mes études, mon ouvrage, cette ligne qui est commencée? Quelle interruption heureuse pour moi que celle qui vous est utile! Le manieur d'argent, l'homme d'affaires, est un ours qu'on ne saurait apprivoiser; on ne le voit dans sa loge qu'avec

1. *Par ne vous pas laisser voir*, tournure équivalente au gérondif en *do*.
2. *Offices*, services, ne s'emploie guère sans épithète. « En leur rendant à propos des *offices* qu'ils ne savaient pas. » (Bossuet, *Or. fun. de Le Tellier*.)
3. *Pour s'y ennuyer*. Tournure alors fréquente, quand la clarté n'en souffrait pas :

> Il ne vous a pas fait une belle personne
> Afin de mal user des choses qu'il vous donne.
> (Molière, *École des fem.* II, 6.)

Le participe pouvait également se construire avec un autre sujet que celui de la phrase : « Mais en leur *abandonnant* tout cela, ils me doivent faire grâce d tout le reste. » (Id., *Impr. de Versailles*, 3.)

peine. Que dis-je? on ne le voit point; car d'abord on ne le voit pas encore, et bientôt on ne le voit plus. L'homme de lettres, au contraire, est trivial[1] comme une borne au coin des places; il est vu de tous, et à toute heure, et en tous états, à table, au lit, nu, habillé, sain ou malade : il ne peut être important, et il ne le veut point être.

N'envions point à une sorte de gens leurs grandes richesses : ils les ont à titre onéreux, et qui ne nous accommoderait point. Ils ont mis[2] leur repos, leur santé, leur honneur et leur conscience, pour les avoir : cela est trop cher, et il n'y a rien à gagner à un tel marché.

Les P. T. S.[3] nous font sentir toutes les passions l'une après l'autre. L'on commence par le mépris, à cause de leur obscurité. On les envie ensuite, on les hait, on les craint, on les estime quelquefois, et on les respecte. L'on vit assez pour finir à leur égard par la compassion.

Sosie de la livrée a passé, par une petite recette, à une sous-ferme[4]; et par les concussions, la violence, et l'abus qu'il a fait de ses *pouvoirs*, il s'est enfin, sur les ruines de plusieurs familles, élevé à quelque grade[5] : devenu noble par une charge, il ne lui manquait que d'être homme de bien : une place de marguillier a fait ce prodige.

Arfure cheminait seule et à pied vers le grand portique de Saint-***, entendait de loin le sermon d'un carme ou d'un docteur qu'elle ne voyait qu'obliquement, et dont elle perdait bien des paroles. Sa vertu était obscure, et sa dévotion connue comme sa personne. Son mari est entré dans le *huitième denier*[6] : quelle monstrueuse fortune en moins

---

1. *Trivial*, sens du mot latin, on le rencontre partout.
2. *Ils ont mis*, ils ont sacrifié.
3. C'est sous le voile assez transparent de ces trois lettres que la Bruyère avait jugé à propos de cacher le nom de *partisans*, que les éditeurs venus après lui ont écrit en entier. On ne peut pas croire que ce fût de sa part un ménagement pour les partisans de son temps, puisque ailleurs il les nomme en toutes lettres. Il ne voulait peut-être que procurer à ses lecteurs le petit plaisir de deviner cette espèce d'énigme.
4. *Sous-ferme*. Les fermiers généraux qui se chargeaient de la perception des impôts déléguaient leurs *pouvoirs* à des *sous-fermiers*.
5.   Engraisse-toi, mon fils, du suc des malheureux;
     Et, trompant de Colbert la prudence importune,
     Va par tes cruautés mériter la fortune....   (Boileau, sat. VIII.)
6. *Huitième denier*, droit prélevé tous les trente ans sur les engagistes des domaines aliénés de l'Église, pour les confirmer dans leur jouissance.

de six années! Elle n'arrive à l'église que dans un char; on lui porte une lourde queue[1]; l'orateur s'interrompt pendant qu'elle se place; elle le voit de front, n'en perd pas une seule parole, ni le moindre geste. Il y a une brigue entre les prêtres pour la confesser; tous veulent l'absoudre, et le curé l'emporte.

L'on porte *Crésus* au cimetière : de toutes ses immenses richesses, que le vol et la concussion lui avaient acquises, et qu'il a épuisées par le luxe et par la bonne chère, il ne lui est pas demeuré de quoi se faire enterrer; il est mort insolvable, sans biens, et ainsi privé de tous les secours. L'on n'a vu chez lui ni julep, ni cordiaux, ni médecins, ni le moindre docteur qui l'ait assuré de son salut.

Champagne, au sortir d'un long dîner qui lui enfle l'estomac, et dans les douces fumées d'un vin d'Avenay ou de Sillery, signe un ordre qu'on lui présente, qui ôterait le pain à toute une province si l'on n'y remédiait : il est excusable : quel moyen de comprendre, dans la première heure de la digestion, qu'on puisse quelque part mourir de faim!

Sylvain de ses deniers a acquis de la naissance et un autre nom. Il est seigneur de la paroisse où ses aïeux[2] payaient la taille[3] : il n'aurait pu autrefois entrer page chez *Cléobule*, et il est son gendre.

Dorus passe en litière par la voie *Appienne*, précédé de ses affranchis et de ses esclaves, qui détournent le peuple et font faire place : il ne lui manque que des licteurs. Il entre à *Rome* avec ce cortége, où il semble triompher de la bassesse et de la pauvreté de son père *Sanga*.

On ne peut mieux user de sa fortune que fait *Périandre* : elle lui donne du rang, du crédit, de l'autorité; déjà on ne le prie plus d'accorder son amitié, on implore sa protection. Il a commencé par dire de soi-même, *un homme de ma sorte*; il passe à dire, *un homme de ma qualité* : il se donne pour tel; et il n'y a personne de ceux à qui il prête de l'argent, ou qu'il reçoit à sa table, qui est délicate, qui veuille s'y opposer. Sa demeure est superbe; un dorique règne

---

1. L'usage des robes à longue queue remonte au treizième siècle.
2. Voir p. 42 note 1.
3. *Taille*, imposition qui se levait autrefois sur toutes les personnes qui n'étaient pas nobles, ecclésiastiques ou officiers du roi : de là on nommait *taillables* et *corvéables* ceux qui y étaient soumis.

dans tous ses dehors; ce n'est pas une porte, c'est un portique. Est-ce la maison d'un particulier? est-ce un temple? le peuple s'y trompe. Il est le seigneur dominant de tout le quartier : c'est lui que l'on envie, et dont on voudrait voir la chute; c'est lui dont la femme, par son collier de perles, s'est fait des ennemies de toutes les dames du voisinage. Tout se soutient dans cet homme; rien encore ne se dément dans cette grandeur qu'il a acquise, dont il ne doit rien, qu'il a payée[1]. Que[2] son père, si vieux et si caduc, n'est-il mort il y a vingt ans, et avant qu'il se fît dans le monde aucune mention de Périandre! Comment pourra-t-il soutenir ces odieuses pancartes[3] qui déchiffrent les conditions, et qui souvent font rougir la veuve et les héritiers? Les supprimera-t-il aux yeux de toute une ville jalouse, maligne, clairvoyante, et aux dépens de mille gens qui veulent absolument aller tenir leur rang à des obsèques? Veut-on d'ailleurs qu'il fasse de son père un *noble homme*[4], et peut-être un *honorable homme*, lui qui est *messire*[5]?

Combien d'hommes ressemblent à ces arbres déjà forts et avancés que l'on transplante dans les jardins, où ils surprennent les yeux de ceux qui les voient placés dans de beaux endroits où ils ne les ont point vus croître, et qui ne connaissent ni leurs commencements ni leurs progrès!

Si certains morts revenaient au monde, et s'ils voyaient leurs grands noms portés, et leurs terres les mieux titrées, avec leurs châteaux et leurs maisons antiques, possédées par des gens dont les pères étaient peut-être leurs métayers, quelle opinion pourraient-ils avoir de notre siècle?

Rien ne fait mieux comprendre le peu de chose que Dieu

---

1. *Qu'il a payée.* Allusion à la création de certaines charges qui conféraient la noblesse; même on anoblit, moyennant finance, un grand nombre de bourgeois riches.

2. *Que son père.* Formule de souhait imitée du latin *quod utinam :*

> Que puissiez-vous avoir toutes choses prospères!
> (Molière, *Dépit am.*, III, 4.)

> Dieux! que ne suis-je assise à l'ombre des forêts!
> (Racine, *Phèd.*, I, 3.)

3. Billets d'enterrement. (La Bruyère.)

4. *Noble homme.* C'était simplement une qualification morale; *honorable homme* s'appliquait aux bourgeois et marchands.

5. *Messire*, formé de *sire*, seigneur, désignait les personnes nobles, ayant armes et fiefs : « Très-haut et puissant seigneur *messire* Michel Le Tellier. »

croit donner aux hommes, en leur abandonnant les richesses, l'argent, les grands établissements et les autres biens, que la dispensation qu'il en fait, et le genre d'hommes qui en sont le mieux pourvus.

Si vous entrez dans les cuisines, où l'on voit réduit en art et en méthode le secret de flatter votre goût et de vous faire manger au delà du nécessaire; si vous examinez en détail tous les apprêts des viandes qui doivent composer le festin que l'on vous prépare; si vous regardez par quelles mains elles passent, et toutes les formes différentes qu'elles prennent avant de devenir un mets exquis, et d'arriver à cette propreté et à cette élégance qui charment vos yeux, vous font hésiter sur le choix, et prendre le parti d'essayer de tout; si vous voyez tout le repas ailleurs que sur une table bien servie, quelles saletés! quel dégoût! Si vous allez derrière un théâtre, et si vous nombrez les poids, les roues, les cordages, qui font les vols et les machines; si vous considérez combien de gens entrent dans[1] l'exécution de ces mouvements, quelle force de bras et quelle extension de nerfs ils y emploient, vous direz: Sont-ce là les principes et les ressorts de ce spectacle si beau, si naturel, qui paraît animé et agir de soi-même? vous vous récrierez: Quels efforts! quelle violence! De même, n'approfondissez pas la fortune des partisans.

Ce garçon si frais, si fleuri, et d'une si belle santé, est seigneur d'une abbaye et de dix autres bénéfices[2] : tous ensemble lui rapportent six vingt mille livres de revenu, dont il n'est payé qu'en médailles d'or[3]. Il y a ailleurs six vingt familles indigentes qui ne se chauffent point pendant l'hiver, qui n'ont point d'habits pour se couvrir, et qui souvent manquent de pain; leur pauvreté est extrême et honteuse : quel partage! et cela ne prouve-t-il pas clairement un avenir[4]?

Chrysippe, homme nouveau, et le premier noble de sa

---

1. *Entrent dans,* concourent à.

2. *Bénéfices,* dignités ecclésiastiques accompagnées de revenus. « Dans l'histoire du moyen âge, partie des terres conquises dans les Gaules, qui fut distribuée par les princes barbares entre les principaux de leurs hommes. Le bénéfice était donné à vie. » (Littré, Dict.)

3. *Louis d'or.* (La Bruyère dans les deux premières éditions.)

4. *Avenir,* probablement une autre vie, où l'équilibre sera rétabli; peut-être simplement la postérité. Plus loin La Bruyère dit : « Le présent est pour les riches, et l'*avenir* pour les vertueux et les habiles. »

race, aspirait, il y a trente années, à se voir un jour deux mille livres de rente pour tout bien : c'était là le comble de ses souhaits et sa plus haute ambition ; il l'a dit ainsi, et on s'en souvient. Il arrive, je ne sais par quels chemins, jusqu'à donner en revenu à l'une de ses filles, pour sa dot, ce qu'il désirait lui-même d'avoir en fonds pour toute fortune pendant ... vie Une pareille somme est comptée dans ses cof... o... chacun de ses autres enfants qu'il doit pourvoir ; et ... ... un grand nombre d'enfants : ce n'est qu'en avancement d'hoirie[1], il y a d'autres biens à espérer après sa mort. Il vit encore, quoique assez avancé en âge, et il use le reste de ses jours à travailler pour s'enrichir.

Laissez faire *Ergaste*, et il exigera un droit de tous ceux qui boivent de l'eau de la rivière ou qui marchent sur la terre ferme. Il sait convertir en or jusqu'aux roseaux, aux joncs et à l'ortie ; il écoute tous les avis, et propose tous ceux qu'il a écoutés. Le prince ne donne aux autres qu'aux dépens d'Ergaste, et ne leur fait de grâces que celles qui lui étaient dues[2] : c'est une faim insatiable d'avoir et de posséder ; il trafiquerait des arts et des sciences, et mettrait en parti[3] jusques à l'harmonie. Il faudrait, s'il en était cru, que le peuple, pour avoir le plaisir de le voir riche, de lui voir une meute et une écurie, pût perdre le souvenir de la musique d'*Orphée*[4] et se contenter de la sienne.

Ne traitez pas avec *Criton*, il n'est touché que de ses seuls avantages. Le piége est tout dressé à ceux à qui sa charge, sa terre, ou ce qu'il possède, feront envie : il vous imposera des conditions extravagantes. Il n'y a nul ménagement et nulle composition à attendre d'un homme si plein de ses intérêts et si ennemi des vôtres : il lui faut une dupe.

Brontin, dit le peuple, fait des retraites, et s'enferme huit jours avec des saints : ils ont leurs méditations, et il a les siennes.

---

1. *Hoirie*, terme de droit, succession, hérédité. Donner en avancement d'hoirie, c'est donner par avance à un de ses enfants, à condition que ce qui lui est ainsi donné sera déduit dans le partage de la succession.

2. Et l'on ne donne emploi, charge ni bénéfice,
 Qu'à tout ce qu'il se croit on ne fasse injustice.
 (Molière, *Misanthr.*, II, 5.)

3. *Mettrait en parti*, prélèverait une taxe sur l'harmonie : de là, *partisan*, celui qui fait des *partis*, des traités avec le roi.

4. *Orfeo e Euridice* de Monteverde, représenté en 1647.

Le peuple souvent a le plaisir de la tragédie ; il voit périr sur le théâtre du monde les personnages les plus odieux, qui ont fait le plus de mal dans diverses scènes, et qu'il a le plus haïs.

Si l'on partage la vie des P. T. S. en deux portions égales : la première, vive et agissante, est tout occupée à vouloir affliger [1] le peuple ; et la seconde, voisine de la mort, à se déceler et à se ruiner les uns les autres.

Cet homme qui a fait la fortune de plusieurs, qui a fait la vôtre, n'a pu soutenir [2] la sienne, ni assurer avant sa mort celle de sa femme et de ses enfants : ils vivent cachés et malheureux. Quelque bien instruit que vous soyez de la misère de leur condition, vous ne pensez pas à l'adoucir ; vous ne le pouvez pas en effet, vous tenez table, vous bâtissez ; mais vous conservez par reconnaissance le portrait de votre bienfacteur [3], qui a passé, à la vérité, du cabinet à l'antichambre : quels égards ! il pouvait aller au garde-meuble [4].

Il y a une dureté de complexion [5] ; il y en a une autre de condition d'état. L'on tire de celle-ci, comme de la première, de quoi s'endurcir sur la misère des autres, dirai-je même de quoi ne pas plaindre les malheurs de sa famille ? Un bon financier ne pleure ni ses amis, ni sa femme, ni ses enfants.

Fuyez, retirez-vous ; vous n'êtes pas assez loin. Je suis, dites-vous, sous l'autre tropique. Passez sous le pôle et dans l'autre hémisphère ; montez aux étoiles, si vous le

---

1. *Affliger*, causer le malheur de, accabler : « Je serai du parti qu'affligera le sort. » (Corneille, *Hor.* I, 1.) « Il *affligera* d'impôts la gloire du royaume. » (Pascal, *Proph.*)

2. *Soutenir*, conserver. Molière a dit presque dans le même sens : « Pour vouloir *soutenir le courroux* qu'on me donne. » (*Amph.*, II, 6.)

3. *Bienfacteur*, archaïsme employé par La Bruyère. « Du temps de Vaugelas l'usage hésitait entre *bienfaiteur*, *bienfaicteur* et *bienfacteur*. On lit dans Voiture, *Lett.* 125 : « Bienfaiteur n'est pas bon ; bienfacteur ne se dit guère ; dites, s'il vous plaît, bienfaicteur. » *Bienfaiteur* est dans Malherbe. » (Littré, *Dict.*)

4. *Garde-meuble*, lieu où l'on rangeait les meubles de rebut ou ceux qui ne servaient que par occasion.

5. *Complexion*, caractère, humeur : « C'est l'effet de leur (les dévots) *complexion* plutôt que de leur piété. » (Pascal, *Prov.*, 9.)

Et nous pourrions avoir telles *complexions*,
Que tous deux du marché nous nous repentirions. (Molière, *Misanth.*, I, 2.)

pouvez. M'y voilà. Fort bien; vous êtes en sûreté. Je découvre sur la terre un homme avide, insatiable, inexorable, qui veut, aux dépens de tout ce qui se trouvera sur son chemin et à sa rencontre, et quoi qu'il en puisse coûter aux autres, pourvoir à lui seul, grossir sa fortune, et regorger de biens.

Faire fortune est une si belle phrase, et qui dit une si bonne chose, qu'elle est d'un usage universel. On la reconnaît dans toutes les langues; elle plaît aux étrangers et aux barbares; elle règne à la cour et à la ville; elle a percé les cloîtres et franchi les murs des abbayes de l'un et de l'autre sexe: il n'y a point de lieux sacrés où elle n'ait pénétré, point de désert ni de solitude où elle soit inconnue.

A force de faire de nouveaux contrats, ou de sentir son argent grossir dans ses coffres, on se croit enfin une bonne tête [1], et presque capable de gouverner.

Il faut une sorte d'esprit pour faire fortune, et surtout une grande fortune. Ce n'est ni le bon ni le bel esprit, ni le grand, ni le sublime, ni le fort, ni le délicat; je ne sais précisément lequel c'est, et j'attends que quelqu'un veuille m'en instruire [2].

Il faut moins d'esprit que d'habitude ou d'expérience pour faire sa fortune: l'on y songe trop tard; et, quand enfin l'on s'en avise, l'on commence par des fautes que l'on n'a pas toujours le loisir de réparer: de là vient peut-être que les fortunes sont si rares.

Un homme d'un petit génie peut vouloir s'avancer: il néglige tout; il ne pense du matin au soir, il ne rêve la nuit, qu'à une seule chose, qui est de s'avancer. Il a commencé de bonne heure, et dès son adolescence, à se mettre dans les voies de la fortune: s'il trouve une barrière de front qui ferme son passage, il biaise naturellement, et va à droit [3] ou

---

1. Madame de Sévigné dit en parlant de Vatel: « Cet homme dont la bonne *tête* était capable de contenir tout le soin d'un État. » (*Lett.* 137.)

2. « La fortune exige des soins. Il faut être souple, amusant, cabaler, n'offenser personne, plaire aux femmes et aux hommes en place, se mêler des plaisirs et des affaires, cacher son secret, savoir s'ennuyer la nuit à table, et jouer trois quadrilles sans quitter sa chaise; même après tout cela, on n'est sûr de rien. » (Vauvenargues, *Réfl.*, 60.)

3. A droit, aujourd'hui à droite:

L'un à droit, l'autre à gauche. (Boileau, *Sat.* IV.)

Soudain à gauche, à droit, par devant, par derrière...
(Th. Corneille, *Fest. de Pierre*, 1, 1.)

à gauche, selon qu'il y voit de jour et d'apparence; et, si de nouveaux obstacles l'arrêtent, il rentre dans le sentier qu'il avait quitté. Il est déterminé par la nature des difficultés, tantôt à les surmonter, tantôt à les éviter, ou à prendre d'autres mesures; son intérêt, l'usage, les conjonctures, le dirigent. Faut-il de si grands talents et une si bonne tête à un voyageur pour suivre d'abord le grand chemin, et, s'il est plein et embarrassé, prendre la terre, et aller à travers champs, puis regagner sa première route, la continuer, arriver à son terme? Faut-il tant d'esprit pour aller à ses fins? Est-ce donc un prodige qu'un sot riche et accrédité[1]?

Il y a même des stupides, et j'ose dire des imbéciles, qui se placent en de beaux postes, et qui savent mourir dans l'opulence, sans qu'on les doive soupçonner en nulle manière d'y avoir contribué de leur travail ou de la moindre industrie: quelqu'un les a conduits à la source d'un fleuve, ou bien le hasard seul les y a fait rencontrer; on leur a dit: Voulez-vous de l'eau? puisez; et ils ont puisé.

Quand on est jeune, souvent on est pauvre: ou l'on n'a pas encore fait d'acquisition, ou les successions ne sont pas échues. L'on devient riche et vieux en même temps: tant il est rare que les hommes puissent réunir tous leurs avantages! et, si cela arrive à quelques-uns, il n'y a pas de quoi leur porter envie: ils ont assez à perdre par la mort pour mériter d'être plaints.

Il faut avoir trente ans pour songer à sa fortune; elle n'est pas faite à cinquante: l'on bâtit dans sa vieillesse, et l'on meurt quand on en est aux peintres et aux vitriers.

Quel est le fruit d'une grande fortune, si ce n'est de jouir de la vanité, de l'industrie, du travail et de la dépense de ceux qui sont venus avant nous, et de travailler nous-mêmes, de planter, de bâtir, d'acquérir pour la postérité[2]?

---

1. *Accrédité.* « Il voit l'iniquité dominante, l'iniquité honorée, *accréditée*, toute-puissante. » (Bourdaloue, *Pensées.*)

Et voyant contre Dieu le diable *accrédité*. (Boileau, ép. XII.)

2. La Fontaine exprime une morale dénuée de toute amertume dans sa fable du *Vieillard et des trois jeunes hommes:*

Mes arrière-neveux me devront cet ombrage, etc. (XI, 8.)

L'on ouvre, et l'on étale tous les matins pour tromper son monde ; et l'on ferme le soir après avoir trompé tout le jour.

Le marchand fait des montres[1] pour donner de sa marchandise ce qu'il y a de pire : il a le cati[2] et les faux jours, afin d'en cacher les défauts, et qu'elle paraisse bonne ; il la surfait pour la vendre plus cher qu'elle ne vaut ; il a des marques fausses et mystérieuses, afin qu'on croie n'en donner que son prix, un mauvais aunage pour en livrer le moins qu'il se peut ; et il a un trébuchet, afin que celui à qui il l'a livrée la lui paye en or qui soit de poids.

Dans toutes les conditions, le pauvre est bien proche de l'homme de bien, et l'opulent n'est guère éloigné de la friponnerie. Le savoir-faire et l'habileté ne mènent pas jusqu'aux énormes richesses.

L'on peut s'enrichir dans quelque art, ou dans quelque commerce que ce soit, par l'ostentation d'une certaine probité.

De tous les moyens de faire sa fortune, le plus court et le meilleur est de mettre les gens à voir clairement leurs intérêts à vous faire du bien.

Les hommes, pressés par les besoins de la vie, et quelquefois par le désir du gain ou de la gloire, cultivent des talents profanes ou s'engagent dans des professions équivoques, et dont ils se cachent longtemps à eux-mêmes le péril et les conséquences. Ils les quittent ensuite par une dévotion discrète qui ne leur vient jamais qu'après qu'ils ont fait leur récolte et qu'ils jouissent d'une fortune bien établie.

Il y a des misères sur la terre qui saisissent le cœur. Il manque à quelques-uns jusqu'aux aliments ; ils redoutent l'hiver, ils appréhendent de vivre. L'on mange ailleurs des fruits précoces, l'on force la terre et les saisons pour fournir à sa délicatesse ; de simples bourgeois, seulement à cause

---

1. *Montres*, substantif féminin au sens d'*exposition* :

> Conserve à nos neveux une *montre* fidèle
> Des exquises beautés que tu tiens de son zèle.
>
> (Molière, *Gl. du Val-de-Grâce*.)

Ce mot se disait alors parmi les marchands de l'exposition de leurs marchandises l'une après l'autre aux acheteurs. L'usage a changé aujourd'hui.

2. *Cati*, apprêt donné au drap pour le rendre plus poli, plus lustré et plus ferme.

qu'ils¹ étaient riches, ont eu l'audace d'avaler en un seul morceau la nourriture de cent familles. Tienne qui voudra contre de si grandes extrémités; je ne veux être, si je le puis, ni malheureux ni heureux : je me jette et me réfugie dans la médiocrité.

On sait que les pauvres sont chagrins de ce que tout leur manque et que personne ne les soulage; mais s'il est vrai que les riches soient colères, c'est de ce que la moindre chose puisse leur manquer, ou que quelqu'un veuille leur résister.

Celui-là est riche, qui reçoit plus qu'il ne consume; celui-là est pauvre, dont la dépense excède la recette.

Tel, avec deux millions de rente, peut être pauvre chaque année de cinq cent mille livres².

Il n'y a rien qui se soutienne plus longtemps qu'une médiocre fortune; il n'y a rien dont on voie mieux la fin que d'une grande fortune.

L'occasion prochaine³ de la pauvreté, c'est de grandes richesses.

S'il est vrai que l'on soit riche de tout ce dont on n'a pas besoin, un homme fort riche c'est un homme qui est sage.

S'il est vrai que l'on soit pauvre par toutes les choses que l'on désire, l'ambitieux et l'avare languissent dans une extrême pauvreté.

Les passions tyrannisent l'homme; et l'ambition suspend en lui les autres passions, et lui donne pour un temps les apparences de toutes les vertus. Ce *Triphon* qui a tous les vices, je l'ai cru sobre, chaste, libéral, humble et même dévot; je le croirais encore, s'il n'eût enfin fait sa fortune.

L'on ne se rend point sur le désir de posséder et de s'a-

---

1. *A cause que*, locution fréquente au 17e siècle : « Ceux qu'on nomme chercheurs, *à cause que*, dix-sept cents ans après J. C., ils cherchent encore la religion. » (Bossuet, *Or. fun. de la reine d'Angl.*)

Et voilà qu'on la chasse avec un grand fracas,
A cause qu'elle manque à parler Vaugelas.
(Molière, *Femmes sav.*, II, 7.)

2. *Pauvre de...*

Horum
Semper ego optarim pauperrimus esse bonorum.
(Horace, *Sat.* I, 1, 78.)

3. *L'occasion prochaine*, expression théologique, comme le *pouvoir prochain* dans Pascal.

grandir : la bile gagne, et la mort approche, qu'avec un visage flétri et des jambes déjà faibles l'on dit : *Ma fortune, mon établissement* [1].

Il n'y a au monde que deux manières de s'élever, ou par sa propre industrie, ou par l'imbécillité des autres.

Les traits découvrent la complexion et les mœurs ; mais la mine désigne les biens de fortune : le plus ou le moins de mille livres de rente se trouve écrit sur les visages.

Chrysante, homme opulent et impertinent, ne veut pas être vu avec *Eugène*, qui est homme de mérite, mais pauvre : il croirait en être déshonoré. Eugène est pour Chrysante dans les mêmes dispositions : ils ne courent pas risque de se heurter.

Quand je vois de certaines gens, qui me prévenaient autrefois par leurs civilités, attendre au contraire que je les salue, et en être avec moi sur le plus ou sur le moins, je dis en moi-même : Fort bien, j'en suis ravi ; tant mieux pour eux : vous verrez que cet homme-ci est mieux logé, mieux meublé et mieux nourri qu'à l'ordinaire ; qu'il sera entré depuis quelques mois dans quelque affaire, où il aura déjà fait un gain raisonnable. Dieu veuille qu'il en vienne dans peu de temps jusqu'à me mépriser !

Si les pensées, les livres et leurs auteurs dépendaient des riches et de ceux qui ont fait une belle fortune, quelle proscription ! Il n'y aurait plus de rappel [2]. Quel ton, quel ascendant, ne prennent-ils pas sur les savants ! Quelle majesté n'observent-ils pas à l'égard de ces hommes *chétifs*, que leur mérite n'a ni placés ni enrichis, et qui en sont encore à penser et à écrire judicieusement ! Il faut l'avouer, le présent est pour les riches, et l'avenir pour les vertueux et les habiles. HOMÈRE est encore, et sera toujours [3] ; les receveurs de droits, les publicains, ne sont plus : ont-ils été ? leur patrie, leurs noms, sont-ils connus ? y a-t-il eu dans la Grèce des partisans ? Que sont devenus ces importants personnages qui méprisaient Homère, qui ne songeaient dans la place qu'à l'éviter,

---

1. Voir la fable de La Fontaine, *la Mort et le Mourant*, VIII, 1.
2. *Rappel*, appel, recours devant un juge supérieur.

3. Trois mille ans ont passé sur la cendre d'Homère,
Et depuis trois mille ans Homère respecté
Est jeune encor de gloire et d'immortalité.
(M. J. Chénier, *Épître à Voltaire*.)

qui ne lui rendaient pas le salut, ou qui le saluaient par son nom, qui ne daignaient pas l'associer¹ à leur table, qui le regardaient comme un homme qui n'était pas riche, et qui faisait un livre? Que deviendront les *Fauconnets*²? iront-ils aussi loin dans la postérité que DESCARTES, *né Français et mort en Suède*³?

Du même fonds⁴ d'orgueil dont on s'élève fièrement au-dessus de ses inférieurs, l'on rampe vilement devant ceux qui sont au-dessus de soi. C'est le propre de ce vice, qui n'est fondé ni sur le mérite personnel ni sur la vertu, mais sur les richesses, les postes, le crédit, et sur de vaines sciences, de nous porter également à mépriser ceux qui ont moins que nous de cette espèce de biens et à estimer trop ceux qui en ont une mesure qui excède la nôtre.

Il y a des âmes sales, pétries de boue et d'ordure, éprises du gain et de l'intérêt, comme les belles âmes le sont de la gloire et de la vertu; capables d'une seule volupté, qui est celle d'acquérir ou de ne point perdre; curieuses et avides du denier dix⁵; uniquement occupées de leurs débiteurs; toujours inquiètes sur le rabais ou sur le décri⁶ des monnaies; enfoncées et comme abîmées dans les contrats, les titres et les parchemins. De telles gens ne sont ni parents, ni amis, ni citoyens, ni chrétiens, ni peut-être des hommes : ils ont de l'argent.

Commençons par excepter ces âmes nobles et courageuses⁷, s'il en reste encore sur la terre, secourables, ingé-

---

1. *L'associer*, recevoir : « A la familiarité de la table, j'*associe* le plaisant, non le prudent. » (Mont., I, 218.)

2. Il y avait un bail des fermes sous ce nom.

3. En imprimant ainsi les mots *né Français et mort en Suède*, il a certainement voulu insister sur cette circonstance, et rappeler à ses lecteurs les déplorables cabales qui ont éloigné Descartes de son pays et l'ont envoyé mourir à Stockholm, le 16 février 1650.

4. *Du même fonds*...

D'un œil aussi content, d'un cœur aussi soumis....
(Racine, *Iphig.*, IV, 4.)
Et traitent du même air l'honnête homme et le fat.
(Molière, *Misanthr.*, I, 1.)

5. *Denier dix*. Prêter au denier dix, c'est demander une livre d'intérêt pour un capital de dix livres, c'est-à-dire dix pour cent.

6. *Décri*, proclamation concernant la suppression ou la réduction d'une monnaie. « On croit tous les jours être ici à la veille d'un *décri*. » (Racine, *Lett. à son fils*, 25.) « Il (Lycurgue) *décria* toutes les monnaies d'or. » (Rollin, *Hist. anc.*)

7. *Courageuses*, généreuses, grandes, voir p. 17, note 3.

nieuses à faire du bien, que nuls besoins, nulle disproportion, nuls artifices, ne peuvent séparer de ceux qu'ils se sont une fois choisis pour amis; et, après cette précaution, disons hardiment une chose triste et douloureuse à imaginer : il n'y a personne au monde si bien lié avec nous de société[1] et de bienveillance, qui nous aime, qui nous goûte, qui nous fait mille offres de services, et qui nous sert quelquefois, qui n'ait en soi, par l'attachement à son intérêt, des dispositions très-proches à rompre avec nous et à devenir notre ennemi.

Pendant qu'*Oronte* augmente avec ses années son fonds et ses revenus, une fille naît dans quelque famille, s'élève, croît, s'embellit, et entre dans sa seizième année; il se fait prier à cinquante ans pour l'épouser, jeune, belle, spirituelle : cet homme, sans naissance, sans esprit, et sans le moindre mérite, est préféré à tous ses rivaux.

Le mariage, qui devrait être à l'homme[2] une source de tous les biens, lui est souvent, par la disposition de sa fortune, un lourd fardeau sous lequel il succombe : c'est alors qu'une femme et des enfants sont une violente tentation à la fraude, au mensonge et aux gains illicites. Il se trouve entre la friponnerie et l'indigence : étrange situation !

Épouser une veuve, en bon français, signifie faire sa fortune : il n'opère pas[3] toujours ce qu'il signifie.

Celui qui n'a de partage avec ses frères que pour vivre à l'aise bon praticien[4] veut être officier[5]; le simple officier se fait magistrat, et le magistrat veut présider; et ainsi de toutes les conditions où les hommes languissent serrés et indigents, après avoir tenté au delà de leur fortune et forcé,

---

1. *Lié de société.*

   Je suis vaincu *du* temps, je cède à ses outrages.   (Malherbe, II, 12.)

   Animé *d'un* regard, je puis tout entreprendre.   (Racine, *Andr.*, I. 4.)

2. *Devrait être à l'homme*, pour l'homme : « Ils étaient cruels *à* ceux qui leur résistaient. » (Bossuet, *Hist.*, III, 6.)

3. *Il n'opère pas.* Cela n'opère pas : latinisme usité alors. La Rochefoucauld a dit : « On doit.... louer ce qu'ils disent, autant qu'*il* mérite. »

4. *Praticien*, se disait alors des avocats et des procureurs.

5. *Officier*, celui qui remplit une charge ou office de justice dans une cour inférieure; on appelait *grand officier* un magistrat au parlement.

pour ainsi dire, leur destinée[1], incapables tout à la fois de ne pas vouloir être riches et de demeurer riches.

Dîne bien, *Cléarque*, soupe le soir, mets du bois au feu, achète un manteau, tapisse ta chambre : tu n'aimes point ton héritier, tu ne le connais point, tu n'en as point.

Jeune, on conserve pour sa vieillesse ; vieux, on épargne pour la mort. L'héritier prodigue paye de superbes funérailles, et dévore le reste[2].

L'avare dépense plus mort, en un seul jour, qu'il ne faisait vivant en dix années ; et son héritier plus en dix mois, qu'il n'a su faire lui-même en toute sa vie.

Ce que l'on prodigue, on l'ôte à son héritier : ce que l'on épargne sordidement, on se l'ôte à soi-même. Le milieu est justice pour soi et pour les autres.

Les enfants peut-être seraient plus chers à leurs pères, et réciproquement les pères à leurs enfants, sans le titre d'héritiers.

Triste condition de l'homme, et qui dégoûte de la vie ! il faut suer, veiller, fléchir, dépendre, pour avoir un peu de fortune, ou la devoir à l'agonie de nos proches : celui qui s'empêche de souhaiter que son père y passe bientôt est homme de bien.

Le caractère de celui qui veut hériter de quelqu'un rentre dans celui du complaisant : nous ne sommes point mieux flattés, mieux obéis, plus suivis, plus entourés, plus cultivés, plus ménagés, plus caressés de personne pendant notre vie, que de celui qui croit gagner à notre mort, et qui désire qu'elle arrive[3].

Tous les hommes, par les postes différents, par les titres, et par les successions, se regardent comme héritiers les uns des autres, et cultivent par cet intérêt, pendant tout le cours de leur vie, un désir secret et enveloppé de la mort d'autrui :

---

1. Bossuet a dit du prince de Condé, *Oraison funèbre* : « Condé semblait né pour entraîner la fortune dans ses desseins et *forcer les destinées.* »

2.   Et pourquoi cette épargne enfin ? — L'ignores-tu ?
    Afin qu'un héritier, bien nourri, bien vêtu,
    Profitant d'un trésor en tes mains inutile,
    De son train quelque jour embarrasse la ville.   (Boileau, sat. VIII.)

3. Horace a décrit toutes les pratiques des captateurs de testaments dans la satire 5 du livre II :

    Leniter in spem
Adrepe officiosus.

le plus heureux dans chaque condition est celui qui a plus de choses à perdre par sa mort et à laisser à son successeur.

L'on dit du jeu qu'il égale les conditions ; mais elles se trouvent quelquefois si étrangement disproportionnées, et il y a entre telle et telle condition un abîme d'intervalle si immense et si profond, que les yeux souffrent de voir de telles extrémités se rapprocher : c'est comme une musique qui détonne, ce sont comme des couleurs mal assorties, comme des paroles qui jurent et qui offensent l'oreille, comme de ces bruits ou de ces sons qui font frémir; c'est, en un mot, un renversement de toutes les bienséances. Si l'on m'oppose que c'est la pratique de tout l'Occident, je réponds que c'est peut-être aussi l'une de ces choses qui nous rendent barbares à [1] l'autre partie du monde, et que les Orientaux qui viennent jusqu'à nous remportent sur leurs tablettes : je ne doute pas même que cet excès de familiarité ne les rebute davantage que nous ne sommes blessés de leur *zombaye*[2], et de leurs autres prosternations.

Une tenue d'états, ou les chambres assemblées pour [3] une affaire très-capitale, n'offre point aux yeux rien [4] de si grave et de si sérieux qu'une table de gens qui jouent un grand jeu : une triste sévérité règne sur leur visage; implacables l'un pour l'autre, et irréconciliables ennemis pendant que la séance dure, ils ne reconnaissent plus ni liaisons, ni alliance, ni naissance, ni distinctions. Le hasard seul, aveugle et farouche divinité, préside au cercle, et y décide souverainement : ils l'honorent tous par un silence profond, et par une attention dont ils sont partout ailleurs fort incapables ; toutes les passions, comme suspendues, cèdent à une seule : le courtisan alors n'est ni doux, ni flatteur, ni complaisant, ni même dévot.

L'on ne reconnaît plus en ceux que le jeu et le gain ont

---

1. *A l'autre partie*, pour, aux yeux de.
2. Voyez les relations du royaume de Siam. (*La Bruyère.*)
3. *Tenue d'états*, assemblées qui avaient lieu dans certaines provinces ayant conservé le droit d'ordonner elles-mêmes des contributions qu'elles devaient faire pour soutenir les charges de l'État.
4. *Rien. Point* se trouve ici surabondant : du reste, le mot *rien* (étym., *rem*) est pris substantivement, comme dans Molière : « Je *ne* veux *point* qu'il me dise *rien*. » (*Georges Dandin*, III, 8.) « *Ne* faites *point* semblant de *rien*. » (*Id.*, I, 2.) L'usage veut que la négation *ne* se construise seulement avec un des mots *pas, point, rien, mie.*

illustrés la moindre trace de leur première condition. Ils perdent de vue leurs égaux et atteignent les plus grands seigneurs. Il est vrai que la fortune du dé ou du lansquenet les remet souvent où elle les a prise.

Je ne m'étonne pas qu'il y ait des brelans publics, comme autant de pièges tendus à l'avarice des hommes, comme des gouffres où l'argent des particuliers tombe et se précipite sans retour, comme d'affreux écueils où les joueurs viennent se briser et se perdre; qu'il parte de ces lieux des émissaires pour savoir à heure marquée qui a descendu à terre avec un argent frais d'une nouvelle prise, qui a gagné un procès d'où[1] on lui a compté une grosse somme, qui a reçu un don, qui a fait au jeu un gain considérable, quel fils de famille vient de recueillir une riche succession, ou quel commis imprudent veut hasarder sur une carte les deniers de sa caisse. C'est un sale et indigne métier, il est vrai, que de tromper; mais c'est un métier qui est ancien, connu, pratiqué de tout temps par ce genre d'hommes que j'appelle des brelandiers. L'enseigne est à leur porte; on y lirait presque : *Ici l'on trompe de bonne foi* : car se voudraient-ils donner pour irréprochables? Qui ne sait pas qu'entrer et perdre dans ces maisons est une même chose? Qu'ils trouvent donc sous leur main autant de dupes qu'il en faut pour leur subsistance, c'est ce qui me passe.

Mille gens se ruinent au jeu[2], et vous disent froidement qu'ils ne sauraient se passer de jouer : quelle excuse! Y a-t-il une passion, quelque violente ou honteuse qu'elle soit, qui ne pût tenir ce même langage? Serait-on reçu à dire qu'on ne peut se passer de voler, d'assassiner, de se précipiter[3]? Un jeu effroyable, continuel, sans retenue, sans bornes, où l'on n'a en vue que la ruine totale de son adversaire, où l'on est transporté du désir du gain, désespéré sur la perte, consumé par l'avarice, où l'on expose sur une carte ou à la fortune du dé la sienne propre, celle de sa femme et de ses enfants, est-ce une chose qui soit permise, ou dont l'on doive se passer? Ne faut-il pas quelquefois se faire une

---

1. *D'où*, par suite duquel.
2. *Se ruinent*. Le jeu faisait alors fureur; et l'exemple venait de la cour et du roi. (Voir madame de Sévigné, *passim*.)
3. *Se précipiter*... dans tous les crimes. La Bruyère emploie volontiers les verbes d'une manière absolue; plus haut il a dit : « Il faut *dépendre*. »

plus grande violence lorsque, poussé par le jeu jusqu'à une déroute universelle, il faut même que l'on se passe d'habits et de nourriture, et de les fournir à sa famille?

Je ne permets à personne d'être fripon; mais je permets à un fripon de jouer un grand jeu : je le défends à un honnête homme. C'est une trop grande puérilité que de s'exposer à une grande perte.

Il n'y a qu'une affliction qui dure, qui est celle qui vient de la perte de biens : le temps, qui adoucit toutes les autres, aigrit celle-ci. Nous sentons à tous moments, pendant le cours de notre vie, où[1] le bien que nous avons perdu nous manque.

Il fait bon avec celui qui ne se sert pas de son bien à marier ses filles, à payer ses dettes ou à faire des contrats, pourvu que l'on ne soit ni ses enfants ni sa femme.

Ni les troubles, *Zénobie*[2], qui agitent votre empire, ni la guerre que vous soutenez virilement contre une nation puissante depuis la mort du roi votre époux, ne diminuent rien de votre magnificence. Vous avez préféré à toute autre contrée les rives de l'Euphrate pour y élever un superbe édifice; l'air y est sain et tempéré, la situation en est riante; un bois sacré l'ombrage du côté du couchant. Les dieux de Syrie, qui habitent quelquefois la terre, n'y auraient pu choisir une plus belle demeure. La campagne autour est couverte d'hommes qui taillent et qui coupent, qui vont et qui viennent, qui roulent ou qui charrient le bois du Liban, l'airain et le porphyre; les grues et les machines gémissent dans l'air, et font espérer à ceux qui voyagent vers l'Arabie de revoir à leur retour en leurs foyers ce palais achevé, et dans cette splendeur où vous désirez de le porter avant de l'habiter, vous et les princes vos enfants. N'y épargnez rien, grande reine; employez-y l'or et tout l'art des plus excellents ouvriers; que les Phidias et les Zeuxis de votre siècle dé-

---

1. *Où*, en quoi, dans quelle circonstance : « Sera-ce quelque chose où je vous puisse aider? » (Molière, *Méd. malgré lui*, I, 5.) « Une action si grande, où ils tiennent la place de Dieu. » (Pascal, *Prov.*, 12.) Cet emploi de *où* remplaçant toutes les locutions où figure *lequel* était très-fréquent au 17e siècle et autorisé par les plus anciens auteurs.

2. *Zénobie*, reine de Palmyre, veuve d'Odenat, se fit appeler souveraine de l'Orient, soutint une lutte vigoureuse contre les troupes d'Aurélien; vaincue et faite prisonnière, elle orna le triomphe du vainqueur, 272 ap. J. C.

ploient toute leur science sur vos plafonds et sur vos lambris ; tracez-y de vastes et de délicieux jardins, dont l'enchantement soit tel qu'ils ne paraissent pas faits de la main des hommes ; épuisez vos trésors et votre industrie sur cet ouvrage incomparable ; et après que vous y aurez mis, Zénobie, la dernière main, quelqu'un de ces pâtres qui habitent les sables voisins de Palmyre, devenu riche par les péages de vos rivières, achètera un jour à deniers comptants cette royale maison, pour l'embellir et la rendre plus digne de lui et de sa fortune[1].

Ce palais, ces meubles, ces jardins, ces belles eaux, vous enchantent, et vous font récrier d'une première vue[2] sur une maison si délicieuse et sur l'extrême bonheur du maître qui la possède. Il n'est plus ; il n'en a pas joui si agréablement ni si tranquillement que vous ; il n'y a jamais eu un jour serein, ni une nuit tranquille ; il s'est noyé de dettes[3] pour la porter à ce degré de beauté où elle vous ravit. Ses créanciers l'en ont chassé ; il a tourné la tête, et il l'a regardée de loin une dernière fois ; et il est mort de saisissement.

L'on ne saurait s'empêcher de voir dans certaines familles ce qu'on appelle les caprices du hasard ou les jeux de la fortune. Il y a cent ans qu'on ne parlait point de ces familles, qu'elles n'étaient point. Le ciel tout d'un coup s'ouvre en leur faveur : les biens, les honneurs, les dignités, fondent sur elles à plusieurs reprises ; elles nagent dans la prospérité. *Eumolpe,* l'un de ces hommes qui n'ont point de grands-pères, a eu un père du moins qui s'était élevé si haut, que tout ce qu'il a pu souhaiter pendant le cours d'une longue vie, ç'a été de l'atteindre ; et il l'a atteint. Était-ce dans ces deux personnages éminence d'esprit, profonde capacité ? était-ce les conjonctures ? La fortune enfin ne leur rit plus ; elle se joue ailleurs, et traite leur postérité comme leurs ancêtres.

La cause la plus immédiate de la ruine et de la déroute

---

1. Bossuet, dans son *Sermon contre l'ambition* et dans ses *Oraisons funèbres,* n'a pas de traits plus éloquents pour peindre la vanité des biens de ce monde.
2. *A la première vue,* au premier abord.
3. *Noyé de dettes.* Cette expression pleine d'énergie est analogue à celle de Cicéron parlant des citoyens ruinés et perdus : « Qui jampridem premuntur, qui nunquam emergent. » (*Catilin.*, II, x.)

des personnes des deux conditions, de la robe et de l'épée, est que l'état seul[1], et non le bien, règle la dépense.

Si vous n'avez rien oublié pour votre fortune, quel travail! Si vous avez négligé la moindre chose, quel repentir!

Giton a le teint frais, le visage plein et les joues pendantes, l'œil fixe et assuré, les épaules larges, l'estomac haut, la démarche ferme et délibérée. Il parle avec confiance; il fait répéter celui qui l'entretient, et il ne goûte que médiocrement tout ce qu'il lui dit. Il déploie un ample mouchoir, et se mouche avec grand bruit; il crache fort loin, et il éternue fort haut; il dort le jour, il dort la nuit, et profondément; il ronfle en compagnie. Il occupe à table et à la promenade plus de place qu'un autre[2]; il tient le milieu en se promenant avec ses égaux; il s'arrête, et l'on s'arrête; il continue de marcher, et l'on marche; tous se règlent sur lui. Il interrompt, il redresse ceux qui ont la parole; on ne l'interrompt pas, on l'écoute aussi longtemps qu'il veut parler; on est de son avis, on croit les nouvelles qu'il débite. S'il s'assied, vous le voyez s'enfoncer dans un fauteuil, croiser les jambes l'une sur l'autre, froncer le sourcil, abaisser son chapeau sur ses yeux pour ne voir personne, ou le relever ensuite, et découvrir son front par fierté et par audace. Il est enjoué, grand rieur, impatient, présomptueux, colère, libertin[3], politique, mystérieux sur les affaires du temps; il se croit des talents et de l'esprit. Il est riche[4].

Phédon a les yeux creux, le teint échauffé, le corps sec et le visage maigre. Il dort peu, et d'un sommeil fort léger; il est abstrait, rêveur, et il a avec de l'esprit l'air d'un stupide.

---

1. Leur condition, leur profession.
2. Madame de Sévigné a dit de Louvois: « Cet homme si considérable, qui tenait une si grande place, dont le *moi*, comme dit M. Nicole, était si étendu, qui était le centre de tant de choses. »
3. *Libertin* signifiait alors raisonneur, esprit fort, libre penseur:

   C'est être *libertin* que d'avoir de bons yeux. (Molière, *Tart.*, I, 6.)

   Libertinage, indépendance d'esprit: « Il y en a bien qui ne croient pas, mais par *libertinage*. » (Pascal, *Pens.*) « Les fausses religions, le *libertinage* d'esprit. » (Bossuet, *Or. fun. de Henr. de France.*)
4. Cicéron parle de ces hommes que la fortune aveugle: « Efferuntur fere fastidio et contumacia; neque quidquam insipiente fortunato intolerabilius fieri potest. » (*De Amic.*, XV, 54.) Bourdaloue, dans son *Sermon sur les richesses*, exprime éloquemment les mêmes idées: « A force d'entendre que l'on est parfait, on se croit parfait, et à force de le croire, on devient, sans même l'apercevoir, orgueilleux et vain, etc. » (2ᵉ *partie*.)

Il oublie de dire ce qu'il sait, ou de parler d'événements qui lui sont connus : et, s'il le fait quelquefois, il s'en tire mal ; il croit peser à ceux à qui il parle ; il conte brièvement, mais froidement ; il ne se fait pas écouter, il ne fait point rire. Il applaudit, il sourit à ce que les autres lui disent, il est de leur avis ; il court, il vole pour leur rendre de petits services. Il est complaisant, flatteur, empressé ; il est mystérieux sur ses affaires, quelquefois menteur ; il est superstitieux, scrupuleux, timide. Il marche doucement et légèrement ; il semble craindre de fouler la terre ; il marche les yeux baissés, et il n'ose les lever sur ceux qui passent. Il n'est jamais du nombre de ceux qui forment un cercle pour discourir ; il se met derrière celui qui parle, recueille furtivement ce qui se dit, et il se retire si on le regarde. Il n'occupe point de lieu, il ne tient point de place : il va les épaules serrées, le chapeau abaissé sur ses yeux pour n'être point vu ; il se replie et se renferme dans son manteau. Il n'y a point de rues ni de galeries si embarassées et si remplies de monde, où il ne trouve moyen de passer sans effort et de se couler sans être aperçu. Si on le prie de s'asseoir, il se met à peine sur le bord d'un siège. Il parle bas dans la conversation, et il articule mal ; libre néanmoins sur les affaires publiques, chagrin contre le siècle, médiocrement prévenu des ministres[1] et du ministère. Il n'ouvre la bouche que pour répondre ; il tousse, il se mouche sous son chapeau ; il crache presque sur soi, et il attend qu'il soit seul pour éternuer, ou, si cela lui arrive, c'est à l'insu de la compagnie ; il n'en coûte à personne ni salut ni compliment. Il est pauvre.

De la ville.

L'on se donne à Paris, sans se parler, comme un rendez-vous public, mais fort exact, tous les soirs, au Cours[2] ou aux

---

1. *Prévenu des ministres,* en faveur des ministres ; c'est le sens de la préposition latine *de :*

Mais je hais vos messieurs *de* leurs honteux débats.
(Molière, *Amph.,* III, 8.)

2. *Au Cours.* Le cours la Reine, entre l'avenue des Champs-Élysées et la Seine.

Tuileries, pour se regarder au visage et se désapprouver les uns les autres.

L'on ne peut se passer de ce même monde que l'on n'aime point, et dont l'on se moque.

L'on s'attend au passage réciproquement dans une promenade publique[1]; l'on y passe en revue l'un devant l'autre. Carrosse, chevaux, livrées, armoiries, rien n'échappe aux yeux, tout est curieusement ou malignement observé; et, selon le plus ou le moins de l'équipage, ou l'on respecte les personnes, ou on les dédaigne.

Tout le monde connaît cette longue levée[2] qui borne et qui resserre le lit de la Seine du côté où elle entre à Paris avec la Marne qu'elle vient de recevoir : les hommes s'y baignent au pied pendant les chaleurs de la canicule : on les voit de fort près se jeter dans l'eau, on les en voit sortir : c'est un amusement. Quand cette saison n'est pas venue, les femmes de la ville ne s'y promènent pas encore; et, quand elle est passée, elles ne s'y promènent plus.

Dans ces lieux d'un concours général[3], où les femmes se rassemblent pour montrer une belle étoffe et pour recueillir le fruit de leur toilette, on ne se promène pas avec une compagne par la nécessité de la conversation; on se joint ensemble pour se rassurer sur le théâtre, s'apprivoiser avec le public et se raffermir contre la critique : c'est là précisément qu'on se parle sans se rien dire, ou plutôt qu'on parle pour les passants, pour ceux même en faveur de qui l'on hausse sa voix; l'on gesticule et l'on badine, l'on penche négligemment la tête, l'on passe et l'on repasse.

La ville est partagée en diverses sociétés, qui sont comme autant de petites républiques, qui ont leurs lois, leurs usages, leur jargon, et leurs mots pour rire : tant que cet assemblage est dans sa force, et que l'entêtement[4] subsiste, l'on ne trouve rien de bien dit ou de bien fait que ce qui part des siens, et l'on est incapable de goûter ce qui vient d'ailleurs; cela va jusqu'au mépris pour les gens qui ne sont pas

---

1. Probablement l'avenue de Vincennes.
2. Le quai Saint-Bernard.
3. *D'un concours général*, de réunion générale : « Quand il se fait un *concours* de plusieurs personnes pour quelque occasion. » (Amyot, *de la Curiosité*.)
4. *Entêtement.* Voir plus haut, *entêté*, p. 84, note 2. On dirait aujourd'hui *engouement*.

initiés dans leurs mystères. L'homme du monde d'un meilleur esprit[1], que le hasard a porté au milieu d'eux, leur est étranger. Il se trouve là comme dans un pays lointain, dont il ne connaît ni les routes, ni la langue, ni les mœurs, ni la coutume[2] : il voit un peuple qui cause, bourdonne, parle à l'oreille, éclate de rire, et qui retombe ensuite dans un morne silence; il y perd son maintien, ne trouve pas où placer un seul mot, et n'a pas même de quoi écouter. Il ne manque jamais là un mauvais plaisant qui domine, et qui est comme le héros de la société : celui-ci s'est chargé de la joie des autres[3], et fait toujours rire avant que d'avoir parlé. Si quelquefois une femme survient qui n'est point de leurs plaisirs, la bande joyeuse ne peut comprendre qu'elle ne sache point rire des choses qu'elle n'entend point, et paraisse insensible à des fadaises qu'ils n'entendent eux-mêmes que parce qu'ils les ont faites : ils ne lui pardonnent ni son ton de voix, ni son silence, ni sa taille, ni son visage, ni son habillement, ni son entrée, ni la manière dont elle est sortie. Deux années cependant ne passent point sur une même coterie[4]. Il y a toujours, dès la première année, des semences de division pour rompre dans celle qui doit suivre. L'intérêt de la beauté[5], les incidents du jeu, l'extravagance des repas, qui, modestes au commencement, dégénèrent bientôt en pyramides de viandes et en banquets somptueux, dérangent la république, et lui portent enfin le coup mortel : il n'est en fort peu de temps non plus parlé de cette nation que des mouches de l'année passée.

Il y a dans la ville la grande et la petite robe[6]; et la première se venge sur l'autre des dédains de la cour, et des petites humiliations qu'elle y essuie : de savoir quelles sont

---

1. *L'homme du monde*, l'homme qui a le meilleur esprit du monde.
2. *Coutume.* On emploierait de préférence aujourd'hui le pluriel : il veut dire la manière à laquelle la plupart se conforment.
3. *S'est chargé de la joie*, il s'est chargé de rendre les autres joyeux.
4. *Coterie*, mot qui signifiait aux 14e, 15e et 16e siècles un certain nombre de paysans unis ensemble pour tenir les terres d'un seigneur. Au 17e, il prend le sens qu'il a aujourd'hui, compagnie de personnes vivant ensemble familièrement ou cabalant dans un intérêt commun. Bas latin *cota*, cabane, d'où peut-être *cottage*. (Littré, *Dict.*)
5. *L'intérêt de la beauté*, l'intérêt que l'on porte à la beauté. *De* entre deux substantifs marque le sens actif ou le sens passif, comme le génitif en latin, *amor patris*.
6. *Grande et petite robe*, conseillers, avocats et procureurs.

leurs limites, où la grande finit et où la petite commence, ce n'est pas une chose facile. Il se trouve même un corps considérable qui refuse d'être du second ordre, et à qui l'on conteste le premier[1] : il ne se rend pas néanmoins; il cherche au contraire, par la gravité et par la dépense, à s'égaler à la magistrature, ou ne lui cède qu'avec peine : on l'entend dire que la noblesse de son emploi, l'indépendance de sa profession, le talent de la parole, et le mérite personnel, balancent au moins les sacs de mille francs que le fils du partisan ou du banquier a su payer pour son office.

Vous moquez-vous de rêver en carrosse, ou peut-être de vous y reposer? Vite, prenez votre livre ou vos papiers; lisez, ne saluez qu'à peine ces gens qui passent dans leur équipage; ils vous en[2] croiront plus occupé; ils diront : Cet homme est laborieux, infatigable; il lit, il travaille jusque dans les rues ou sur la route : apprenez du moindre avocat, qu'il faut paraître accablé d'affaires, froncer le sourcil, et rêver à rien très-profondément; savoir à propos perdre le boire et le manger, ne faire qu'apparoir[3] dans sa maison, s'évanouir et se perdre comme un fantôme dans le sombre de son cabinet; se cacher au public, éviter le théâtre, le laisser à ceux qui ne courent aucun risque à s'y montrer, qui en ont à peine le loisir, aux Gomons, aux Duhamels.

Il y a un certain nombre de jeunes magistrats que les grands biens et les plaisirs ont associés à quelques-uns de ceux qu'on nomme à la cour de *petits-maîtres* : ils les imitent; ils se tiennent fort au-dessus de la gravité de la robe, et se croient dispensés, par leur âge et par leur fortune, d'être sages et modérés. Ils prennent de la cour ce qu'elle a de pire : ils s'approprient la vanité, la mollesse, l'intempérance, le libertinage[4], comme si tous ces vices leur étaient dus[5]; et, affectant ainsi un caractère éloigné de celui qu'ils

---

1. Les avocats.
2. *En*, figure par syllepse avec les idées qui précèdent :

.... Sur ce trône assis auprès de vous,
Des astres ennemis j'*en* crains moins le courroux. (Racine, *Esth.*, II, 7.)

3. *Apparoir*, archaïsme, ou terme de palais, usité à l'infinitif et à la troisième personne : *il appert*.
4. Voir p. 108, note 3.
5. *Leur étaient dus*, leur appartenaient de droit.

ont à soutenir, ils deviennent enfin, selon leurs souhaits, des copies fidèles de très-méchants originaux.

Un homme de robe à la ville, et le même à la cour, ce sont deux hommes. Revenu chez soi, il reprend ses mœurs, sa taille et son visage, qu'il y avait laissés : il n'est plus ni si embarrassé ni si honnête[1].

Les *Crispins* se cotisent, et rassemblent dans leur famille jusqu'à six chevaux pour allonger un équipage qui, avec un essaim de gens de livrée où ils ont fourni chacun leur part, les fait triompher au Cours ou à Vincennes, et aller de pair avec les nouvelles mariées, avec *Jason* qui se ruine, et avec *Thrason* qui veut se marier, et qui a consigné[2].

J'entends dire des *Sannions* : Même nom, mêmes armes ; la branche aînée, la branche cadette, les cadets de la seconde branche : ceux-là portent les armes pleines[3], ceux-ci brisent d'un lambel[4], et les autres, d'une bordure dentelée[5]. Ils ont avec les Bourbons, sur une même couleur, un même métail[6]; ils portent, comme eux, deux et une : ce ne sont pas des fleurs de lis, mais ils s'en consolent ; peut-être dans leur cœur trouvent-ils leurs pièces aussi honorables, et ils les ont communes avec de grands seigneurs qui en sont contents. On les voit sur les litres[7] et sur les vitrages, sur la porte de leur château, sur le pilier de leur haute justice, où ils viennent de faire pendre un homme qui méritait le bannissement : elles s'offrent aux yeux de toutes parts ; elles sont sur les meubles et sur les serrures ; elles sont semées sur les carrosses : leurs livrées ne déshonorent

---

1. *Honnête*, civil, obséquieux.
2. Déposé son argent au trésor public pour une grande charge. (La Bruyère.)
3. *Armes pleines*, celles qui n'ont aucune autre pièce de blason que celles qu'elles avaient à l'origine, qui n'ont aucunes brisures, divisions, altérations ni mélanges.
4. *Brisent d'un lambel*, altèrent l'intégrité du blason en mettant horizontalement sur l'écu une tringle à trois pendants, une au milieu, deux aux extrémités.
5. *Bordure*, espèce de brisure en forme de ceinture environnant l'écu.
6. *Métail*. Nicot, en 1606, et Richelet, en 1679, admettent indifféremment dans leurs dictionnaires *métail* et *métal*; l'Académie, en 1694, n'a admis que le dernier ; Vaugelas, dans ses *Remarques s. la langue fr.* dit : « M. Ménage remarque qu'il faut prononcer *métal* et non pas métail. » C'est donc un archaïsme chez notre auteur.
7. *Litres*, bandes noires que l'on tendait autour des églises aux enterrements des seigneurs, et sur lesquelles on appliquait leurs armoiries.

point leurs armoiries. Je dirais volontiers aux Sannions : Votre folie est prématurée, attendez du moins que le siècle s'achève sur votre race ; ceux qui ont vu votre grand-père, qui lui ont parlé, sont vieux, et ne sauraient plus vivre longtemps. Qui pourra dire comme eux : Là il étalait, et vendait très-cher[1] ?

Les Sannions et les Crispins veulent encore davantage que l'on dise d'eux qu'ils font une grande dépense, qu'ils n'aiment à la faire. Ils font un récit long et ennuyeux d'une fête ou d'un repas qu'ils ont donné ; ils disent l'argent qu'ils ont perdu au jeu, et ils plaignent fort haut celui qu'ils n'ont pas songé à perdre. Ils parlent jargon et mystère[2] sur de certaines femmes ; *ils ont réciproquement cent choses plaisantes à se conter ; ils ont fait depuis peu des découvertes ;* ils se passent les uns aux autres[3] qu'ils sont gens à belles aventures. L'un d'eux, qui s'est couché tard à la campagne, et qui voudrait dormir, se lève matin, chausse des guêtres, endosse un habit de toile, passe un cordon où pend le fourniment, renoue ses cheveux, prend un fusil ; le voilà chasseur, s'il tirait bien : il revient de nuit, mouillé et recru[4], sans avoir tué ; il retourne à la chasse le lendemain, et il passe tout le jour à manquer des grives ou des perdrix.

Un autre, avec quelques mauvais chiens, aurait envie de dire : *Ma meute.* Il sait un rendez-vous de chasse, il s'y trouve, il est au laisser-courre[5], il entre dans le fort[6], se mêle avec les piqueurs ; il a un cor. Il ne dit pas, comme *Ménalippe : Ai-je du plaisir ?* il croit en avoir ; il oublie lois et procédure : c'est un Hippolyte. *Ménandre,* qui le vit hier

---

1. Peut-être La Bruyère a-t-il fait allusion aux de Lesseville, dont les ancêtres, riches tanneurs, avaient prêté de l'argent à Henri IV après la bataille d'Ivry, en 1590, et avaient reçu pour ce fait des lettres de noblesse.

2. *Parlent jargon,* voir p. 62, note 4.

3. *Ils se passent,* ils se disent des confidences les uns aux autres.

4. *Recru,* harassé de fatigue. La Bruyère dit plus loin (*de l'homme*) : Elle se plaint qu'elle est lasse et *recrue de fatigue.* On lit dans le Glossaire de Du Cange : « Celui qui dans un combat s'avouait vaincu, se rendait, était dit *recredere se :* on appelait *equi recrediti,* ceux qui ne pouvaient plus servir ; de là *recreu, recru,* dans le même même sens que *rendu.*

  L'attelage suait, soufflait, était rendu.   (La Fontaine, VII, 9.)

5. *Laisser-courre,* lieu où l'on découple les chiens pour qu'ils courent après la bête.

6. *Le fort,* l'endroit le plus touffu du bois.

sur un procès qui est en ses mains, ne reconnaîtrait pas aujourd'hui son rapporteur. Le voyez-vous le lendemain à sa chambre, où l'on va juger une cause grave et capitale? Il se fait entourer de ses confrères, il leur raconte comme il n'a point perdu le cerf de meute, comme il s'est étouffé de crier après les chiens qui étaient en défaut, ou après ceux des chasseurs qui prenaient le change[1], qu'il a vu donner les six chiens : l'heure presse : il achève de leur parler des abois et de la curée, et il court s'asseoir avec les autres pour juger[2].

Quel est l'égarement de certains particuliers qui, riches du négoce de leurs pères, dont ils viennent de recueillir la succession, se moulent sur les princes pour leur garde-robe et pour leur équipage, excitent, par une dépense excessive et par un faste ridicule, les traits et la raillerie de toute une ville qu'ils croient éblouir, et se ruinent ainsi à[3] se faire moquer de soi !

Quelques-uns n'ont pas même le triste avantage de répandre leurs folies plus loin que le quartier où ils habitent; c'est le seul théâtre de leur vanité. L'on ne sait point dans l'Ile qu'*André* brille au Marais, et qu'il y dissipe son patrimoine : du moins, s'il était connu dans toute la ville et dans ses faubourgs, il serait difficile qu'entre un si grand nombre de citoyens qui ne savent pas tous juger sainement de toutes choses, il ne s'en trouvât quelqu'un qui dirait de lui : *Il est magnifique,* et qui lui tiendrait compte des régals qu'il fait à *Xante* et à *Ariston* et des fêtes qu'il donne à *Élamire*. Mais il se ruine obscurément : ce n'est qu'en faveur de deux ou trois personnes qui ne l'estiment point, qu'il court à l'indigence, et qu'aujourd'hui en carrosse, il n'aura pas dans six mois le moyen d'aller à pied.

Narcisse se lève le matin pour se coucher le soir; il a ses heures de toilette comme une femme; il va tous les jours fort régulièrement à la belle messe aux Feuillants ou aux Minimes : il est homme d'un bon commerce, et l'on compte sur lui au quartier de *** pour un tiers ou pour un cin-

---

1. *Prenaient le change,* quittaient la bête lancée pour une nouvelle.
2. Voir *les Fâcheux* de Molière, acte II, sc. 7.
3. *A,* au point de.

La curiosité qui vous presse est bien forte,
M'amie, à nous venir écouter de la sorte. (Molière, *Tart.*, II, 2.)

quième à l'hombre ou au reversi. Là il tient le fauteuil quatre heures de suite chez *Aricie*, où il risque chaque soir cinq pistoles d'or[1]. Il lit exactement la Gazette de Hollande et le Mercure galant : il a lu Bergerac[2], Desmarets[3], Lesclache[4], les historiettes de Barbin, et quelques recueils de poésies. Il se promène avec des femmes à la Plaine ou au Cours, et il est d'une ponctualité religieuse sur les visites. Il fera demain ce qu'il fait aujourd'hui et ce qu'il fit hier; et il meurt ainsi après avoir vécu[5].

Voilà un homme, dites-vous, que j'ai vu quelque part : de savoir où, il est difficile; mais son visage m'est familier. Il l'est à bien d'autres; et je vais, s'il se peut, aider votre mémoire. Est-ce au boulevard sur un strapontin, ou aux Tuileries dans la grande allée, ou dans le balcon à la comédie? est-ce au sermon, au bal, à Rambouillet[6]? Où pourriez-vous ne l'avoir point vu? où n'est-il point? S'il y a dans la place une fameuse exécution ou un feu de joie, il paraît à une fenêtre de l'hôtel de ville; si l'on attend une magnifique entrée, il a sa place sur un échafaud; s'il se fait un carrousel, le voilà entré, et placé sur l'amphithéâtre; si le roi reçoit des ambassadeurs, il voit leur marche, il assiste à leur audience, il est en haie quand ils reviennent de leur audience. Sa présence est aussi essentielle aux serments des ligues suisses que celle du chancelier et des ligues mêmes. C'est son visage que l'on voit aux almanachs[7] représenter le peuple ou l'assistance. Il y a une chasse publique, une *Saint-Hubert*, le voilà à cheval : on parle d'un camp et d'une revue, il est à Houilles, il est à Achères. Il aime les troupes, la milice, la guerre; il la voit de près, et jusqu'au fort de Bernardi. CHAMLEY[8] sait les mar-

1. *Cinq pistoles d'or*, monnaie d'or valant onze livres.
2. Cyrano (*La Bruyère*), auteur de l'*Histoire comique des États de la lune et du soleil* et du *Pédant joué*.
3. Saint-Sorlin. (*Id.*) Un des premiers membres de l'Académie française, auteur des *Visionnaires*, et critique acharné de Boileau.
4. Lesclache, auteur des *Véritables règles de l'orthographe française*.
5. Salluste, parlant des gens sans instruction, dit : « Eorum ego vitam mortemque juxta æstimo, quoniam de utraque siletur. » (*Catil.*, II.)
6. L'enclos de Rambouillet, dans le faubourg Saint-Antoine.
7. *Almanachs* publiés avec de très-belles estampes gravées par les meilleurs artistes : on y représentait par allégorie les événements de l'année précédente; rois, princes, généraux, grands dignitaires, échevins, et enfin le *peuple* ou l'*assistance* y étaient figurés
8 *Chamley*, longtemps maréchal des logis des armées.

ches, JACQUIER les vivres, DU METZ l'artillerie[1] : celui-ci voit, il a vieilli sous le harnois[2] en voyant, il est spectateur de profession, il ne fait rien de ce qu'un homme doit faire, il ne sait rien de ce qu'il doit savoir; mais il a vu, dit-il, tout ce qu'on peut voir, et il n'aura point regret de mourir : quelle perte alors pour toute la ville! Qui dira après lui : Le Cours est fermé, on ne s'y promène point; le bourbier de Vincennes est desséché et relevé; on n'y versera plus? Qui annoncera un concert, un beau salut, un prestige de la foire? Qui vous avertira que Beaumavielle mourut hier, que Rochois est enrhumée, et ne chantera de huit jours? Qui connaîtra comme lui un bourgeois à ses armes et à ses livrées? qui dira, Scapin porte des fleurs de lis; et qui en sera plus édifié? Qui prononcera avec plus de vanité et d'emphase le nom d'une simple bourgeoise? Qui sera mieux fourni de vaudevilles? Qui prêtera aux femmes les Annales galantes et le Journal amoureux? Qui saura comme lui chanter à table tout un dialogue de l'*Opéra*, et les fureurs de Roland[3] dans une ruelle[4]? Enfin, puisqu'il y a à la ville comme ailleurs de fort sottes gens, des gens fades, oisifs, désoccupés, qui pourra aussi parfaitement leur convenir?

Thérámène était riche et avait du mérite; il a hérité, il est donc très-riche et d'un très-grand mérite. Voilà toutes les femmes en campagne pour l'avoir pour galant, et toutes les filles pour *épouseur*. Il va de maisons en maisons faire espérer aux mères qu'il épousera : est-il assis, elles se retirent pour laisser à leurs filles toute la liberté d'être aimables, et à Théramène de faire ses déclarations. Il tient ici contre le mortier[5]; là il efface le cavalier ou le gentilhomme : un jeune homme fleuri, vif, enjoué, spirituel, n'est pas souhaité plus ardemment ni mieux reçu; on se l'arrache des mains, on a à peine le loisir de sourire à qui se trouve avec lui dans une même visite : combien de galants va-t-il mettre en déroute! quels bons partis ne fera-t-il pas manquer! pourra-t-il suf-

---

1. *Jacquier*, munitionnaire des vivres; *Du Metz*, lieutenant général de l'artillerie.

2.   Sire, ainsi ces cheveux blanchis sous le harnois....   (Corneille, *Cid*.)

3. Opéra de Quinault et de Lulli.

4. *Ruelle*, voir p. 79, note 1.

5. *Le mortier*, sorte de toque de velours portée par les hauts dignitaires du parlement.

fire à tant d'héritières qui le recherchent? Ce n'est pas seulement la terreur des maris, c'est l'épouvantail de tous ceux qui ont envie de l'être, et qui attendent d'un mariage à remplir le vide de leur consignation[1]. On devrait proscrire de tels personnages si heureux, si pécunieux[2], d'une ville bien policée; ou condamner le sexe, sous peine de folie ou d'indignité, à ne les traiter pas mieux que s'ils n'avaient que du mérite.

Paris, pour l'ordinaire le singe de la cour, ne sait pas toujours la contrefaire; il ne l'imite en aucune manière dans ces dehors agréables et caressants que quelques courtisans, et surtout les femmes, y ont naturellement pour un homme de mérite, et qui n'a même que du mérite : elles ne s'informent ni de ses contrats[3], ni de ses ancêtres; elles le trouvent à la cour, cela leur suffit; elles le souffrent, elles l'estiment; elles ne demandent pas s'il est venu en chaise ou à pied, s'il a une charge, une terre, ou un équipage : comme elles regorgent[4] de train, de splendeur et de dignité, elles se délassent volontiers avec la philosophie ou la vertu. Une femme de ville entend-elle le bruissement d'un carrosse qui s'arrête à sa porte, elle pétille de goût[5] et de complaisance pour quiconque est dedans, sans le connaître : mais si elle a vu de sa fenêtre un bel attelage, beaucoup de livrées, et que plusieurs rangs de clous parfaitement dorés l'aient éblouie, quelle impatience n'a-t-elle pas de voir déjà dans sa chambre le cavalier ou le magistrat! Quelle charmante réception ne lui fera-t-elle point! Otera-t-elle les yeux de dessus lui? Il ne perd rien auprès d'elle; on lui tient compte des doubles soupentes, et des ressorts qui le font rouler plus mollement; elle l'en estime davantage, elle l'en aime mieux.

Cette fatuité de quelques femmes de la ville, qui cause en elles une mauvaise imitation de celles de la cour, est quelque chose de pire que la grossièreté des femmes du peuple et que la rusticité des villageoises : elle a sur toutes deux l'affectation de plus.

La subtile invention, de faire de magnifiques présents de

---

1. *Consignation*, le vide produit dans sa fortune par l'achat d'une charge dont il a dû consigner les fonds.
2. *Pécunieux*, latinisme qui n'a pas prévalu dans l'usage.
3. *Contrats*, titres constatant la fortune.
4. Expression prétentieuse.
5. *Id.*

noces, qui ne coûtent rien, et qui doivent être rendus en espèces!

L'utile et la louable pratique, de perdre en frais de noces le tiers de la dot qu'une femme apporte! de commencer par s'appauvrir de concert par l'amas et l'entassement de choses superflues, et de prendre déjà sur son fonds de quoi payer Gaultier[1], les meubles et la toilette!

Le bel et le judicieux usage que celui qui, préférant une sorte d'effronterie aux bienséances et à la pudeur, expose une femme d'une seule nuit sur un lit comme sur un théâtre, pour y faire pendant quelques jours un ridicule personnage, et la livre en cet état à la curiosité des gens de l'un et de l'autre sexe, qui, connus ou inconnus, accourent de toute une ville à ce spectacle[2] pendant qu'il dure! Que manque-t-il à une telle coutume, pour être entièrement bizarre et incompréhensible, que d'être lue dans quelque relation de la Mingrélie[3]?

Pénible coutume, asservissement incommode! se chercher incessamment les unes les autres avec l'impatience de ne se point rencontrer, ne se rencontrer que pour se dire des riens, que pour s'apprendre réciproquement des choses dont on est également instruite, et dont il importe peu que l'on soit instruite; n'entrer dans une chambre précisément que pour en sortir; ne sortir de chez soi l'après-dînée que pour y rentrer le soir, fort satisfaite d'avoir vu en cinq petites heures trois suisses, une femme que l'on connaît à peine, et une autre que l'on n'aime guère! Qui considérerait bien le prix du temps, et combien sa perte est irréparable, pleurerait amèrement sur de si grandes misères.

On s'élève à la ville dans une indifférence grossière des choses rurales et champêtres; on distingue à peine la plante qui porte le chanvre d'avec celle qui produit le lin, et le blé froment d'avec les seigles, et l'un ou l'autre d'avec le méteil[4]: on se contente de se nourrir et de s'habiller. Ne parlez pas à un grand nombre de bourgeois, ni de guérets, ni de bali-

1. *Gaultier*, fameux marchand d'étoffes de soie et de brocart, d'or et d'argent.
2. Allusion à l'usage où étaient les nouvelles mariées, les trois premiers jours, de recevoir leurs visites de noce sur un lit, en grande toilette.
3. L'ancienne Colchide, région du grand gouvernement russe du Caucase.
4. *Méteil*, froment et seigle mêlés ensemble.

veaux[1], ni de provins, ni de regains, si vous voulez être entendu ; ces termes pour eux ne sont pas français. Parlez aux uns d'aunage, de tarif, ou de sou pour livre, et aux autres, de voie d'appel, de requête civile, d'appointement[2], d'évocation. Ils connaissent le monde, et encore par ce qu'il a de moins beau et de moins spécieux[3] ; ils ignorent la nature, ses commencements, ses progrès, ses dons et ses largesses. Leur ignorance souvent est volontaire, et fondée sur l'estime qu'ils ont pour leur profession et pour leurs talents. Il n'y a si vil praticien qui, au fond de son étude sombre et enfumée, et l'esprit occupé d'une plus noire chicane, ne se préfère au laboureur qui jouit du ciel, qui cultive la terre, qui sème à propos, et qui fait de riches moissons ; et s'il entend quelquefois parler des premiers hommes ou des patriarches, de leur vie champêtre, et de leur économie, il s'étonne qu'on ait pu vivre en de tels temps, où il n'y avait encore ni offices, ni commissions, ni présidents, ni procureurs ; il ne comprend pas qu'on ait jamais pu se passer du greffe, du parquet et de la buvette.

Les empereurs n'ont jamais triomphé à Rome si mollement, si commodément, ni si sûrement même, contre le vent[4], la pluie, la poudre, et le soleil, que le bourgeois sait à Paris se faire mener par toute la ville : quelle distance de cet usage à la mule de leurs ancêtres ! Ils ne savaient point encore se priver du nécessaire pour avoir le superflu, ni préférer le faste aux choses utiles : on ne les voyait point s'éclairer avec des bougies et se chauffer à un petit feu ; la cire était pour l'autel et pour le Louvre. Ils ne sortaient point d'un mauvais dîner pour monter dans leur carrosse ; ils se persuadaient que l'homme avait des jambes pour marcher, et ils marchaient. Ils se conservaient propres quand il faisait sec, et dans un temps humide ils gâtaient leur chaussure, aussi peu embarrassés de franchir les rues et les carrefours que le chasseur de traverser un guéret ou le soldat de se mouiller dans une tranchée. On n'avait pas encore imaginé d'atteler

---

1. *Baliveaux*, tout arbre réservé lors de la coupe d'un bois et destiné à devenir arbre de haute futaie.
2. *Appointement*, règlement en justice par lequel, avant de faire droit aux parties, le juge ordonne de produire des preuves orales ou écrites.
3. *Spécieux*, pris dans le sens du mot latin *speciosus*.
4. *Triomphé.... contre*, ellipse un peu violente.

deux hommes à une litière[1]; il y avait même plusieurs magistrats qui allaient à pied à la Chambre[2], ou aux Enquêtes[3], d'aussi bonne grâce qu'Auguste autrefois allait de son pied au Capitole. L'étain dans ce temps brillait sur les tables et sur les buffets, comme le fer et le cuivre dans les foyers; l'argent et l'or étaient dans les coffres. Les femmes se faisaient servir par des femmes; on mettait celles-ci jusqu'à la cuisine. Les beaux noms de gouverneurs et de gouvernantes n'étaient pas inconnus à nos pères; ils savaient à qui l'on confiait les enfants des rois et des plus grands princes; mais ils partageaient le service de leurs domestiques avec leurs enfants, contents de veiller eux-mêmes immédiatement à leur éducation. Ils comptaient en toutes choses avec eux-mêmes: leur dépense était proportionnée à leur recette; leurs livrées, leurs équipages, leurs meubles, leur table, leurs maisons de la ville et de la campagne, tout était mesuré sur leurs rentes et sur leur condition. Il y avait entre eux des distinctions extérieures qui empêchaient qu'on ne prît la femme du praticien pour celle du magistrat, et le roturier ou le simple valet pour le gentilhomme[4]. Moins appliqués à dissiper ou à grossir leur patrimoine qu'à le maintenir, ils le laissaient entier à leurs héritiers, et passaient ainsi d'une vie modérée à une mort tranquille. Ils ne disaient point : *Le siècle est dur, la misère est grande, l'argent est rare;* ils en avaient moins que nous, et en avaient assez, plus riches par leur économie et par leur modestie que de leurs revenus et de leurs domaines. Enfin l'on était alors pénétré de cette maxime, que ce qui est dans les grands splendeur, somptuosité, magnificence, est dissipation, folie, ineptie, dans le particulier[5].

1. *Litière,* chaise à porteur.
2. *A la Chambre,* la grand'chambre, affectée aux audiences dont les conseillers s'appelaient *jugeurs,* qui ne faisaient que juger.
3. *Enquêtes,* la chambre dont les conseillers s'appelaient *rapporteurs,* ne faisant que rapporter les procès par écrit.
4. C'est l'idéal de Fénelon : Mentor fait partager à Idoménée son peuple en sept classes, dont il distingue les rangs par la diversité des habits. (Voir *Télémaque,* liv. X.)
5. Tout ce morceau est empreint d'une grande exagération : c'est une boutade de moraliste qui cherche à déprécier son temps en faisant un éloge peu juste du passé. Boileau fait également un tableau de fantaisie dans son épître IX, lorsqu'il prétend que « l'ardeur de s'enrichir chassa la bonne foi. »

De la cour.

Le reproche en un sens le plus honorable que l'on puisse faire à un homme, c'est de lui dire qu'il ne sait pas la cour[1] : il n'y a sorte de vertus qu'on ne rassemble en lui par ce seul mot.

Un homme qui sait la cour est maître de son geste, de ses yeux et de son visage; il est profond, impénétrable; il dissimule les mauvais offices, sourit à ses ennemis, contraint son humeur, déguise ses passions, dément son cœur, parle, agit contre ses sentiments[2]. Tout ce grand raffinement n'est qu'un vice que l'on appelle fausseté; quelquefois aussi inutile au courtisan, pour sa fortune, que la franchise, la sincérité et la vertu.

Qui peut nommer de certaines couleurs changeantes et qui sont diverses selon les divers jours dont on les regarde? de même, qui peut définir la cour[3]?

Se dérober à la cour un seul moment, c'est y renoncer : le courtisan qui l'a vue le matin la voit le soir, pour la reconnaître le lendemain, ou afin que lui-même y soit connu.

L'on est petit à la cour; et, quelque vanité que l'on ait, on s'y trouve tel : mais le mal est commun, et les grands mêmes y sont petits.

La province est l'endroit d'où la cour, comme dans son point de vue, paraît une chose admirable : si l'on s'en approche, ses agréments diminuent comme ceux d'une perspective que l'on voit de trop près.

L'on s'accoutume difficilement à une vie qui se passe dans une antichambre, dans des cours, ou sur l'escalier.

La cour ne rend pas content; elle empêche qu'on ne le soit ailleurs.

---

1. *Ne sait pas la cour.* « Laissez-moi faire; je suis homme qui *sais ma cour.* » (Molière, *Am. magn.*, II, 2.) Régnier avait dit :

Pour moi j'ai de la cour autant comme il m'en faut.   (Sat., III.)

2. Massillon fait du courtisan un tableau tout semblable : « Que de bassesses pour parvenir! Il faut paraître non pas tel qu'on est, mais tel qu'on nous souhaite, etc. » (*Petit Carême*, 1ᵉʳ dim.)

3. La Fontaine l'a essayé avec succès :

Je définis la cour un pays où les gens,
Tristes, gais, prêts à tout, à tout indifférents,
Sont ce qu'il plaît au prince..., etc.   (VIII, 14.)

Il faut qu'un honnête homme ait tâté de la cour : il découvre, en y entrant, comme un nouveau monde qui lui était inconnu, où il voit régner également le vice et la politesse, et où tout lui est utile, le bon et le mauvais.

La cour est comme un édifice bâti de marbre ; je veux dire qu'elle est composée d'hommes fort durs, mais fort polis[1].

L'on va quelquefois à la cour pour en revenir, et se faire par là respecter du noble de sa province ou de son diocésain.

Le brodeur et le confiseur seraient superflus, et ne feraient qu'une montre inutile, si l'on était modeste et sobre : les cours seraient désertes, et les rois presque seuls, si l'on était guéri de la vanité et de l'intérêt. Les hommes veulent être esclaves quelque part, et puiser là de quoi dominer ailleurs[2]. Il semble qu'on livre en gros aux premiers de la cour l'air de hauteur, de fierté et de commandement, afin qu'ils le distribuent en détail dans les provinces[3] : ils font précisément comme on leur fait, vrais singes de la royauté.

Il n'y a rien qui enlaidisse certains courtisans comme la présence du prince : à peine les puis-je reconnaître à leurs visages ; leurs traits sont altérés, et leur contenance est avilie. Les gens fiers et superbes sont les plus défaits, car ils perdent plus du leur ; celui qui est honnête et modeste s'y soutient mieux : il n'a rien à réformer.

L'air de cour est contagieux : il se prend à V***[4] comme l'accent normand à Rouen ou à Falaise ; on l'entrevoit en des fourriers, en de petits contrôleurs et en des chefs de fruiterie[5] ; l'on peut avec une portée d'esprit fort médiocre y

---

1. *Fort polis*, idée exprimée en termes bien prétentieux.

2. Pensée qui semble inspirée de Tacite : « Nec deerat Otho, protendens manus, adorare vulgum, jacere oscula, et *omnia serviliter pro dominatione*. » (*Hist.*, I, 36.)

3. C'est ainsi que Voltaire a dit des courtisans : Ils

    Vont en poste à Versaille essuyer des mépris,
    Qu'ils reviennent soudain rendre en poste à Paris.

4. C'est Versailles que La Bruyère désigne par cette lettre initiale. Dans la première édition des *Caractères*, il n'avait pas même employé cette lettre ; le nom tout entier était en blanc.

5. *Fourriers*, officiers placés sous les ordres d'un maréchal des logis, chargés de régler les logis du roi et de toute sa cour quand il voyage. — *Petits contrôleurs*, chargés de vérifier les dépenses de la maison du roi. — *Chefs de fruiterie*, ceux qui préparent les fruits pour la table du roi.

faire de grands progrès. Un homme d'un génie élevé et d'un mérite solide ne fait pas assez de cas de cette espèce de talent pour faire son capital de l'étudier et se le rendre propre; il l'acquiert sans réflexion, et il ne pense point à s'en défaire.

N** arrive avec grand bruit; il écarte le monde, se fait faire place; il gratte, il heurte presque; il se nomme : on respire, et il n'entre qu'avec la foule.

Il y a dans les cours des apparitions de gens aventuriers et hardis, d'un caractère libre et familier, qui se produisent eux-mêmes, protestent qu'ils ont dans leur art toute l'habileté qui manque aux autres, et qui sont crus sur leur parole. Ils profitent cependant de l'erreur publique, ou de l'amour qu'ont les hommes pour la nouveauté : ils percent la foule, et parviennent jusqu'à l'oreille du prince, à qui le courtisan les voit parler, pendant qu'il se trouve heureux d'en être vu. Ils ont cela de commode pour les grands, qu'ils en sont soufferts sans conséquence, et congédiés de même : alors ils disparaissent tout à la fois riches et décrédités; et le monde qu'ils viennent de tromper est encore près d'être trompé par d'autres.

Vous voyez des gens qui entrent sans saluer que[1] légèrement, qui marchent des épaules, et qui se rengorgent comme une femme : ils vous interrogent sans vous regarder; ils parlent d'un ton élevé, et qui marque qu'ils se sentent au-dessus de ceux qui se trouvent présents. Ils s'arrêtent, et on les entoure : ils ont la parole, président au cercle, et persistent dans cette hauteur ridicule et contrefaite, jusqu'à ce qu'il survienne un grand qui, la faisant tomber tout d'un coup par sa présence, les réduise à leur naturel, qui est moins mauvais.

Les cours ne sauraient se passer d'une certaine espèce de courtisans, hommes flatteurs, complaisants, insinuants, dévoués aux femmes[2], dont ils ménagent les plaisirs, étudient les faibles et flattent toutes les passions; ils leur soufflent à l'oreille des grossièretés, leur parlent de leurs maris

---

1. *Sans saluer que: que* répondant au latin *præterquam nisi* : « Je vous crois trop raisonnable pour exiger de moi *que* ce qui peut être permis par l'honneur. » (Molière, *Av.*, IV, 1.) « Ont-elles répondu *que* oui ou non à tout ce que nous avons pu leur dire? » (Molière, *Préc. ridic.*, I.)

2. « M. de Langlée a donné à madame de Montespan une robe d'or sur or, rebrodé d'or, rebordé d'or, etc. » (Sévigné, *Lett.* 554.)

et de leurs amants dans les termes convenables, devinent leurs chagrins, leurs maladies, et fixent leurs couches; ils font les modes, raffinent sur le luxe et sur la dépense, et apprennent à ce sexe de prompts moyens de consumer de grandes sommes en habits, en meubles et en équipages; ils ont eux-mêmes des habits où brillent l'invention et la richesse, et ils n'habitent d'anciens palais qu'après les avoir renouvelés et embellis[1]. Ils mangent délicatement et avec réflexion; il n'y a sorte de volupté qu'ils n'essayent, et dont ils ne puissent rendre compte. Ils doivent à eux-mêmes leur fortune, et ils la soutiennent avec la même adresse qu'ils l'ont élevée. Dédaigneux et fiers, ils n'abordent plus leurs pareils, ils ne les saluent plus; ils parlent où tous les autres se taisent; entrent, pénètrent en des endroits et à des heures où les grands n'osent se faire voir : ceux-ci, avec de longs services, bien des plaies sur le corps, de beaux emplois ou de grandes dignités, ne montrent pas un visage si assuré, ni une contenance si libre. Ces gens ont l'oreille des plus grands princes, sont de tous leurs plaisirs et de toutes leurs fêtes, ne sortent pas du Louvre ou du château, où ils marchent et agissent comme chez eux et dans leur domestique, semblent se multiplier en mille endroits, et sont toujours les premiers visages qui frappent les nouveaux venus à une cour : ils embrassent[2], ils sont embrassés; ils rient, ils éclatent, ils sont plaisants, ils font des contes : personnes commodes, agréables, riches, qui prêtent, et qui sont sans conséquence.

Ne croirait-on pas de *Cimon* et de *Clitandre* qu'ils sont seuls chargés des détails de tout l'État, et que seuls aussi ils en doivent répondre? L'un a du moins les affaires de terre, et l'autre les maritimes. Qui pourrait les représenter exprimerait l'empressement, l'inquiétude, la curiosité, l'ac-

---

1. « Une autre fête, ce fut celle que M. le duc donna il y a deux jours dans la petite maison de madame de La Sablière; tous les princes et princesses y étaient. Cette maison est devenue un petit palais de cristal. » (Madame de Coulanges, *Lett.*, 1231.)

Le portrait que Saint-Simon fait de Langlée se rapporte également à ce que dit La Bruyère : « Il fut de tous les voyages, de toutes les parties, de toutes les fêtes de la cour, ensuite de tous les Marlys... Il régentait au Palais-Royal. » (Ch. 75.)

2 Molière se moque de ces embrassades si fréquentes alors :

Ces affables donneurs d'embrassades frivoles.   (*Misanthr.*, I, 1.)

tivité, saurait peindre le mouvement¹. On ne les a jamais vus assis, jamais fixes et arrêtés : qui même les a vus marcher? On les voit courir, parler en courant, et vous interroger sans attendre de réponse. Ils ne viennent d'aucun endroit, ils ne vont nulle part; ils passent et ils repassent. Ne les retardez pas dans leur course précipitée, vous démonteriez leur machine : ne leur faites pas de questions, ou donnez-leur du moins le temps de respirer, et de se ressouvenir qu'ils n'ont nulle affaire, qu'ils peuvent demeurer avec vous et longtemps, vous suivre même où il vous plaira de les emmener. Ils ne sont pas les *satellites de Jupiter*, je veux dire ceux qui pressent et qui entourent le prince; mais ils l'annoncent et le précèdent; ils se lancent impétueusement dans la foule des courtisans; tout ce qui se trouve sur leur passage est en péril : leur profession est d'être vus et revus; et ils ne se couchent jamais sans s'être acquittés d'un emploi si sérieux, et si utile à la république. Ils sont au reste instruits à fond de toutes les nouvelles indifférentes, et ils savent à la cour tout ce que l'on peut y ignorer : il ne leur manque aucun des talents nécessaires pour s'avancer médiocrement. Gens néanmoins éveillés et alertes sur tout ce qu'ils croient leur convenir, un peu entreprenants, légers et précipités : le dirai-je? ils portent au vent², attelés tous deux au char de la fortune, et tous deux fort éloignés de s'y voir assis.

Un homme de la cour qui n'a pas un assez beau nom doit l'ensevelir sous un meilleur; mais s'il l'a tel qu'il ose le porter, il doit alors insinuer qu'il est de tous les noms le plus illustre, comme sa maison de toutes les maisons la plus ancienne : il doit tenir aux PRINCES LORRAINS, aux ROHANS, aux CHATILLONS, aux MONTMORENCYS, et, s'il se peut, aux PRINCES DU SANG; ne parler que de ducs, de cardinaux et de ministres³; faire entrer dans toutes les conversations ses aïeux paternels et maternels, et y trouver place pour l'oriflamme et pour les croisades; avoir des salles

---

1. On pourrait rapprocher de ce caractère quelques détails de la fable le *Coche et la Mouche*. (La Fontaine, VII, 0.)

2. On dit qu'un cheval *porte au vent*, quand il porte le nez aussi haut que les oreilles.

3.   Dans le brillant commerce il se mêle sans cesse,
   Et ne cite jamais que duc, prince ou princesse.
   (Molière, *Misanthr.*, II, 5.)

parées d'arbres généalogiques, d'écussons chargés de seize quartiers[1], et de tableaux de ses ancêtres et des alliés de ses ancêtres; se piquer d'avoir un ancien château à tourelles, à créneaux et à mâchecoulis; dire en toute rencontre : *ma race, ma branche, mon nom* et *mes armes;* dire de celui-ci qu'il n'est pas homme de qualité, de celle-là qu'elle n'est pas demoiselle[2]; ou, si on lui dit qu'*Hyacinthe* a eu le gros lot, demander s'il est gentilhomme. Quelques-uns riront de ces contre-temps; mais il les laissera rire : d'autres en feront des contes, et il leur permettra de conter; il dira toujours qu'il marche après la maison régnante, et, à force de le dire, il sera crû.

C'est une grande simplicité que d'apporter à la cour la moindre roture, et de n'y être pas gentilhomme.

L'on se couche à la cour, et l'on se lève sur l'intérêt : c'est ce que l'on digère le matin et le soir, le jour et la nuit; c'est ce qui fait que l'on pense, que l'on parle, que l'on se tait, que l'on agit; c'est dans cet esprit qu'on aborde les uns et qu'on néglige les autres, que l'on monte et que l'on descend; c'est sur cette règle que l'on mesure ses soins, ses complaisances, son estime, son indifférence, son mépris. Quelques pas que quelques-uns fassent par vertu vers la modération et la sagesse, un premier mobile d'ambition les emmène avec les plus avares, les plus violents dans leurs désirs, et les plus ambitieux : quel moyen de demeurer immobile où tout marche, où tout se remue, et de ne pas courir où les autres courent? On croit même être responsable à soi-même de son élévation et de sa fortune : celui qui ne l'a point faite à la cour est censé ne l'avoir pas dû faire[3]; on n'en appelle pas. Cependant s'en éloignera-t-on avant d'en avoir tiré le moindre fruit, ou persistera-t-on à y demeurer sans grâces et sans récompenses? question si épineuse, si embarrassée, et d'une si pénible décision, qu'un nombre in-

---

1. *Quartiers,* ce sont les écus d'une famille noble : le mot vient de ce qu'autrefois on mettait sur les quatre coins d'un tombeau les écus du père, de la mère, de l'aïeul et de l'aïeule du défunt. Une noblesse de seize quartiers remonte au moins à cinq cents ans.

2. *Demoiselle,* autrefois fille et femme née de parents nobles : « Ah! qu'une femme *demoiselle* est une étrange affaire! » (Molière, *Georges Dand.,* I, 1.)

3. *Pas dû faire.* Il semble que ceux qui n'avancent pas sont dénués de mérite.

fini de courtisans vieillissent sur le oui et sur le non, et meurent dans le doute.

Il n'y a rien à la cour de si méprisable et de si indigne qu'un homme qui ne peut contribuer en rien à notre fortune : je m'étonne qu'il ose se montrer.

Celui qui voit loin derrière soi un homme de son temps et de sa condition, avec qui il est venu à la cour la première fois, s'il croit avoir une raison solide d'être prévenu [1] de son propre mérite, et de s'estimer davantage que cet autre qui est demeuré en chemin, ne se souvient plus de ce qu'avant sa faveur il pensait de soi-même et de ceux qui l'avaient devancé.

C'est beaucoup tirer de notre ami, si, ayant monté à une grande faveur, il est encore un homme de notre connaissance [2].

Si celui qui est en faveur ose s'en prévaloir avant qu'elle lui échappe, s'il se sert d'un bon vent qui souffle pour faire son chemin, s'il a les yeux ouverts sur tout ce qui vaque, poste, abbaye, pour les demander et les obtenir, et qu'il soit muni de pensions, de brevets [3] et de survivances [4], vous lui reprochez son avidité et son ambition ; vous dites que tout le tente, que tout lui est propre [5], aux siens, à ses créatures, et que, par le nombre et la diversité des grâces dont il se trouve comblé, lui seul a fait plusieurs fortunes. Cependant qu'a-t-il dû faire ? Si j'en juge moins par vos discours que par le parti que vous auriez pris vous-même en pareille situation, c'est précisément ce qu'il a fait.

L'on blâme les gens qui font une grande fortune pendant qu'ils en ont les occasions, parce que l'on désespère, par la médiocrité de la sienne, d'être jamais en état de faire comme eux et de s'attirer ce reproche. Si l'on était à portée de leur succéder, l'on commencerait à sentir qu'ils ont moins

---

1. *Prévenu*, d'être disposé à se prévaloir de son mérite.
2. *De notre connaissance*, s'il veut bien encore nous connaître. La Bruyère, par une sorte de latinisme, emploie cette expression à l'actif, tandis que d'ordinaire elle s'emploie au passif, pour désigner « une personne connue de nous. »
3. *Brevet*, acte non scellé qu'expédiait un secrétaire d'État, et par lequel le roi accordait un don, une pension, un bénéfice, une grâce ou un titre de dignité.
4. *Survivance*, privilège de succéder à une charge, ou même de l'exercer conjointement avec le titulaire.
5. *Propre*, bon à s'approprier.

de tort, et l'on serait plus retenu, de peur de prononcer d'avance sa condamnation.

Il ne faut rien exagérer, ni dire des cours le mal qui n'y est point; l'on n'y attente[1] rien de pis contre le vrai mérite que de le laisser quelquefois sans récompense : on ne l'y méprise pas toujours, quand on a pu une fois le discerner : on l'oublie; et c'est là où[2] l'on sait parfaitement ne faire rien, ou faire très-peu de chose, pour ceux que l'on estime beaucoup.

Il est difficile à la cour que, de toutes les pièces que l'on emploie à l'édifice de sa fortune, il n'y en ait quelqu'une qui porte à faux : l'un de mes amis qui a promis de parler ne parle point; l'autre parle mollement : il échappe à un troisième de parler contre mes intérêts et contre ses intentions : à celui-là manque la bonne volonté; à celui-ci, l'habileté et la prudence : tous n'ont pas assez de plaisir à me voir heureux pour contribuer de tout leur pouvoir à me rendre tel. Chacun se souvient assez de tout ce que son établissement[3] lui a coûté à faire, ainsi que des secours qui lui en ont frayé le chemin : on serait même assez porté à justifier les services[4] qu'on a reçus des uns par ceux qu'en de pareils besoins on rendrait aux autres, si le premier et l'unique soin qu'on a après sa fortune faite n'était pas de songer à soi.

Les courtisans n'emploient pas ce qu'ils ont d'esprit, d'adresse et de finesse pour trouver les expédients d'obliger ceux de leurs amis qui implorent leur secours, mais seulement pour leur trouver des raisons apparentes, de spécieux prétextes, ou ce qu'ils appellent une impossibilité de le pouvoir faire; et ils se persuadent d'être quittes par là en leur endroit de tous les devoirs de l'amitié ou de la reconnaissance.

1. *Attente*, employé comme verbe actif : « Ayant *attenté* le plus grand de tous les crimes. » (Vaugelas, *Q. Curce*, 341.)

Il n'*attentera* rien tant qu'il craindra pour lui.
(Corneille, *Nicom.*, V, 1.)

2. *Là où* : ou faisant pléonasme où nous mettrions *que* : « C'est *là où* vous verrez la dernière bénignité, etc. » (Pascal, 9ᵉ *Prov.*)

3. *Établissement*, fortune. La Fontaine a dit:

Tout établissement vient tard et dure peu. (XI, 8.)

4. *Justifier*, légitimer, montrer qu'on a mérité ces services.

Personne à la cour ne veut entamer[1] ; on s'offre d'appuyer, parce que, jugeant des autres par soi-même, on espère que nul n'entamera, et qu'on sera ainsi dispensé d'appuyer : c'est une manière douce et polie de refuser son crédit, ses offices et sa médiation à qui en a besoin.

Combien de gens vous étouffent de caresses[2] dans le particulier, vous aiment et vous estiment, qui sont embarrassés de vous dans le public, et qui, au lever ou à la messe, évitent vos yeux et votre rencontre ! Il n'y a qu'un petit nombre de courtisans qui, par grandeur ou par une confiance qu'ils ont d'eux-mêmes, osent honorer devant le monde le mérite qui est seul, et dénué de grands établissements.

Je vois un homme entouré et suivi ; mais il est en place : j'en vois un autre que tout le monde aborde ; mais il est en faveur : celui-ci est embrassé et caressé, même des grands ; mais il est riche : celui-là est regardé de tous avec curiosité, on le montre du doigt ; mais il est savant et éloquent : j'en découvre un que personne n'oublie de saluer ; mais il est méchant : je veux un homme qui soit bon, qui ne soit rien davantage, et qui soit recherché.

Vient-on de placer quelqu'un dans un nouveau poste, c'est un débordement de louanges[3] en sa faveur qui inonde les cours et la chapelle, qui gagne l'escalier, les salles, la galerie, tout l'appartement : on en a au-dessus des yeux ; on n'y tient pas. Il n'y a pas deux voix différentes sur ce personnage ; l'envie, la jalousie, parlent comme l'adulation : tous se laissent entraîner au torrent qui les emporte, qui les force[4] de dire d'un homme ce qu'ils en pensent ou ce qu'ils n'en pensent pas, comme de louer souvent celui qu'ils ne connaissent point. L'homme d'esprit, de mérite, ou de valeur, devient en un instant un génie du premier ordre, un héros, un demi-dieu. Il est si prodigieusement flatté dans toutes les peintures que l'on fait de lui, qu'il paraît difforme près de ses portraits ; il lui est impossible d'arriver jamais

---

1. *Entamer*, être le premier à présenter une demande.

2. *Étouffent de caresses.* Molière a dit de même :

   Je vous vois accabler un homme de caresses, etc. (*Misanthr.*, I, 1.)

3. *Débordement*, effusion : « Quand tu auras essuyé ce *débordement* de ma philosophie. » (Montesquieu, *Lett. pers.*, 69.)

4. *Qui les force*, métaphore peu correcte.

jusqu'où la bassesse et la complaisance viennent de le porter ; il rougit de sa propre réputation. Commence-t-il à chanceler dans ce poste où on l'avait mis, tout le monde passe facilement à un autre avis : en est-il entièrement déchu, les machines qui l'avaient guindé si haut, par l'applaudissement et les éloges, sont encore toutes dressées pour le faire tomber dans le dernier mépris ; je veux dire qu'il n'y en a point qui le dédaignent mieux, qui le blâment plus aigrement, et qui en disent plus de mal, que ceux qui s'étaient comme dévoués à la fureur [1] d'en dire du bien [2].

Je crois pouvoir dire d'un poste éminent et délicat, qu'on y monte plus aisément qu'on ne s'y conserve.

L'on voit des hommes tomber d'une haute fortune par les mêmes défauts qui les y avaient fait monter.

Il y a dans les cours deux manières de ce que l'on appelle congédier son monde ou se défaire des gens : se fâcher contre eux, ou faire si bien qu'ils se fâchent contre vous, et s'en dégoûtent.

L'on dit à la cour du bien de quelqu'un pour deux raisons : la première, afin qu'il apprenne que nous disons du bien de lui ; la seconde, afin qu'il en dise de nous.

Il est aussi dangereux à la cour de faire des avances qu'il est embarrassant de ne les point faire.

Il y a des gens à qui ne connaître point le nom et le visage d'un homme est un titre [3] pour en rire et le mépriser. Ils demandent qui est cet homme : ce n'est ni *Rousseau*, ni un *Fabri* [4], ni *la Couture* [5] ; ils ne pourraient le méconnaître.

---

1. *Fureur.* Racine emploie ce mot dans le même sens :

Il faut désormais que mon cœur,
S'il n'aime avec transport, haïsse avec *fureur.* (*Androm.*, 1, 1.)

On dit encore aimer à la *fureur* ; ce qui rappelle l'expression des précieuses : « Je vous avoue que je suis *furieusement* pour les portraits. » (*Préc. ridic.*, 10.)

2. Voir Montaigne, *Essais*, III, 8 : « Il ne fault que veoir un homme eslevé en dignité : quand nous l'aurions cogneu, trois jours devant, homme de peu, il coule insensiblement en nos opinions une image de grandeur de suffisance ; et nous persuadons que, croissant de train et de crédit, il est creu de mérite, etc. »

3. *Titre,* un prétexte, un motif suffisant.

4. Brûlé il y a vingt ans. (*La Bruyère.*) — Dans la première édition, La Bruyère avait mis : *Puni pour des saletés.*

5. *La Couture,* tailleur d'habits de madame la Dauphine : il était devenu fou ; et, sur ce pied, il demeurait à la cour, où il faisait des contes fort extravagants. Il allait souvent à la toilette de madame la Dauphine.

L'on me dit tant de mal de cet homme, et j'y en vois si peu, que je commence à soupçonner qu'il n'ait[1] un mérite importun qui éteigne[2] celui des autres.

Vous êtes homme de bien, vous ne songez ni à plaire ni à déplaire aux favoris, uniquement attaché à votre maître et à votre devoir : vous êtes perdu.

On n'est point effronté par choix, mais par complexion : c'est un vice de l'être, mais naturel. Celui qui n'est pas né tel est modeste, et ne passe pas aisément de cette extrémité à l'autre : c'est une leçon assez inutile que de lui dire : Soyez effronté, et vous réussirez : une mauvaise imitation ne lui profiterait pas, et le ferait échouer. Il ne faut rien de moins dans les cours qu'une vraie et naïve impudence pour réussir[3].

On cherche, on s'empresse, on brigue[4], on se tourmente, on demande, on est refusé, on demande et on obtient, mais, dit-on, sans l'avoir demandé, et dans le temps que l'on n'y pensait pas, et que l'on songeait même à tout autre chose : vieux style, menterie innocente, et qui ne trompe personne.

On fait sa brigue pour parvenir à un grand poste, on prépare toutes ses machines, toutes les mesures sont bien prises, et l'on doit être servi selon ses souhaits : les uns doivent entamer, les autres appuyer ; l'amorce est déjà conduite, et la mine prête à jouer : alors on s'éloigne de la cour. Qui oserait soupçonner d'*Artemon* qu'il ait pensé à se mettre dans une si belle place, lorsqu'on le tire de sa terre ou de son gouvernement pour l'y faire asseoir ? Artifice

---

1. *Qu'il n'ait. Ne* forme pléonasme : on le rencontre ainsi employé plusieurs fois au 17ᵉ siècle : « Je *ne* puis nier qu'il *n'y* ait eu des Pères de l'Église. » (Molière, Préf. de *Tart.*) « Je *ne* crois pas qu'on puisse *douter* que Ninus *ne* se soit attaché à l'Orient. » (Bossuet, *Hist. univ.*, III, 4.)

2. *Éteigne.* Boileau s'exprime à peu près de même :

   Et son trop de lumière *importunant* les yeux
   De ses propres amis lui fait des envieux.   (Ép. VII.)

3. Régnier a dit de même :

   Sois entrant, effronté, et sans cesse importun ;
   En ces temps, l'impudence élève la fortune.   (Sat. III.)

On brigue, pris d'une manière absolue :

   Elle a même *brigué* pour me voir souverain.   (Corneille, *Pulchér.*, II, 4.)

grossier, finesses usées, et dont le courtisan s'est servi tant de fois, que, si je voulais donner le change à tout le public, et lui dérober mon ambition, je me trouverais sous l'œil et sous la main du prince pour recevoir de lui la grâce que j'aurais recherchée avec le plus d'emportement.

Les hommes ne veulent pas que l'on découvre les vues qu'ils ont sur leur fortune, ni que l'on pénètre qu'ils pensent à une telle dignité, parce que, s'ils ne l'obtiennent point, il y a de la honte, se persuadent-ils, à être refusés; et, s'ils y parviennent, il y a plus de gloire pour eux d'en être crus dignes par celui qui le leur accorde, que de s'en juger dignes eux-mêmes par leurs brigues et par leurs cabales : ils se trouvent parés tout à la fois de leur dignité et de leur modestie.

Quelle plus grande honte y a-t-il d'être refusé d'un poste[1] que l'on mérite, ou d'y être placé sans le mériter?

Quelques grandes difficultés qu'il y ait à se placer à la cour, il est encore plus âpre et plus difficile de se rendre digne d'être placé.

Il coûte moins à[2] faire dire de soi : Pourquoi a-t-il obtenu ce poste? qu'à faire demander : Pourquoi ne l'a-t-il pas obtenu?

L'on se présente encore pour les charges de ville, l'on postule une place dans l'Académie française; l'on demandait le consulat : quelle moindre raison y aurait-il de travailler les premières années de sa vie à se rendre capable d'un grand emploi, et de demander ensuite sans nul mystère et sans nulle intrigue, mais ouvertement et avec confiance, d'y servir sa patrie, son prince, la république?

Je ne vois aucun courtisan à qui le prince vienne d'accorder un bon gouvernement, une place éminente, ou une forte pension, qui n'assure par vanité, ou pour marquer son désintéressement, qu'il est bien moins content du don que de la manière dont il lui a été fait : ce qu'il y a en cela de sûr et d'indubitable, c'est qu'il le dit ainsi.

---

1. *Refusé d'un poste. De* dans le sens du latin *de :*

En être refusé n'en est pas un bon signe.   (Corneille, *Cid*, I, 3)

2. *Coûte moins à.* On emploie *de* plus ordinairement; La Bruyère dit plus loin : « Il coûte si peu aux grands *à* ne donner que des paroles. » (*Des grands.*) « Quand celui qui est assis sur le trône d'où relève tout l'univers et à qui il *ne coûte* pas plus *à* faire qu'à dire. » (Bossuet, *La Vall.*)

8.

C'est rusticité que de donner de mauvaise grâce : le plus fort et le plus pénible est de donner ; que coûte-t-il d'y ajouter un sourire ?

Il faut avouer néanmoins qu'il s'est trouvé des hommes qui refusaient plus honnêtement que d'autres ne savaient donner[1] ; qu'on a dit de quelques-uns qu'ils se faisaient si longtemps prier, qu'ils donnaient si sèchement, et chargeaient une grâce qu'on leur arrachait de conditions si désagréables, qu'une plus grande grâce était d'obtenir d'eux d'être dispensé de rien recevoir.

L'on remarque dans les cours des hommes avides qui se revêtent de toutes les conditions pour en avoir les avantages : gouvernement, charges, bénéfice, tout leur convient : ils se sont si bien ajustés[2], que, par leur état, ils deviennent capables[3] de toutes les grâces ; ils sont *amphibies*; ils vivent de l'Église et de l'épée, et auront le secret d'y joindre la robe. Si vous demandez : Que font ces gens à la cour ? ils reçoivent, et envient tous ceux à qui l'on donne.

Mille gens à la cour y traînent leur vie à embrasser, serrer et congratuler ceux qui reçoivent, jusqu'à ce qu'ils y meurent sans rien avoir.

Ménophile emprunte ses mœurs d'une profession, et d'un autre son habit : il masque[4] toute l'année, quoiqu'à visage découvert ; il paraît à la cour, à la ville, ailleurs, toujours sous un certain nom et sous le même déguisement. On le reconnaît, et on sait quel il est à son visage.

Il y a, pour arriver aux dignités, ce qu'on appelle la grande voie, ou le chemin battu ; il y a le chemin détourné ou de traverse, qui est le plus court.

---

1. La façon de donner vaut mieux que ce qu'on donne.
(Corneille, *Ment.*, I, 4.)

2. *Ajustés*, accommodés : « Tâchez de vous *ajuster* aux mœurs. » (Sévigné, 29.) « Tout ce qui ne *s'ajuste pas* à nos vues et à nos lumières. » (Massillon, *Pur.*, 1.)

3. *Capables*, latinisme, en état de recevoir : « Une joie *dont* je ne devrais être *capable* qu'en votre présence. » (Voiture, *Lett.*, 61.)

Suivant les sentiments *dont* vous êtes *capable*.
(Corneille, *Mort de Pomp.*, III, 2.)

4. *Masquer*, pris absolument, dans le sens de se déguiser pour aller au bal : « Elle *se masque* quatre ou cinq fois avec son mari. » (Bussy-Rabutin.) De là le sens de *masque*, hypocrite : « Ah, ah ! petite *masque*, vous ne me dites pas... » (Molière, *Mal. imag.*, II, 2.)

L'on court les malheureux pour les envisager, l'on se range en haie, ou l'on se place aux fenêtres, pour observer les traits et la contenance d'un homme qui est condamné, et qui sait qu'il va mourir : vaine, maligne, inhumaine curiosité[1]. Si les hommes étaient sages, la place publique serait abandonnée, et il serait établi qu'il y aurait de l'ignominie seulement à voir de tels spectacles. Si vous êtes si touchés de curiosité, exercez-la du moins en un sujet noble : voyez un heureux, contemplez-le dans le jour même où il a été nommé à un nouveau poste, et qu'il en reçoit les compliments ; lisez dans ses yeux, et au travers d'un calme étudié et d'une feinte modestie, combien il est content et pénétré de soi-même : voyez quelle sérénité cet accomplissement de ses désirs répand dans son cœur et sur son visage; comme il ne songe plus qu'à vivre et à avoir de la santé; comme ensuite sa joie lui échappe, et ne peut plus se dissimuler ; comme il plie sous le poids de son bonheur ; quel air froid et sérieux il conserve pour ceux qui ne sont plus ses égaux; il ne leur répond pas, il ne les voit pas : les embrassements et les caresses des grands, qu'il ne voit plus de si loin, achèvent de lui nuire[2] : il se déconcerte, il s'étourdit; c'est une courte aliénation. Vous voulez être heureux, vous désirez des grâces : que de choses pour vous à éviter !

Un homme qui vient d'être placé ne se sert plus de sa raison et de son esprit pour régler sa conduite et ses dehors à l'égard des autres; il emprunte sa règle de son poste et de son état : de là l'oubli, la fierté, l'arrogance, la dureté, l'ingratitude.

Théonas, abbé depuis trente ans, se lassait de l'être. On a moins d'ardeur et d'impatience de se voir habillé de pourpre qu'il en avait[3] de porter une croix d'or sur sa poitrine; et, parce que les grandes fêtes se passaient toujours sans rien changer à sa fortune, il murmurait contre le temps

---

1. Parlerai-je d'Iris ? qu'à la mort condamné
Lally soit, en spectacle, à l'échafaud traîné ;
Elle ira la première à cette horrible fête
Acheter le plaisir de voir tomber sa tête.
(Gilbert, *le Dix-huit. siècle*, satire.)

2. *Lui nuire*, faire tort à sa raison.

3. *Qu'il en avait.* La grammaire veut la négation ; elle se supprimait souvent alors : « A moins que le ciel *fasse* un grand miracle en vous. » (Molière, *Dépit. am.*, 1, 2.) « Je ne crois pas qu'on puisse *mieux* danser qu'ils dansent. (Id., *Am. magn.*, II, 1.)

présent, trouvait l'État mal gouverné, et n'en prédisait rien que de sinistre : convenant en son cœur que le mérite est dangereux dans les cours à qui veut s'avancer, il avait enfin pris son parti et renoncé à la prélature, lorsque quelqu'un accourt lui dire qu'il est nommé à un évêché. Rempli de joie et de confiance sur une nouvelle si peu attendue : Vous verrez, dit-il, que je n'en demeurerai pas là, et qu'ils me feront archevêque.

Il faut des fripons à la cour auprès des grands et des ministres, même les mieux intentionnés ; mais l'usage en est délicat, et il faut savoir les mettre en œuvre : il y a des temps et des occasions où ils ne peuvent être suppléés par d'autres. Honneur, vertu, conscience, qualités toujours respectables, souvent inutiles : que voulez-vous quelquefois que l'on fasse d'un homme de bien [1] ?

Un vieil auteur [2], et dont j'ose ici rapporter les propres termes, de peur d'en affaiblir le sens par ma traduction, dit que « s'eslongner des petits, voire de ses pareils, et iceulx
« vilainer et despriser, s'accointer de [3] grands et puissants
« en tous biens et chevances [4], et en cette leur cointise et
« privauté estre de tous esbats, gabs [5], mommeries, et vi-
« laines besoignes ; estre eshonté, saffrannier [6] et sans point
« de vergogne ; endurer brocards et gausseries de tous cha-
« cuns, sans pour ce feindre de [7] cheminer en avant, et à
« tout son entregent, engendre heur et fortunes. »

Jeunesse du prince, source des belles fortunes.

Timante, toujours le même, et sans rien perdre de ce mérite qui lui a attiré la première fois de la réputation et des

---

1. Voir Bossuet, *Serm. sur l'ambition* : « L'injuste peut entrer dans tous les desseins, trouver tous les expédients, entrer dans tous les intérêts ; à quel usage peut-on mettre cet homme si droit, qui ne parle que de son devoir ?... etc. »

2. La Bruyère, dans un des chapitres précédents, s'est amusé à écrire quelques phrases en style de Montaigne. Il est probable qu'il a fait la même chose ici, et que le passage du prétendu *vieil auteur* n'est qu'un pastiche de sa composition.

3. *S'accointer de*, fréquenter, faire connaissance avec.

4. *Chevances* : « Tout en crève, comment ranger cette *chevance* ? » (La Fontaine, VII, 6.) Même radical que *chevir*, c'est-à-dire *chef*, ce dont on est venu à chef, ce qu'on possède. (Littré, *Dict.*)

5. *Gabs*, plaisanteries.

6. *Saffrannier*, banqueroutier.

7. *Feindre de*, hésiter à. « Je ne *feindrai* pas de vous dire, etc. » (Molière, *Don Juan*, III, 4.)

récompenses, ne laissait pas de dégénérer dans l'esprit des courtisans : ils étaient las de l'estimer, ils le saluaient froidement, ils ne lui souriaient plus ; ils commençaient à ne le plus joindre, ils ne l'embrassaient plus, ils ne le tiraient plus à l'écart pour lui parler mystérieusement d'une chose indifférente, ils n'avaient plus rien à lui dire. Il lui fallait cette pension ou ce nouveau poste dont il vient d'être honoré pour faire revivre ses vertus à demi effacées de leur mémoire, et en rafraîchir l'idée : ils lui font comme dans les commencements, et encore mieux.

Que d'amis, que de parents naissent en une nuit au nouveau ministre! Les uns font valoir leurs anciennes liaisons, leur société d'études, les droits du voisinage ; les autres feuillettent leur généalogie, remontent jusqu'à un trisaïeul, rappellent le côté paternel et le maternel : l'on veut tenir à cet homme par quelque endroit, et l'on dit plusieurs fois le jour que l'on y tient ; on l'imprimerait volontiers : *C'est mon ami, et je suis fort aise de son élévation; j'y dois prendre part, il m'est assez proche.* Hommes vains et dévoués à la fortune, fades courtisans, parliez-vous ainsi il y a huit jours? Est-il devenu depuis ce temps plus homme de bien, plus digne du choix que le prince en vient de faire? Attendiez-vous cette circonstance pour le mieux connaître?

Ce qui me soutient et me rassure contre les petits dédains que j'essuie quelquefois des grands et de mes égaux, c'est que je me dis à moi-même : Ces gens n'en veulent peut-être qu'à ma fortune, et ils ont raison, elle est bien petite. Ils m'adoreraient sans doute, si j'étais ministre.

Dois-je bientôt être en place? le sait-il? est-ce en lui un pressentiment? il me prévient, il me salue.

Celui qui dit : *Je dînai hier à Tibur,* ou *j'y soupe ce soir,* qui le répète, qui fait entrer dix fois le nom de *Plancus* dans les moindres conversations, qui dit : *Plancus*[1] *me demandait... Je disais à Plancus...,* celui-là même apprend dans

---

1. Dans ce passage, ajouté aux *Caractères* en 1692, un an après la mort de Louvois, il est difficile de ne pas reconnaître, sous le nom de *Plancus*, ce fameux ministre, enlevé par une mort si *extraordinaire*, qu'on crut ne pouvoir l'expliquer que par le poison, et laissant une mémoire si peu regrettée, qu'on dut être tenté de lui contester ses qualités les plus incontestables, *la science des détails, une heureuse mémoire*, et jusqu'au titre *d'homme sévère et laborieux.* Si *Plancus* est Louvois, *Tibur* est Meudon, habitation où Louvois avait fait des dépenses royales et tenait une cour de monarque.

ce moment que son héros vient d'être enlevé par une mort extraordinaire. Il part de la main¹, il rassemble le peuple dans les places ou sous les portiques, accuse le mort, décrie sa conduite, dénigre son consulat, lui ôte jusqu'à la science des détails que la voix publique lui accorde, ne lui passe point une mémoire heureuse, lui refuse l'éloge d'un homme² sévère et laborieux, ne lui fait pas l'honneur de lui croire parmi les ennemis de l'empire un ennemi.

Un homme de mérite se donne, je crois, un joli spectacle lorsque la même place à une assemblée, ou à un spectacle, dont il est refusé³, il la voit accorder à un homme qui n'a point d'yeux pour voir, ni d'oreilles pour entendre, ni d'esprit pour connaître et pour juger ; qui n'est recommandable que par de certaines livrées, que même il ne porte plus.

Théodote, avec un habit austère, a un visage comique, et d'un homme qui entre sur la scène : sa voix, sa démarche, son geste, son attitude, accompagnent son visage ; il est fin, *cauteleux*, doucereux, mystérieux⁴ ; il s'approche de vous, et il vous dit à l'oreille : *Voilà un beau temps, voilà un grand dégel*. S'il n'a pas les grandes manières, il a du moins toutes les petites, et celles mêmes qui ne conviennent guère qu'à une jeune précieuse. Imaginez-vous l'application d'un enfant à élever un château de cartes ou à se saisir d'un papillon ; c'est celle de Théodote pour une affaire de rien, et qui ne mérite pas qu'on s'en remue : il la traite sérieusement, et comme quelque chose qui est capital ; il agit, il s'empresse, il la fait réussir : le voilà qui respire et qui se repose, et il a raison : elle lui a coûté beaucoup de peine. L'on voit des gens enivrés, ensorcelés de la faveur : ils y pensent le jour, ils y rêvent la nuit ; ils montent l'escalier d'un ministre, et ils en descendent ; ils sortent de son antichambre, et ils y rentrent ; ils n'ont rien à lui dire, et ils lui parlent ; ils lui parlent une seconde fois : les voilà contents, ils lui ont parlé. Pressez-les, tordez-les, ils

---

1. *Part de la main*, se dit d'un cheval qui part légèrement et prend bien le galop.
2. *L'éloge d'un homme*, le mérite d'avoir été un homme sévère.
3. Voir p. 133, note 1.
4. C'est de la tête aux pieds un homme tout mystère....
   De la moindre vétille il fait une merveille,
   Et, jusques au bonjour, il dit tout à l'oreille. (Molière, *Misanthr.*, II, 5.)

dégouttent l'orgueil[1], l'arrogance, la présomption; vous leur adressez la parole, ils ne vous répondent point, ils ne vous connaissent point, ils ont les yeux égarés et l'esprit aliéné : c'est à leurs parents à en prendre soin et à les renfermer, de peur que leur folie ne devienne fureur, et que le monde n'en souffre. Théodote a une plus douce manie : il aime la faveur éperdument; mais sa passion a moins d'éclat : il lui fait des vœux en secret, il la cultive, il la sert mystérieusement; il est au guet et à la découverte sur tout ce qui paraît de nouveau avec les livrées de la faveur. Ont-ils une prétention, il s'offre à eux, il s'intrigue pour eux, il leur sacrifie sourdement mérite, alliance, amitié, engagement, reconnaissance. Si la place d'un Cassini[2] devenait vacante, et que le suisse ou le postillon du favori s'avisât de la demander, il appuierait sa demande, il le jugerait digne de cette place, il le trouverait capable d'observer et de calculer, de parler de parhélies et de parallaxes. Si vous demandiez de Théodote s'il est auteur ou plagiaire, original ou copiste, je vous donnerais ses ouvrages, et je vous dirais : Lisez, et jugez; mais s'il est dévot ou courtisan, qui pourrait le décider sur le portrait que j'en viens de faire? Je prononcerais plus hardiment sur son étoile : oui, Théodote, j'ai observé le point de votre naissance; vous serez placé, et bientôt : ne veillez plus, n'imprimez plus; le public vous demande quartier.

N'espérez plus de candeur, de franchise, d'équité, de bons offices, de services, de bienveillance, de générosité, de fermeté, dans un homme qui s'est depuis quelque temps livré à la cour, et qui secrètement veut sa fortune. Le reconnaissez-vous à son visage, à ses entretiens? Il ne nomme plus chaque chose par son nom, il n'y a plus pour lui de fripons, de fourbes, de sots et d'impertinents. Celui dont il lui échapperait de dire ce qu'il en pense est celui-là même qui, venant à le savoir, l'empêcherait de *cheminer*[3]. Pensant mal de tout le monde, il n'en dit de personne; ne voulant du bien qu'à lui seul, il veut persuader qu'il en veut à tous,

---

1. *Dégouttent l'orgueil*, expression énergique et bien rencontrée. Montaigne a également employé ce verbe à l'actif : « *Desgoutter* parfois de grosses larmes des yeux. » (*Ess.*, III.)

2. *Cassini*, astronome célèbre de l'Académie des sciences.

3. *Cheminer*, faire son chemin. « Voyez dans quel sentier la vertu *chemine*. » (Bossuet, *Or. fun. de la reine d'Angl.*) « Médina-Sidonia était de ces hommes à qui il ne manque rien pour *cheminer*. » (Saint-Simon, 81.)

afin que tous lui en fassent, ou que nul du moins lui soit[1] contraire. Non content de n'être pas sincère, il ne souffre pas que personne le soit; la vérité blesse son oreille; il est froid et indifférent sur les observations que l'on fait sur la cour et sur le courtisan; et parce qu'il les a entendues, il s'en croit complice et responsable. Tyran de la société et martyr de son ambition, il a une triste circonspection dans sa conduite et dans ses discours, une raillerie innocente, mais froide et contrainte, un ris forcé, des caresses contrefaites, une conversation interrompue et des distractions fréquentes : il a une profusion, le dirai-je? des torrents de louanges pour ce qu'a fait ou ce qu'a dit un homme placé et qui est en faveur, et pour tout autre une sécheresse de pulmonique[2]; il a des formules de compliments différents pour l'entrée et pour la sortie à l'égard de ceux qu'il visite ou dont il est visité; et il n'y a personne de ceux qui se payent de mines et de façons de parler qui ne sorte d'avec lui fort satisfait. Il vise également à se faire des patrons et des créatures : il est médiateur, confident, entremetteur; il veut gouverner; il a une ferveur de novice pour toutes les petites pratiques de cour; il sait où il faut se placer pour être vu; il sait vous embrasser, prendre part à votre joie, vous faire coup sur coup des questions empressées sur votre santé, sur vos affaires; et, pendant que vous lui répondez, il perd le fil de sa curiosité, vous interrompt, entame un autre sujet; ou, s'il survient quelqu'un à qui il doive un discours tout différent, il sait, en achevant de vous congratuler, lui faire un compliment de condoléance; il pleure d'un œil, et il rit de l'autre. Se formant quelquefois sur les ministres ou sur le favori[3], il parle en public de choses frivoles, du vent, de la gelée : il se tait au contraire, et fait le mystérieux, sur ce qu'il sait de plus important, et plus volontiers encore sur ce qu'il ne sait point[4].

1. *Lui soit*. La Bruyère supprime la négation à cause du mot *nul* : c'est un latinisme qui n'a point passé dans l'usage; on le trouve dans Montaigne : « *Nulles* propositions m'estonnent, *nulle* créance me *blece*. » (*Ess.*, III, 8.)

2. Expression bien recherchée.

3.   Mais ceux qui de la cour ont un plus long usage
   Sur les yeux de César composent leur visage.
(Racine, *Britann.*, V, 5.)

4. Régnier, dans sa troisième satire, a fait du courtisan un tableau dont plusieurs traits se rapprochent de ceux-ci.

Il y a un pays[1] où les joies sont visibles, mais fausses, et les chagrins cachés, mais réels. Qui croirait que l'empressement pour les spectacles, que les éclats et les applaudissements aux théâtres de Molière[2] et d'Arlequin, les repas, la chasse, les ballets, les carrousels, couvrissent tant d'inquiétudes, de soins et de divers intérêts, tant de craintes et d'espérances, des passions si vives, et des affaires si sérieuses?

La vie de la cour est un jeu sérieux, mélancolique, qui applique : il faut arranger ses pièces et ses batteries, avoir un dessein, le suivre, parer celui de son adversaire, hasarder quelquefois, et jouer de caprice[3] ; et après toutes ses rêveries et toutes ses mesures on est échec, quelquefois mat. Souvent avec des pions qu'on ménage bien on va à dame, et l'on gagne la partie : le plus habile l'emporte, ou le plus heureux.

Les roues, les ressorts, les mouvements, sont cachés ; rien ne paraît d'une montre que son aiguille, qui insensiblement s'avance et achève son tour : image du courtisan d'autant plus parfaite, qu'après avoir fait assez de chemin, il revient souvent au même point d'où il est parti.

Les deux tiers de ma vie sont écoulés ; pourquoi tant m'inquiéter sur ce qui m'en reste? La plus brillante fortune ne mérite point ni le tourment que je me donne, ni les petitesses où je me surprends, ni les humiliations, ni les hontes que j'essuie : trente années détruiront ces colosses de puissance qu'on ne voyait bien qu'à force de lever la tête ; nous disparaîtrons, moi qui suis si peu de chose, et ceux que je contemplais si avidement, et de qui j'espérais toute ma grandeur : le meilleur de tous les biens, s'il y a des biens, c'est le repos, la retraite, et un endroit qui soit son domaine. N** a pensé cela dans sa disgrâce, et l'a oublié dans la prospérité.

Un noble, s'il vit chez lui dans sa province, il[4] vit libre, mais sans appui ; s'il vit à la cour, il est protégé, mais il est esclave : cela se compense.

Xantippe, au fond de sa province, sous un vieux toit et

---

1. La cour.
2. Molière avait été autorisé par le roi à s'établir à Paris en 1658 avec sa troupe, sous le titre de *troupe de Monsieur*, et à jouer alternativement avec les comédiens italiens sur le théâtre du Petit-Bourbon, où l'on bâtit en 1660 la colonnade du Louvre.
3. *Jouer de caprice*, comme on dit jouer d'adresse.
4. *Il*, explétif, voir p. 67, n. 3.

dans un mauvais lit, a rêvé pendant la nuit qu'il voyait le prince, qu'il lui parlait, et qu'il en ressentait une extrême joie : il a été triste à son réveil; il a conté son songe, et il a dit : Quelles chimères ne tombent point dans l'esprit des hommes pendant qu'ils dorment! Xantippe a continué de vivre : il est venu à la cour, il a vu le prince, il lui a parlé, et il a été plus loin que son songe, il est favori.

Qui est plus esclave qu'un courtisan assidu, si ce n'est un courtisan plus assidu?

L'esclave n'a qu'un maître; l'ambitieux en a autant qu'il y a de gens utiles à sa fortune [1].

Mille gens à peine connus font la foule au lever pour être vus du prince, qui n'en saurait voir mille à la fois, et, s'il ne voit aujourd'hui que ceux qu'il vit hier et qu'il verra demain, combien de malheureux!

De tous ceux qui s'empressent auprès des grands et qui leur font la cour, un petit nombre les honore dans le cœur, un grand nombre les recherche par des vues d'ambition et d'intérêt, un plus grand nombre par une ridicule vanité, ou par une sotte impatience de se faire voir.

Il y a de certaines familles qui, par les lois du monde, ou ce qu'on appelle de la bienséance, doivent être irréconciliables : les voilà réunies; et où la religion a échoué quand elle a voulu l'entreprendre, l'intérêt s'en joue, et le fait sans peine.

L'on parle d'une région [2] où les vieillards sont galants, polis et civils; les jeunes gens au contraire durs, féroces, sans mœurs ni politesse : ils se trouvent affranchis de la passion des femmes dans un âge où l'on commence ailleurs à la sentir; ils leur préfèrent des repas, des viandes, et des amours ridicules. Celui-là chez eux est sobre et modéré, qui ne s'enivre que de vin; l'usage trop fréquent qu'ils en ont fait le leur a rendu insipide. Ils cherchent à réveiller leur goût déjà éteint par des eaux-de-vie et par toutes les liqueurs les plus violentes : il ne manque à leur débauche que de boire de l'eau-forte. Les femmes du pays précipitent le déclin de leur beauté par des artifices qu'elles croient servir à les rendre belles : leur coutume est de peindre

---

1. « Il faut savoir essuyer des dégoûts, dévorer des rebuts et les recevoir presque comme des grâces; bassesse de dissimulation, point de sentiments à soi, et ne penser que d'après les autres... » (Massillon, *Petit car.*, 1ᵉʳ sermon.)

2. La cour.

leurs lèvres, leurs joues¹, leurs sourcils, et leurs épaules, qu'elles ôtalent avec leur gorge, leurs bras et leurs oreilles, comme si elles craignaient de cacher l'endroit par où elles pourraient plaire, ou de ne pas se montrer assez. Ceux qui habitent cette contrée ont une physionomie qui n'est pas nette, mais confuse, embarrassée dans une épaisseur de cheveux étrangers qu'ils préfèrent aux naturels, et dont ils font un long tissu pour couvrir leur tête; il descend à la moitié du corps, change les traits, et empêche qu'on ne connaisse les hommes à leur visage. Ces peuples d'ailleurs ont leur dieu et leur roi : les grands de la nation s'assemblent tous les jours, à une certaine heure, dans un temple qu'ils nomment église. Il y a au fond de ce temple un autel consacré à leur dieu, où un prêtre célèbre des mystères qu'ils appellent saints, sacrés, et redoutables. Les grands forment un vaste cercle au pied de cet autel, et paraissent debout, le dos tourné directement aux prêtres et aux saints mystères, et les faces élevées vers leur roi, que l'on voit à genoux sur une tribune, et à qui ils semblent avoir tout l'esprit et tout le cœur appliqué². On ne laisse pas de voir dans cet usage une espèce de subordination : car ce peuple paraît adorer le prince, et le prince adorer Dieu. Les gens du pays le nomment ***³; il est à quelque quarante-huit degrés d'élévation du pôle, et à plus de onze cents lieues de mer des Iroquois et des Hurons.

Qui considérera que le visage du prince fait toute la félicité du courtisan, qu'il s'occupe et se remplit pendant toute sa vie de le voir et d'en être vu, comprendra un peu comment voir Dieu peut faire toute la gloire et tout le bonheur des saints.

Les grands seigneurs sont pleins d'égards pour les princes, c'est leur affaire; ils ont des inférieurs : les petits courtisans

---

1. *Peindre leurs joues.*

 Elle étale le soir son teint sur sa toilette. (Boileau, sat. X.)

2. *Appliqué*, accorder toute son attention :

 A vous remettre bien je me veux *appliquer*.
  (Molière, *Femmes sav.*, III, 6.)

« *Appliquez-vous*, mes frères, à ces vérités importantes. » (Massillon, *Car., Impénit. fin.*)

3. La Bruyère ayant parlé de la cour en style de relation, et comme d'un pays lointain et inconnu, il faut bien se garder d'écrire, comme quelques éditeurs modernes, en toutes lettres le nom de *Versailles* : ce serait d'un seul mot anéantir tout l'esprit du passage.

se relâchent sur ces devoirs, font les familiers, et vivent comme gens qui n'ont d'exemples à donner à personne.

Que manque-t-il de nos jours à la jeunesse? elle peut, et, elle sait: ou du moins, quand elle saurait autant qu'elle peut, elle ne serait pas plus décisive.

Faibles hommes! un grand dit de *Timagène,* votre ami, qu'il est un sot, et il se trompe; je ne demande pas que vous répliquiez qu'il est homme d'esprit; osez seulement penser qu'il n'est pas un sot.

De même il prononce d'*Iphicrate* qu'il manque de cœur: vous lui avez vu faire une belle action, rassurez-vous; je vous dispense de la raconter, pourvu qu'après ce que vous venez d'entendre vous vous souveniez encore de la lui avoir vu faire.

Qui sait parler aux rois? c'est peut-être où se termine[1] toute la prudence et toute la souplesse du courtisan. Une parole échappe, et elle tombe de l'oreille du prince bien avant dans sa mémoire, et quelquefois jusque dans son cœur: il est impossible de la ravoir; tous les soins que l'on prend et toute l'adresse dont on use pour l'expliquer ou pour l'affaiblir servent à la graver plus profondément et à l'enfoncer davantage: si ce n'est que contre nous-mêmes que nous ayons parlé, outre que ce malheur n'est pas ordinaire, il y a encore un prompt remède, qui est de nous instruire par notre faute et de souffrir la peine de notre légèreté; mais si c'est contre quelque autre, quel abattement! quel repentir! Y a-t-il une règle plus utile contre un si dangereux inconvénient que de parler des autres au souverain, de leurs personnes, de leurs ouvrages, de leurs actions, de leurs mœurs, ou de leur conduite, du moins avec l'attention, les précautions et les mesures dont on parle de soi?

Diseurs de bons mots, mauvais caractère: je le dirais, s'il n'avait été dit[2]. Ceux qui nuisent à la réputation ou à la fortune des autres, plutôt que de perdre un bon mot[3],

---

1. *Se termine,* c'est là le but: « Comme l'expression de Virgile: *hic terminus hæret.* » (*Én.,* IV, 614.)

2. *S'il n'avait été dit. Il* comme *illud,* voir p. 13 n. 2. — La pensée est littéralement de Pascal, art. XXV, pensée 7.

3. Quintilien exprime la même idée: « Lædere nunquam vellimus, longeque absit propositum illud: potius amicum quam dictum perdidi. » (VI, 8.) Régnier, imitant un passage de la sat. IV, liv. I, d'Horace, a dit:

Quoi, monsieur, n'est-ce pas cet homme à la satire
Qui perdrait son ami plutôt qu'un mot pour rire?   (Sat. XII.)

Voir Boileau, *Sat.,* IX, 110.

méritent une peine infamante : cela n'a pas été dit, et je l'ose dire.

Il y a un certain nombre de phrases toutes faites que l'on prend comme dans un magasin, et dont l'on se sert pour se féliciter les uns les autres sur les événements. Bien qu'elles se disent souvent sans affection, et qu'elles soient reçues sans reconnaissance, il n'est pas permis avec cela[1] de les omettre, parce que du moins elles sont l'image de ce qu'il y a au monde de meilleur, qui est l'amitié, et que les hommes, ne pouvant guère compter les uns sur les autres pour la réalité, semblent être convenus entre eux de se contenter des apparences.

Avec cinq ou six termes de l'art, et rien de plus, l'on se donne pour connaisseur en musique, en tableaux, en bâtiments et en bonne chère : l'on croit avoir plus de plaisir qu'un autre à entendre, à voir et à manger; l'on impose à ses semblables, et l'on se trompe soi-même.

La cour n'est jamais dénuée d'un certain nombre de gens en qui l'usage du monde, la politesse ou la fortune tiennent lieu d'esprit et suppléent au mérite. Ils savent entrer et sortir; ils se tirent de la conversation en ne s'y mêlant point[2]; ils plaisent à force de se taire, et se rendent importants par un silence longtemps soutenu, ou tout au plus par quelques monosyllabes; ils payent de mines, d'une inflexion de voix, d'un geste, et d'un sourire : ils n'ont pas, si je l'ose dire, deux pouces de profondeur; si vous les enfoncez, vous rencontrez le tuf.

Il y a des gens à qui la faveur arrive comme un accident; ils en sont les premiers surpris et consternés : ils se reconnaissent enfin, et se trouvent dignes de leur étoile; et comme si la stupidité et la fortune étaient deux choses incompatibles, ou qu'il fût impossible d'être heureux et sot tout à la fois, ils se croient de l'esprit, ils hasardent, que dis-je? ils ont la confiance de parler en toute rencontre, et sur quelque matière qui puisse s'offrir, et sans nul discernement des

---

1. *Avec cela*, malgré cela: « Je vous supplie de croire qu'avec tout le silence que je garde... je conserve toujours, etc. » (Voiture, *Lett.* 183.) « Ce n'est pas qu'avec tout cela, votre fille ne puisse mourir. » (Molière, *Méd.*, II, 5.)

2. *En ne s'y mêlant point.* « Leur (aux grands) est le silence, non-seulement contenance de respect et de gravité, mais encore souvent de profit et de mesnage. » (Montaigne, *Essais*, III, 8.)

personnes qui les écoutent. Ajouterai-je qu'ils épouvantent ou qu'ils donnent le dernier dégoût par leur fatuité et par leurs fadaises? Il est vrai du moins qu'ils déshonorent sans ressource ceux qui ont quelque part au hasard de leur élévation.

Comment nommerai-je cette sorte de gens qui ne sont fins que pour les sots? Je sais du moins que les habiles les confondent avec ceux qu'ils savent tromper.

C'est avoir fait un grand pas dans la finesse, que de faire penser de soi que l'on n'est que médiocrement fin[1].

La finesse n'est ni une trop bonne ni une trop mauvaise qualité; elle flotte entre le vice et la vertu : il n'y a point de rencontre où elle ne puisse et peut-être où elle ne doive être suppléée par la prudence.

La finesse est l'occasion prochaine[2] de la fourberie; de l'une à l'autre le pas est glissant : le mensonge seul en fait la différence; si on l'ajoute à la finesse, c'est fourberie.

Avec les gens qui par finesse écoutent tout et parlent peu, parlez encore moins; ou si vous parlez beaucoup, dites peu de chose.

Vous dépendez, dans une affaire qui est juste et importante, du consentement de deux personnes. L'un vous dit : J'y donne les mains, pourvu qu'un tel y condescende; et ce tel y condescend, et ne désire plus que d'être assuré des intentions de l'autre. Cependant rien n'avance : les mois, les années, s'écoulent inutilement. Je m'y perds, dites-vous, et je n'y comprends rien : il ne s'agit que de faire qu'ils s'abouchent, et qu'ils se parlent. Je vous dis, moi, que j'y vois clair, et que j'y comprends tout : ils se sont parlé.

Il me semble que qui sollicite pour les autres a la confiance d'un homme qui demande justice, et qu'en parlant ou en agissant pour soi-même on a l'embarras et la pudeur[3] de celui qui demande grâce.

Si l'on ne se précautionne à la cour contre les piéges que l'on y tend sans cesse pour faire tomber dans le ridi-

---

1. « C'est une grande habileté que de savoir cacher son habileté. » (La Rochefoucauld, *Max.*, 245.)
2. Voir p. 99, n. 3.
3. La Fontaine, parlant du véritable ami, emploie la même expression :

   Il cherche vos besoins au fond de votre cœur,
      Il vous épargne la *pudeur*
       De les lui découvrir vous-même.   (VIII, 11.)

cule, l'on est étonné, avec tout son esprit, de se trouver la dupe de plus sots que soi.

Il y a quelques rencontres dans la vie où la vérité et la simplicité sont le meilleur manége du monde.

Êtes-vous en faveur, tout manége est bon; vous ne faites point de fautes, tous les chemins vous mènent au terme : autrement tout est faute, rien n'est utile, il n'y a point de sentier qui ne vous égare.

Un homme qui a vécu dans l'intrigue un certain temps ne peut plus s'en passer; toute autre vie pour lui est languissante.

Il faut avoir de l'esprit pour être homme de cabale : l'on peut cependant en avoir à un certain point[1] que l'on est au-dessus de l'intrigue et de la cabale, et que l'on ne saurait s'y assujettir; l'on va alors à une grande fortune ou à une haute réputation par d'autres chemins.

Avec un esprit sublime, une doctrine universelle, une probité à toutes épreuves, et un mérite très-accompli, n'appréhendez pas, ô *Aristide*, de tomber à la cour, où de perdre la faveur des grands pendant tout le temps qu'ils auront besoin de vous.

Qu'un favori s'observe de fort près; car, s'il me fait moins attendre dans son antichambre qu'à l'ordinaire, s'il a le visage plus ouvert, s'il fronce moins le sourcil, s'il m'écoute plus volontiers, et s'il me reconduit un peu plus loin, je penserai qu'il commence à tomber, et je penserai vrai.

L'homme a bien peu de ressources dans soi-même, puisqu'il lui faut une disgrâce ou une mortification pour le rendre plus humain, plus traitable, moins féroce, plus honnête homme.

L'on contemple dans les cours de certaines gens, et l'on voit bien à leurs discours et à toute leur conduite qu'ils ne songent ni à leurs grands-pères ni à leurs petits-fils : le présent est pour eux; ils n'en jouissent pas, ils en abusent.

Straton[2] est né sous deux étoiles : malheureux, heureux

---

1. *Certain point que. Que* répondant à l'ablatif du *qui* relatif latin :

Las! en l'état qu'il est, comment vous contenter? (Molière, l'*Ét.*, I, 6.)
Je la regarde en femme, aux *termes* qu'elle en est.
(Id. *École des femmes*, I, 1.)

2. Lauzun. « Il a été un personnage si extraordinaire et si unique en tout genre, que c'est avec beaucoup de raison que La Bruyère a dit de

dans le même degré. Sa vie est un roman. Non, il lui manque le vraisemblable. Il n'a point eu d'aventures; il a eu de beaux songes, il en a eu de mauvais; que dis-je? on ne rêve point comme il a vécu. Personne n'a tiré d'une destinée plus qu'il a fait; l'extrême et le médiocre lui sont connus : il a brillé, il a souffert, il a mené une vie commune; rien ne lui est échappé. Il s'est fait valoir par des vertus qu'il assurait fort sérieusement qui étaient en lui; il a dit de soi : *J'ai de l'esprit, j'ai du courage;* et tous ont dit après lui : *Il a de l'esprit, il a du courage.* Il a exercé dans l'une et l'autre fortune le génie du courtisan, qui a dit de lui plus de bien peut-être et plus de mal qu'il n'y en avait. Le joli, l'aimable, le rare, le merveilleux, l'héroïque, ont été employés à son éloge; et tout le contraire a servi depuis pour le ravaler : caractère équivoque, mêlé, enveloppé; une énigme, une question presque indécise.

La faveur met l'homme au-dessus de ses égaux, et sa chute au-dessous.

Celui qui, un beau jour, sait renoncer fermement ou à un grand nom, ou à une grande autorité, ou à une grande fortune, se délivre en un moment de bien des peines, de bien des veilles, et quelquefois de bien des crimes.

Dans cent ans le monde subsistera encore en son entier : ce sera le même théâtre et les mêmes décorations; ce ne seront plus les mêmes acteurs[1]. Tout ce qui se réjouit sur une grâce reçue, ou ce qui s'attriste et se désespère sur un refus, tous auront disparu de dessus la scène. Il s'avance déjà sur le théâtre d'autres hommes qui vont jouer dans une même pièce les mêmes rôles : ils s'évanouiront à leur tour; et ceux qui ne sont pas encore, un jour ne seront plus; de nouveaux acteurs ont pris leur place. Quel fond à faire sur un personnage de comédie !

Qui a vu la cour a vu du monde ce qui est le plus beau, le plus spécieux et le plus orné : qui méprise la cour, après l'avoir vue, méprise le monde.

---

lui, dans ses *Caractères*, qu'il n'était pas permis de *rêver comme il vécut.* » (Saint-Simon, ch. 610.)

1. Les mêmes idées se retrouvent chez Massillon : « Regardez le monde... de nouveaux personnages sont montés sur la scène; les grands rôles sont remplis par de nouveaux acteurs, etc. » (*Serm. sur la mort,* jeudi de la 4ᵉ semaine de carême.)

La ville dégoûte de la province : la cour détrompe de la ville, et guérit de la cour.

Un esprit sain puise à la cour le goût de la solitude et de la retraite.

Des grands.

La prévention du peuple en faveur des grands est si aveugle, et l'entêtement pour leur geste, leur visage, leur ton de voix, et leurs manières, si général, que, s'ils s'avisaient d'être bons, cela irait à l'idolâtrie.

Si vous êtes né vicieux, ô *Théagène*[1], je vous plains ; si vous le devenez par faiblesse pour ceux qui ont intérêt que vous le soyez, qui ont juré entre eux de vous corrompre, et qui se vantent déjà de pouvoir réussir, souffrez que je vous méprise. Mais si vous êtes sage, tempérant, modeste, civil, généreux, reconnaissant, laborieux, d'un rang d'ailleurs et d'une naissance à donner des exemples plutôt qu'à les prendre d'autrui, et à faire les règles plutôt qu'à les recevoir, convenez avec cette sorte de gens de suivre par complaisance leurs déréglements, leurs vices et leur folie, quand ils auront, par la déférence qu'ils vous doivent, exercé toutes les vertus que vous chérissez : ironie forte, mais utile, très-propre à mettre vos mœurs en sûreté, à renverser tous leurs projets, et à les jeter dans le parti de continuer d'être ce qu'ils sont et de vous laisser tel que vous êtes.

L'avantage des grands sur les autres hommes est immense par un endroit. Je leur cède leur bonne chère, leurs riches ameublements, leurs chiens, leurs chevaux, leurs singes, leurs nains, leurs fous et leurs flatteurs ; mais je leur envie le bonheur d'avoir à leur service des gens qui les égalent par le cœur et par l'esprit, et qui les passent quelquefois.

Les grands se piquent d'ouvrir une allée dans une forêt, de

---

1. Le nom de *Théagène* est traduit dans les clefs par celui du *grand prieur de Vendôme*. Il est certain que ces mots, *d'un rang et d'une naissance à donner des exemples plutôt qu'à les prendre d'autrui*, s'appliquent assez bien à ce petit-fils légitimé de Henri IV. Malheureusement les mots de *déréglements*, de *vices* et de *folie* conviennent encore mieux à la vie plus que voluptueuse que ce prince et ses familiers menaient au Temple.

soutenir des terres par de longues murailles, de dorer des plafonds, de faire venir dix pouces d'eau; de meubler une orangerie; mais de rendre un cœur content, de combler une âme de joie, de prévenir d'extrêmes besoins ou d'y remédier, leur curiosité[1] ne s'étend point jusque-là.

On demande si, en comparant ensemble les différentes conditions des hommes, leurs peines, leurs avantages, on n'y remarquerait pas un mélange ou une espèce de compensation de bien et de mal qui établirait entre elles l'égalité[2], ou qui ferait du moins que l'un ne serait guère plus désirable que l'autre. Celui qui est puissant, riche, et à qui il ne manque rien, peut former cette question; mais il faut que ce soit un homme pauvre qui la décide.

Il ne laisse pas d'y avoir comme un charme attaché à chacune des différentes conditions, et qui y demeure jusqu'à ce que la misère l'en ait ôté. Ainsi les grands se plaisent dans l'excès, et les petits aiment la modération; ceux-là ont le goût de dominer et de commander, et ceux-ci sentent du plaisir et même de la vanité à les servir et à leur obéir : les grands sont entourés, salués, respectés; les petits entourent, saluent, se prosternent; et tous sont contents.

Il coûte si peu aux grands à[3] ne donner que des paroles, et leur condition les dispense si fort de tenir les belles promesses qu'ils vous ont faites, que c'est modestie à eux de ne promettre pas encore plus largement.

Il est vieux et usé, dit un grand; il s'est crevé[4] à me suivre : qu'en faire? Un autre, plus jeune, enlève ses espérances[5], et obtient le poste qu'on ne refuse à ce malheureux que parce qu'il l'a trop mérité.

Je ne sais, dites-vous avec un air froid et dédaigneux, *Philante* a du mérite, de l'esprit, de l'agrément, de l'exactitude sur son devoir, de la fidélité et de l'attachement pour son maître, et il en est médiocrement considéré; il ne

1. *Leur curiosité*, leur préoccupation, leur sollicitude : « Pour moi qui ai peut-être examiné leur vie avec autant de *curiosité* que personne. » (Saint-Évremond, II.)

2. « Quelque différence qui paraisse entre les fortunes, il y a néanmoins une certaine compensation de biens et de maux qui les rend égales. » (La Rochefoucauld, 52.)

3. *Il coûte... à*, voir p. 133, n. 2.

4. Métaphore familière, mais énergique, empruntée d'un cheval surmené.

5. *Enlève ses espérances*, enlève ce qu'il espérait.

plaît pas, il n'est pas goûté. Expliquez-vous ; est-ce Philante, où le grand qu'il sert, que vous condamnez?

Il est souvent plus utile de quitter les grands que de s'en plaindre.

Qui peut dire pourquoi quelques-uns ont le gros lot, ou quelques autres la faveur des grands?

Les grands sont si heureux, qu'ils n'essuient pas même, dans toute leur vie, l'inconvénient de regretter la perte de leurs meilleurs serviteurs ou des personnes illustres[1] dans leur genre, et dont ils ont tiré le plus de plaisir et le plus d'utilité. La première chose que la flatterie sait faire après la mort de ces hommes uniques, et qui ne se réparent point[2], est de leur supposer des endroits faibles, dont elle prétend que ceux qui leur succèdent sont très-exempts : elle assure que l'un, avec toute la capacité et toutes les lumières de l'autre dont il prend la place, n'en a point les défauts; et ce style sert aux princes à se consoler du grand et de l'excellent par le médiocre.

Les grands dédaignent les gens d'esprit qui n'ont que de l'esprit; les gens d'esprit méprisent les grands qui n'ont que de la grandeur; les gens de bien plaignent les uns et les autres qui ont ou de la grandeur ou de l'esprit sans nulle vertu.

Quand je vois, d'une part, auprès des grands, à leur table, et quelquefois dans leur familiarité, de ces hommes alertes, empressés, intrigants, aventuriers, esprits dangereux et nuisibles, et que je considère, d'autre part, quelle peine ont les personnes de mérite à en approcher, je ne suis pas toujours disposé à croire que les méchants soient soufferts par intérêt, ou que les gens de bien soient regardés comme inutiles; je trouve plus mon compte à me confirmer

---

1. Louis XIV apprit la mort de Louvois sans en témoigner aucun chagrin, quelque utilité qu'il eût tirée du zèle infatigable de ce ministre; et, s'il eût eu des regrets, ses courtisans se seraient sans doute empressés de les adoucir, en lui persuadant qu'il n'avait pas fait une si grande perte, et qu'il l'avait amplement réparée par le choix de son nouveau ministre. C'est probablement à une insensibilité de ce genre que La Bruyère fait ici allusion.

2. *Ne se réparent point*, expression très-forcée; peut-être faut-il l'entendre comme dans les vers suivants :

Je veux jusqu'au trépas incessamment pleurer
Ce que tout l'univers ne peut me *réparer*. (Molière, *Psyché*, II, 1.)

dans cette pensée, que grandeur et discernement sont deux choses différentes, et l'amour pour la vertu et pour les vertueux une troisième chose.

Lucile aime mieux user sa vie à se faire supporter de quelques grands que d'être réduit à vivre familièrement avec ses égaux.

La règle de voir de plus grands que soi doit avoir ses restrictions : il faut quelquefois d'étranges talents pour la réduire en pratique.

Quelle est l'incurable maladie de *Théophile*[1] ? elle lui dure depuis plus de trente années : il ne guérit point : il a voulu, il veut et il voudra gouverner les grands; la mort seule lui ôtera avec la vie cette soif d'empire et d'ascendant sur les esprits. Est-ce en lui zèle du prochain? est-ce habitude? est-ce une excessive opinion de soi-même? Il n'y a point de palais où il ne s'insinue; ce n'est pas au milieu d'une chambre qu'il s'arrête; il passe à une embrasure, ou au cabinet : on attend qu'il ait parlé, et longtemps, et avec action, pour avoir audience, pour être vu. Il entre dans le secret des familles; il est de quelque chose dans tout ce qui leur arrive de triste ou d'avantageux : il prévient, il s'offre, il se fait de fête[2]; il faut l'admettre. Ce n'est pas assez, pour remplir son temps ou son ambition, que le soin de dix mille âmes dont il répond à Dieu comme de la sienne propre; il en a d'un plus haut rang et d'une plus grande distinction, dont il ne doit aucun compte, et dont il se charge plus volontiers. Il écoute, il veille sur tout ce qui peut servir de pâture à son esprit d'intrigue, de médiation, ou de manège[3] : à peine un grand[4] est-il débarqué, qu'il l'empoigne et s'en saisit; on entend plutôt dire à Théophile qu'il le gouverne, qu'on n'a pu soupçonner qu'il pensait à le gouverner.

Une froideur ou une incivilité qui vient de ceux qui sont

---

1. Les clefs désignent l'abbé de Roquette, évêque d'Autun, qui avait effectivement la manie de vouloir *gouverner les grands*. Ce qui prouve que le personnage peint ici par La Bruyère est un évêque, c'est qu'il est question des *dix mille âmes dont il répond à Dieu*; et le trait : *A peine un grand est-il débarqué*, etc., s'applique parfaitement à l'évêque d'Autun, qui, à l'arrivée de Jacques II en France, avait fait les plus grands efforts pour s'insinuer dans la faveur de ce prince.

2. *Il se fait de fête*, il s'invite à toutes les fêtes.

3. *Manége*. « Il avait le langage et le *manège* d'enchanter. » (Saint-Simon, 99.)

4. *Un grand*, Jacques II, roi d'Angleterre, arrivé en France en 1689.

au-dessus de nous nous les fait haïr ; mais un salut ou un sourire nous les réconcilie[1].

Il y a des hommes superbes que l'élévation de leurs rivaux humilie et apprivoise ; ils en viennent, par cette disgrâce, jusqu'à rendre le salut : mais le temps, qui adoucit toutes choses, les remet enfin dans leur naturel[2].

Le mépris que les grands ont pour le peuple les rend indifférents sur les flatteries ou sur les louanges qu'ils en reçoivent, et tempère leur vanité ; de même, les princes loués sans fin et sans relâche des grands ou des courtisans en seraient plus vains, s'ils estimaient davantage ceux qui les louent.

Les grands croient être seuls parfaits, n'admettent qu'à peine dans les autres hommes la droiture d'esprit, l'habileté, la délicatesse, et s'emparent de ces riches talents, comme de choses dues à leur naissance. C'est cependant en eux une erreur grossière, de se nourrir de si fausses préventions : ce qu'il y a jamais eu de mieux pensé, de mieux dit, de mieux écrit, et peut-être d'une conduite plus délicate[3], ne nous est pas toujours venu de leur fonds. Ils ont de grands domaines et une longue suite d'ancêtres : cela ne leur peut être contesté.

Avez-vous de l'esprit, de la grandeur, de l'habileté, du goût, du discernement ? en croirai-je la prévention et la flatterie, qui publient hardiment votre mérite ? elles me sont suspectes, et je les récuse. Me laisserai-je éblouir par un air de capacité ou de hauteur qui vous met au-dessus de tout ce qui se fait, de ce qui se dit et de ce qui s'écrit ; qui vous rend sec sur les louanges, et empêche qu'on ne puisse arracher de vous la moindre approbation ? Je conclus de là, plus naturellement, que vous avez de la faveur, du crédit et de grandes richesses. Quel moyen de vous définir, *Téléphon* ? on n'approche de vous que comme du feu, et dans une cer-

---

1. « Maîtres bizarres et incommodes, tout ce qui les (les grands) environne porte le poids de leurs caprices et de leur humeur, et ils ne peuvent le porter eux-mêmes. » (Massillon, *Petit Car.*, 4ᵉ dim.)

2. Le temps, qui change tout, change aussi nos humeurs.
(Boileau, *Art poét.*, III.)

3. *D'une conduite plus délicate*, latinisme usité au 17ᵉ siècle ; un surabondant comme dans *justissimus unus* : « C'est une chose *la plus* aisée du monde. » (Molière, *l'Av.*, III, 5.) « Un exemple *le plus grand* qu'on se puisse proposer. » (Bossuet, *Or. fun. de Henr. d'Angl.*)

9.

taine distance ; et il faudrait vous développer[1], vous manier, vous confronter avec vos pareils, pour porter de vous un jugement sain et raisonnable. Votre homme de confiance, qui est dans votre familiarité, dont vous prenez conseil, pour qui vous quittez *Socrate* et *Aristide*, avec qui vous riez, et qui rit plus haut que vous, *Dave* enfin, m'est très-connu : serait-ce assez pour vous bien connaître ?

Il y en a de tels que, s'ils pouvaient connaître leurs subalternes et se connaître eux-mêmes, ils auraient honte de primer.

S'il y a peu d'excellents orateurs, y a-t-il bien des gens qui puissent les entendre ? S'il n'y a pas assez de bons écrivains, où sont ceux qui savent lire ? De même on s'est toujours plaint du petit nombre de personnes capables de conseiller les rois et de les aider dans l'administration de leurs affaires. Mais s'ils naissent enfin ces hommes habiles et intelligents, s'ils agissent selon leurs vues et leurs lumières, sont-ils aimés, sont-ils estimés, autant qu'ils le méritent ? Sont-ils loués de ce qu'ils pensent et de ce qu'ils font pour la patrie ? Ils vivent, il suffit : on les censure s'ils échouent, et on les envie s'ils réussissent. Blâmons le peuple où[2] il serait ridicule de vouloir l'excuser. Son chagrin et sa jalousie, regardés des grands ou des puissants comme inévitables, les ont conduits insensiblement à le compter pour rien, et à négliger ses suffrages dans toutes leurs entreprises, à s'en faire même une règle de politique.

Les petits se haïssent les uns les autres lorsqu'ils se nuisent réciproquement. Les grands sont odieux aux petits par le mal qu'ils leur font et par tout le bien qu'ils ne leur font pas : ils leur sont responsables de leur obscurité, de leur pauvreté et de leur infortune, ou du moins ils leur paraissent tels.

C'est déjà trop d'avoir avec le peuple une même religion et un même Dieu : quel moyen encore de s'appeler Pierre, Jean, Jacques, comme le marchand ou le laboureur ? Évitons

---

1. *Développer*, ôter l'enveloppe qui vous cache :

Mon âme, en toute occasion,
Développe le vrai caché sous l'apparence. (La Fontaine, VII, 18.)

2. *Où*, là où il serait ridicule :

C'est où je mets aussi ma gloire la plus haute. (Molière, *Tart.*, II, 1.)

d'avoir rien de commun avec la multitude ; affectons, au contraire, toutes les distinctions qui nous en séparent. Qu'elle s'approprie les douze apôtres, leurs disciples, les premiers martyrs (telles gens, tels patrons) ; qu'elle voie avec plaisir revenir toutes les années ce jour particulier que chacun célèbre comme sa fête. Pour nous autres grands, ayons recours aux noms profanes : faisons-nous baptiser sous ceux d'Annibal, de César et de Pompée, c'étaient de grands hommes ; sous celui de Lucrèce, c'était une illustre Romaine ; sous ceux de Renaud, de Roger, d'Olivier et de Tancrède, c'étaient des paladins, et le roman n'a point de héros plus merveilleux ; sous ceux d'Hector, d'Achille, d'Hercule, tous demi-dieux ; sous ceux même de Phébus et de Diane[1]. Et qui nous empêchera de nous faire nommer Jupiter, ou Mercure, ou Vénus, ou Adonis[2] ?

Pendant que les grands négligent de rien connaître, je ne dis pas seulement aux intérêts des princes et aux affaires publiques, mais à leurs propres affaires, qu'ils ignorent l'économie et la science d'un père de famille, et qu'ils se louent eux-mêmes de cette ignorance ; qu'ils se laissent appauvrir et maîtriser par des intendants ; qu'ils se contentent d'être gourmets ou *coteaux*[3], d'aller chez *Thaïs* ou chez *Phryné*, de parler de la meute et de la vieille meute, de dire combien il y a de postes de Paris à Besançon ou à Philipsbourg ; des citoyens s'instruisent du dedans et du dehors d'un royaume, étudient le gouvernement, deviennent fins et politiques, savent le fort et le faible de tout un État, songent à se mieux placer, se placent, s'élèvent, deviennent puissants, soulagent le prince d'une partie des soins publics[4]. Les

---

1. *César* de Vendôme, *Annibal* d'Estrées, *Hercule* de Rohan, *Achille* de Harlay, *Phébus* de Foix, *Diane* de Chastignier.

2. Molière s'attaque aussi à ce ridicule : « Une oreille un peu délicate pâtit furieusement à entendre prononcer ces mots-là [Cathos et Madelon], et le nom de Polixène que ma cousine a choisi, et celui d'Aminthe que je me suis donné, ont une grâce dont il faut que vous demeuriez d'accord. » (*Préc. ridic.*, V.)

3. Boileau parle ainsi des *coteaux* dans la satire du Repas ridicule : « Ce nom, dit-il en note, fut donné à trois grands seigneurs tenant table, qui étaient partagés sur l'estime qu'on devait faire des vins des coteaux qui sont aux environs de Reims. »

4. Allusion aux ministres choisis par Louis XIV dans les rangs de la bourgeoisie : on sait qu'entre autres Colbert était fils d'un drapier de Reims.

grands qui les dédaignaient les révèrent : heureux s'ils deviennent leurs gendres !

Si je compare ensemble les deux conditions des hommes les plus opposées, je veux dire les grands avec le peuple, ce dernier me paraît content du nécessaire, et les autres sont inquiets[1] et pauvres avec le superflu. Un homme du peuple ne saurait faire aucun mal ; un grand ne veut faire aucun bien, et est capable de grands maux : l'un ne se forme et ne s'exerce que dans les choses qui sont utiles ; l'autre y joint les pernicieuses : là se montre ingénument la grossièreté et la franchise ; ici se cache une sève maligne et corrompue sous l'écorce de la politesse : le peuple n'a guère d'esprit, et les grands n'ont point d'âme : celui-là a un bon fonds, et n'a point de dehors ; ceux-ci n'ont que des dehors et qu'une simple superficie. Faut-il opter ? Je ne balance pas, je veux être peuple[2].

Quelque profonds que soient les grands de la cour, et quelque art qu'ils aient pour paraître ce qu'ils ne sont pas et pour ne point paraître ce qu'ils sont, ils ne peuvent cacher leur malignité, leur extrême pente à rire aux dépens d'autrui, et à jeter un ridicule souvent où il n'y en peut avoir. Ces beaux talents se découvrent en eux du premier coup d'œil : admirables sans doute pour envelopper une dupe[3] et rendre sot celui qui l'est déjà, mais encore plus propres à leur ôter tout le plaisir qu'ils pourraient tirer d'un homme d'esprit qui saurait se tourner et se plier en mille manières agréables et réjouissantes, si le dangereux caractère du courtisan ne l'engageait pas à une fort grande retenue. Il lui oppose un caractère sérieux, dans lequel il se retranche, et il fait si bien que les railleurs, avec des intentions si mauvaises, manquent d'occasions de se jouer de lui.

Les aises de la vie, l'abondance, le calme d'une grande prospérité, font que les princes ont de la joie de reste pour

---

1. *Inquiets*, latinisme. Massillon peint vivement cette inquiétude : « Ils ne peuvent porter ni la tranquillité d'une condition privée, ni la dignité d'une vie publique. Le repos leur est aussi insupportable que l'agitation, ou plutôt ils sont partout à charge à eux-mêmes. » (*Petit Car.*, 3ᵉ dim.)

2. Hardiesse de langage remarquable à l'époque où vivait La Bruyère.

3. *Envelopper une dupe*, expression elliptique et obscure ; La Bruyère veut dire : faire rire aux dépens de quelqu'un en le rendant à son insu complice de la plaisanterie.

rire d'un nain, d'un singe, d'un imbécile, et d'un mauvais conte[1] : les gens moins heureux ne rient qu'à propos.

Un grand aime la Champagne, abhorre la Brie[2] : il s'enivre de meilleur vin que l'homme du peuple, seule différence que la crapule laisse entre les conditions les plus disproportionnées, entre le seigneur et l'estafier.

Il semble d'abord qu'il entre dans les plaisirs des princes un peu de celui d'incommoder les autres : mais non, les princes ressemblent aux hommes; ils songent à eux-mêmes, suivent leur goût, leurs passions, leur commodité : cela est naturel.

Il semble que la première règle des compagnies, des gens en place, ou des puissants, est de donner, à ceux qui dépendent d'eux pour le besoin de leurs affaires, toutes les traverses qu'ils[3] en peuvent craindre.

Si un grand a quelque degré[4] de bonheur sur les autres hommes, je ne devine pas lequel, si ce n'est peut-être de se trouver souvent dans le pouvoir et dans l'occasion de faire plaisir[5] ; et si elle naît, cette conjoncture, il semble qu'il doive s'en servir : si c'est en faveur d'un homme de bien, il doit appréhender qu'elle ne lui échappe. Mais comme c'est en une chose juste, il doit prévenir la sollicitation[6], et n'être vu que pour être remercié; et si elle est facile, il ne doit pas même la lui faire valoir : s'il la lui refuse, je les plains tous deux.

Il y a des hommes nés inaccessibles, et ce sont précisément ceux de qui les autres ont besoin, de qui ils dépendent : ils ne sont jamais que sur un pied; mobiles comme le mercure, ils pirouettent, ils gesticulent, ils crient, ils s'agitent ; semblables à ces figures de carton qui servent de montre à une fête publique, ils jettent feu et flamme, tonnent et foudroient : on n'en approche pas, jusqu'à ce que, venant à s'éteindre,

---

1. « .... Et c'est aussi ce qui forme le bonheur des personnes d'une grande condition, qu'ils ont un nombre de personnes qui les divertissent et qu'ils ont le pouvoir de se maintenir en cet état. » (Pascal, *Pens.*, art. IV, 1.)

2. *La Champagne* : on dit aujourd'hui le champagne.

3. *Ils*, ceux qui ont besoin d'eux.

4. *Degré*, dans le sens de *plus* ou de *moins* : « Deux choses vous font voir l'éminent *degré* de sa vertu. » (Bossuet, *Marie-Thér.*)

5. Phrase bien embarrassée.

6. *Prévenir la sollicitation*. Divinanda cujusque voluntas, et quum intellecta est, necessitate gravissima rogandi liberanda est. (Sénèque, *des Bienf.*, II, 2.)

ils tombent, et par leur chute deviennent traitables, mais inutiles.

Le suisse, le valet de chambre, l'homme de livrée, s'ils n'ont plus d'esprit que ne porte[1] leur condition, ne jugent plus d'eux-mêmes par leur première bassesse, mais par l'élévation et la fortune des gens qu'ils servent, et mettent tous ceux qui entrent par leur porte, et montent leur escalier, indifféremment au-dessous d'eux et de leurs maîtres : tant il est vrai qu'on est destiné à souffrir des grands et de ce qui leur appartient!

Un homme en place doit aimer son prince, sa femme, ses enfants, et après eux les gens d'esprit : il les doit adopter; il doit s'en fournir, et n'en jamais manquer. Il ne saurait payer, je ne dis pas de trop de pensions et de bienfaits, mais de trop de familiarité et de caresses, les secours et les services qu'il en tire, même sans le savoir. Quels petits bruits ne dissipent-ils pas! quelles histoires ne réduisent-ils pas à la fable et à la fiction[2]! Ne savent-ils pas justifier les mauvais succès par les bonnes intentions, prouver la bonté d'un dessein et la justesse des mesures par le bonheur des événements, s'élever contre la malignité et l'envie pour accorder à de bonnes entreprises de meilleurs motifs, donner des explications favorables à des apparences qui étaient mauvaises, détourner les petits défauts, ne montrer que les vertus, et les mettre dans leur jour, semer en mille occasions des faits et des détails qui soient avantageux, et tourner le ris et la moquerie contre ceux qui oseraient en douter, ou avancer des faits contraires? Je sais que les grands ont pour maxime de laisser parler, et de continuer d'agir; mais je sais aussi qu'il leur arrive, en plusieurs rencontres, que laisser dire les empêche de faire.

Sentir le mérite, et, quand il est une fois connu, le bien traiter : deux grandes démarches[3] à faire tout de suite, et dont la plupart des grands sont fort incapables.

---

1. *Que ne porte*, latinisme, *ferre* comporter.

2. *Quelles histoires*, construction peu correcte. On dirait : « Ne réduisent-ils pas à néant. »

3. *Démarches*, sens vieilli de ce mot : le pas que l'on commence à faire quand on veut aller d'un lieu dans un autre. La Bruyère veut dire : « Ce sont les deux grands pas à faire. » Racine l'emploie au même sens :

Allez, et laissez-moi quelque fidèle guide
Qui conduise vers vous ma *démarche* timide. (Phèd., V, 1.)

Tu es grand, tu es puissant; ce n'est pas assez : fais que je t'estime, afin que je sois triste d'être déchu[1] de tes bonnes grâces ou de n'avoir pu les acquérir.

Vous dites d'un grand ou d'un homme en place qu'il est prévenant, officieux; qu'il aime à faire plaisir : et vous le confirmez par un long détail de ce qu'il a fait en une affaire où il a su que vous preniez intérêt. Je vous entends; on va pour vous au-devant de la sollicitation, vous avez du crédit, vous êtes connu du ministre, vous êtes bien avec les puissances : désiriez-vous que je susse autre chose ?

Quelqu'un vous dit : « Je me plains d'un tel; il est fier « depuis son élévation, il me dédaigne, il ne me connaît « plus. — Je n'ai pas pour moi, lui répondez-vous, sujet de « m'en plaindre : au contraire, je m'en loue fort; et il me « semble même qu'il est assez civil. » Je crois encore vous entendre; vous voulez qu'on sache qu'un homme en place a de l'attention pour vous, et qu'il vous démêle dans l'antichambre entre mille honnêtes gens de qui il détourne ses yeux, de peur de tomber dans l'inconvénient de leur rendre leur salut ou de leur sourire.

Se louer de quelqu'un, se louer d'un grand, phrase délicate dans son origine, et qui signifie sans doute se louer soi-même en disant d'un grand tout le bien qu'il nous a fait, ou qu'il n'a pas songé à nous faire.

On loue les grands pour marquer qu'on les voit de près, rarement par estime ou par gratitude : on ne connaît pas souvent ceux que l'on loue. La vanité ou la légèreté l'emporte quelquefois sur le ressentiment : on est mal content[2] d'eux, et on les loue.

S'il est périlleux de tremper dans une affaire suspecte, il l'est encore davantage de s'y trouver complice d'un grand : il s'en tire, et vous laisse payer doublement, pour lui et pour vous.

Le prince n'a point assez de toute sa fortune pour payer une basse complaisance, si l'on en juge par tout ce que

---

1. *Déchu.*
   Vos ennemis *déchus* de leur vaine espérance.   (Racine, *Brit.*, II, 2.)
2. *Mal content.*
   Mal content de son stratagème.   (La Fontaine, II, 15.)
   Et toutes deux *très-mal contentes*
   Disaient entre leurs dents : Maudit coq, tu mourras !   (Id., V, 6.)
On disait au 17e siècle : *mal gracieux, mal habile, mal propre.*

celui qu'il veut récompenser y a mis du sien ; et il n'a pas trop de toute sa puissance pour le punir, s'il mesure sa vengeance au tort qu'il en a reçu[1].

La noblesse expose sa vie pour le salut de l'État et pour la gloire du souverain ; le magistrat décharge le prince d'une partie du soin de juger les peuples : voilà de part et d'autre des fonctions bien sublimes, et d'une merveilleuse utilité. Les hommes ne sont guère capables de plus grandes choses ; et je ne sais d'où la robe et l'épée ont puisé de quoi se mépriser réciproquement.

S'il est vrai qu'un grand donne plus à la fortune lorsqu'il hasarde une vie destinée à couler dans les ris, le plaisir et l'abondance, qu'un particulier qui ne risque que des jours qui sont misérables, il faut avouer aussi qu'il a un tout autre dédommagement, qui est la gloire et la haute réputation. Le soldat ne sent pas qu'il soit connu ; il meurt obscur et dans la foule : il vivait de même à la vérité, mais il vivait ; et c'est l'une des sources du défaut de courage dans les conditions basses et serviles. Ceux au contraire que la naissance démêle d'avec le peuple[2], et expose aux yeux des hommes, à leur censure et à leurs éloges, sont même capables de sortir par effort de leur tempérament, s'il ne les portait pas à la vertu[3] ; et cette disposition de cœur et d'esprit, qui passe des aïeuls par les pères dans leurs descendants, est cette bravoure si familière aux personnes nobles et peut-être la noblesse même.

Jetez-moi dans les troupes comme un simple soldat, je suis THERSITE ; mettez-moi à la tête d'une armée dont j'aie à répondre à toute l'Europe, je suis ACHILLE.

Les princes, sans autre science ni autre règle, ont un goût de comparaison : ils sont nés et élevés au milieu et comme dans le centre des meilleures choses, à quoi ils rapportent ce qu'ils lisent, ce qu'ils voient et ce qu'ils entendent. Tout ce qui s'éloigne trop de LULLI, de RACINE et de LE BRUN[4] est condamné.

---

1. *Pessimum inimicorum genus laudantes.* (Tacite.)
2. *Démêler d'avec*, distingue du peuple. « Je ne sais quels caractères divins qui *démêlent* la religion de J. C. des opinions et des sectes. » (Massillon, *Panég. de saint Franç. de Paul.*)
3. *Vertu, virtus*, courage.
4. *Le Brun*, Charles, né à Paris en 1610, mort en 1690, eut pour maître Poussin ; fut un des fondateurs de l'académie de peinture.

Ne parler aux jeunes princes que du soin de leur rang est un excès de précaution, lorsque toute une cour met son devoir et une partie de sa politesse à les respecter, et qu'ils sont bien moins sujets à ignorer aucun des égards dus à leur naissance qu'à confondre les personnes, et les traiter indifféremment, et sans distinction des conditions et des titres. Ils ont une fierté naturelle qu'ils retrouvent dans les occasions; il ne leur faut des leçons que pour la régler, que pour leur inspirer la bonté, l'honnêteté et l'esprit de discernement.

C'est une pure hypocrisie à un homme d'une certaine élévation de ne pas prendre d'abord le rang qui lui est dû, et que tout le monde lui cède[1]. Il ne lui coûte rien d'être modeste, de se mêler dans la multitude qui va s'ouvrir pour lui, de prendre dans une assemblée une dernière place, afin que tous l'y voient et s'empressent de l'en ôter. La modestie est d'une pratique plus amère aux hommes d'une condition ordinaire : s'ils se jettent dans la foule, on les écrase; s'ils choisissent un poste incommode, il leur demeure.

Aristarque[2] se transporte dans la place avec un héraut et un trompette; celui-ci commence: toute la multitude accourt et se rassemble. Écoutez, peuple, dit le héraut, soyez attentif; silence, silence! *Aristarque, que vous voyez présent, doit faire demain une bonne action.* Je dirai plus simplement et sans figure : Quelqu'un fait bien; veut-il faire mieux? que je ne sache pas qu'il fait bien, ou que je ne le soupçonne pas du moins de me l'avoir appris.

Les meilleures actions s'altèrent et s'affaiblissent par la manière dont on les fait, et laissent même douter des intentions. Celui qui protége ou qui loue la vertu pour la vertu, qui corrige ou qui blâme le vice à cause du vice, agit simplement, naturellement, sans aucun tour, sans nulle singularité, sans faste, sans affectation : il n'use point de ré-

---

1. Voici deux pensées analogues de La Rochefoucauld : « Le refus des louanges est un désir d'être loué deux fois. » (*Max.*, 149.) « L'humilité n'est souvent qu'une feinte soumission dont on se sert pour soumettre les autres. C'est un artifice de l'orgueil qui s'abaisse pour s'élever. » (*Max.*, 254.)

2. Ce trait, dit-on, appartient au premier président de Harlay, qui, ayant reçu un legs de vingt-cinq mille livres, se transporta tout exprès de sa terre à Fontainebleau, pour y faire donation de cette somme aux pauvres, en présence de toute la cour.

ponses graves et sentencieuses, encore moins de traits piquants et satiriques ; ce n'est jamais une scène qu'il joue pour le public, c'est un bon exemple qu'il donne et un devoir dont il s'acquitte ; il ne fournit rien aux visites des femmes, ni au cabinet[1], ni aux nouvellistes ; il ne donne point à un homme agréable la matière d'un joli conte. Le bien qu'il vient de faire est un peu moins su, à la vérité ; mais il a fait ce bien : que voudrait-il davantage ?

Les grands ne doivent point aimer les premiers temps ; ils ne leur sont point favorables : il est triste pour eux d'y voir que nous sortions tous du frère et de la sœur. Les hommes composent ensemble une même famille : il n'y a que le plus ou le moins dans le degré de parenté.

Théognis est recherché dans son ajustement, et il sort paré comme une femme : il n'est pas hors de sa maison qu'il a déjà ajusté ses yeux et son visage, afin que ce soit une chose faite quand il sera dans le public, qu'il y paraisse tout concerté, que ceux qui passent le trouvent déjà gracieux et leur souriant, et que nul ne lui échappe. Marche-t-il dans les salles, il se tourne à droit[2] où il y a un grand monde, et à gauche où il n'y a personne ; il salue ceux qui y sont et ceux qui n'y sont pas. Il embrasse un homme qu'il trouve sous sa main ; il lui presse la tête contre sa poitrine : il demande ensuite qui est celui qu'il a embrassé. Quelqu'un a besoin de lui dans une affaire qui est facile, il va le trouver, lui fait sa prière : Théognis l'écoute favorablement ; il est ravi de lui être bon à quelque chose, il le conjure de faire naître des occasions de lui rendre service ; et, comme celui-ci insiste sur son affaire, il lui dit qu'il ne la fera point ; il le prie de se mettre en sa place, il l'en fait juge : le client sort reconduit, caressé, confus, presque content d'être refusé.

C'est avoir une très-mauvaise opinion des hommes, et néanmoins les bien connaître, que de croire dans un grand poste leur imposer par des caresses étudiées, par de longs et stériles embrassements.

Pamphile ne s'entretient pas avec les gens qu'il rencontre

---

1. Rendez-vous à Paris de quelques honnêtes gens pour la conversation. (La Bruyère.) « Souvenez-vous de ces *cabinets* que l'on regarde encore avec tant de vénération, où l'esprit se purifiait. » (Fléchier, *Or. fun. de madame de Mont.*, 1re p.) *Ruelle* s'employait au même sens.

2. Voir p. 00, n. 3.

dans les salles ou dans les cours : si l'on en croit sa gravité et l'élévation de sa voix, il les reçoit, leur donne audience, les congédie. Il a des termes tout à la fois civils et hautains, une honnêteté impérieuse, et qu'il emploie sans discernement : il a une fausse grandeur qui l'abaisse, et qui embarrasse fort ceux qui sont ses amis, et qui ne veulent pas le mépriser.

Un Pamphile est plein de lui-même, ne se perd pas de vue, ne sort point de l'idée de sa grandeur, de ses alliances, de sa charge, de sa dignité : il ramasse, pour ainsi dire, toutes ses pièces, s'en enveloppe[1] pour se faire valoir; il dit : *Mon ordre, mon cordon bleu*[2] ; il l'étale ou il le cache par ostentation : un Pamphile, en un mot, veut être grand ; il croit l'être, il ne l'est pas, il est d'après un grand[3]. Si quelquefois il sourit à un homme du dernier ordre, à un homme d'esprit, il choisit son temps si juste qu'il n'est jamais pris sur le fait : aussi la rougeur lui monterait-elle au visage s'il était malheureusement surpris dans la moindre familiarité avec quelqu'un qui n'est ni opulent, ni puissant, ni ami d'un ministre, ni son allié, ni son domestique[4]. Il est sévère et inexorable à qui n'a point encore fait sa fortune : il vous aperçoit un jour dans une galerie, et il vous fuit; et le lendemain, s'il vous trouve en un endroit moins public, ou, s'il est public, en la compagnie d'un grand, il prend courage, il vient à vous, et il vous dit : *Vous ne faisiez pas hier semblant de nous voir.* Tantôt il vous quitte brusquement pour joindre un seigneur ou un premier commis; et tantôt, s'il les trouve avec vous en conversation, il vous coupe[5] et vous les enlève. Vous l'abordez une autre fois, et il ne s'arrête pas; il se fait suivre, vous parle si haut que c'est

---

1. *S'en enveloppe.* Horace avait dit: *Mea virtute me involvo.* (*Od.*, III, 29.)
2. *Cordon bleu,* large ruban bleu que portaient les chevaliers de l'ordre royal du Saint-Esprit, et qui n'était accordé qu'aux seigneurs de la plus haute noblesse.
3. *D'après,* comme on dit: peindre d'après nature: il n'est que l'image d'un grand.
4. *Domestique* se disait des personnes attachées à une grande maison, même quand ils étaient gentilshommes et que l'emploi était important. « *Louis XI* : On dit que vous avez écrit mon histoire. — *Comines* : Il est vrai, et j'ai parlé en bon *domestique*. » (Fénelon, *Dial. des morts.*)
5. *Il vous coupe. Couper,* séparer quelqu'un de la personne avec qui elle se trouve : « *Elle coupe la duchesse et donne la serviette.* » (Sévigné.)

une scène pour ceux qui passent. Aussi les Pamphiles sont-ils toujours comme sur un théâtre; gens nourris dans le faux, et qui ne haïssent rien tant que d'être naturels; vrais personnages de comédie, des Floridors, des Mondoris [1].

On ne tarit point sur les Pamphiles : ils sont bas et timides devant les princes et les ministres, pleins de hauteur et de confiance avec ceux qui n'ont que de la vertu, muets et embarrassés avec les savants; vifs, hardis, et décisifs, avec ceux qui ne savent rien. Ils parlent de guerre à un homme de robe, et de politique à un financier; ils savent l'histoire avec les femmes; ils sont poëtes avec un docteur, et géomètres avec un poëte. De maximes, ils ne s'en chargent pas; de principes, encore moins : ils vivent à l'aventure, poussés et entraînés par le vent de la faveur et par l'attrait des richesses. Ils n'ont point d'opinion qui soit à eux, qui leur soit propre : ils en empruntent à mesure qu'ils en ont besoin; et celui à qui ils ont recours n'est guère un homme sage, ou habile, ou vertueux; c'est un homme à la mode.

Nous avons pour les grands et pour les gens en place une jalousie stérile, ou une haine impuissante qui ne nous venge [2] point de leur splendeur et de leur élévation, et qui ne fait qu'ajouter à notre propre misère le poids insupportable du bonheur d'autrui. Que faire contre une maladie de l'âme si invétérée et si contagieuse? Contentons-nous de peu, et de moins encore, s'il est possible. Sachons perdre dans l'occasion; la recette est infaillible, et je consens à l'éprouver : j'évite par là d'apprivoiser un suisse ou de fléchir un commis, d'être repoussé à une porte par la foule innombrable de clients ou de courtisans dont la maison d'un ministre se dégorge [3] plusieurs fois le jour, de languir dans sa salle d'audience, de lui demander en tremblant et en balbutiant une chose juste; d'essuyer sa gravité, son ris amer et son *laconisme* [4]. Alors je ne le hais plus, je ne lui porte

---

1. *Floridor et Mondori*, acteurs célèbres, au commencement du 17ᵉ siècle, dans la tragédie et la haute comédie.

2. C'est l'expression de Montaigne au début du chap. vii du IIIᵉ liv. des *Essais* (*De l'incommodité de la grandeur*) : « Puisque nous ne les pouvons aveindre (arriver à elle), *vengeons-nous* à en mesdire. »

3. *Se dégorge*, expression qui rappelle celle de Virgile :

Mane salutantum totis vomit ædibus undam.   (*Géorg.*, II, 462.)

4. *Laconisme*, mot alors nouveau, créé peut-être par La Bruyère. On ne trouve que *laconique* et *laconiquement* dans l'édition du *Dictionnaire de l'Académie* (1694); *laconisme* n'est pas non plus dans Furetière, édition de 1701.

plus envie; il ne me fait aucune prière, je ne lui en fais pas; nous sommes égaux, si ce n'est peut-être qu'il n'est pas tranquille, et que je le suis.

Si les grands ont les occasions de nous faire du bien, ils en ont rarement la volonté; et s'ils désirent de nous faire du mal, ils n'en trouvent pas toujours les occasions. Ainsi l'on peut être trompé dans l'espèce de culte qu'on leur rend, s'il n'est fondé que sur l'espérance ou sur la crainte; et une longue vie se termine quelquefois sans qu'il arrive de dépendre d'eux pour le moindre intérêt, ou qu'on leur doive sa bonne ou mauvaise fortune. Nous devons les honorer parce qu'ils sont grands, et que nous sommes petits, et qu'il y en a d'autres plus petits que nous, qui nous honorent.

A la cour, à la ville, mêmes passions, mêmes faiblesses, mêmes petitesses, mêmes travers d'esprit, mêmes brouilleries dans les familles et entre les proches, mêmes envies, mêmes antipathies[1]. Partout des brus et des belles-mères, des maris et des femmes, des divorces, des ruptures, et de mauvais raccommodements; partout des humeurs, des colères, des partialités, des rapports, et ce qu'on appelle de mauvais discours. Avec de bons yeux on voit sans peine la petite ville, la rue Saint-Denis, comme transportées à V** ou à F**[2]. Ici l'on croit se haïr avec plus de fierté et de hauteur, et peut-être avec plus de dignité. On se nuit réciproquement avec plus d'habileté et de finesse; les colères sont plus éloquentes, et l'on se dit des injures plus poliment et en meilleurs termes; l'on n'y blesse point la pureté de la langue; l'on n'y offense que les hommes, ou que leur réputation. Tous les dehors du vice y sont spécieux; mais le fond, encore une fois, y est le même que dans les conditions les plus ravalées. Tout le bas, tout le faible et tout l'indigne s'y trouvent. Ces hommes, si grands ou par leur naissance,

---

1. Corneille a dit :

Pour grands que soient les rois, ils sont ce que nous sommes ;
Ils peuvent se tromper comme les autres hommes.   (*Cid*, I, 3.)

Et Pascal : « Les grands et les petits ont mêmes accidents, mêmes fâcheries et mêmes passions ; mais l'un est au haut de la roue, et l'autre près du centre et ainsi moins agité par les mêmes mouvements.... On tient à eux par le bout par lequel ils tiennent au peuple : car quelque élevés qu'ils soient, si sont-ils unis aux moindres hommes par quelque endroit, etc. » (*Pens.*, art. xxv, 15 et 17.)

2. Versailles et Fontainebleau.

ou par leurs faveurs, ou par leurs dignités, ces têtes si fortes et si habiles, ces femmes si polies et si spirituelles, tous méprisent le peuple ; et ils sont peuple.

Qui dit le peuple dit plus d'une chose : c'est une vaste[1] expression ; et l'on s'étonnerait de voir ce qu'elle embrasse, et jusqu'où elle s'étend. Il y a le peuple qui est opposé aux grands : c'est la populace et la multitude ; il y a le peuple qui est opposé aux sages, aux habiles et aux vertueux : ce sont les grands comme les petits.

Les grands se gouvernent par sentiment : âmes oisives sur lesquelles tout fait d'abord une vive impression. Une chose arrive, ils en parlent trop, bientôt ils en parlent peu, ensuite ils n'en parlent plus, et ils n'en parleront plus : action, conduite, ouvrage, événement, tout est oublié ; ne leur demandez ni correction, ni prévoyance, ni réflexion, ni reconnaissance, ni récompense.

L'on se porte aux extrémités opposées à l'égard de certains personnages. La satire, après leur mort, court parmi le peuple, pendant que les voûtes des temples retentissent de leurs éloges[2]. Ils ne méritent quelquefois ni libelles ni discours funèbres ; quelquefois aussi ils sont dignes de tous les deux.

L'on doit se taire sur les puissants : il y a presque toujours de la flatterie à en dire du bien ; il y a du péril à en dire du mal pendant qu'ils vivent, et de la lâcheté, quand ils sont morts.

1. Vaste :

> Quittez le long espoir et les *vastes* pensées. (La Fontaine, XI, 8.)

J. B. Rousseau a dit aussi :

> Quels traits me présentent vos fastes,
> Impitoyables conquérants ?
> Des vœux outrés, des projets *vastes*. (Ode VI, liv. II.)

2. On eut au convoi de Louis XIV une éclatante preuve de la vérité de cette pensée : « J'ai vu, dit Voltaire, de petites tentes dressées sur le chemin de Saint-Denis. On y buvait, on y chantait, on riait. Les sentiments des citoyens de Paris avaient passé jusqu'à la populace. » (*Siècle de Louis XIV*, chap. XXVIII.)

Du souverain ou de la république[1].

Quand l'on parcourt sans la prévention de son pays toutes les formes de gouvernement, l'on ne sait à laquelle se tenir[2]; il y a dans toutes le moins bon et le moins mauvais. Ce qu'il y a de plus raisonnable et de plus sûr, c'est d'estimer celle où l'on est né la meilleure de toutes, et de s'y soumettre[3].

Il ne faut ni art ni science pour exercer la tyrannie, et la politique qui ne consiste qu'à répandre le sang est fort bornée et de nul raffinement; elle inspire de tuer ceux dont la vie est un obstacle à notre ambition : un homme né cruel fait cela sans peine. C'est la manière la plus horrible et la plus grossière de se maintenir ou de s'agrandir.

C'est une politique sûre et ancienne dans les républiques que d'y laisser le peuple s'endormir dans les fêtes, dans les spectacles, dans le luxe, dans le faste, dans les plaisirs, dans la vanité et la mollesse; le laisser se remplir du vide, et savourer la bagatelle : quelles grandes démarches[4] ne fait-on pas au despotique[5] par cette indulgence !

Il n'y a point de patrie dans le despotique, d'autres choses y suppléent: l'intérêt, la gloire, le service du prince.

Quand on veut changer et innover dans une république, c'est moins les choses que le temps que l'on considère. Il y a des conjonctures où l'on sent bien qu'on ne saurait trop attenter contre le peuple; et il y en a d'autres où il est clair qu'on ne peut trop le ménager. Vous pouvez aujourd'hui ôter à cette ville ses franchises, ses droits, ses privilèges; mais demain ne songez pas même à réformer ses enseignes.

---

1. *République*, l'État, la chose publique ; c'est le mot *respublica*.
2. *Se tenir*, pour *s'en tenir* : Molière a dit :
   Je puis fermer les yeux sur vos flammes secrètes,
   Tant que vous vous *tiendrez* aux muets interprètes. (*Femm. sav.*, I, 4.)
3. *Soumettre.* « Il n'y a aucune forme de gouvernement, ni aucun établissement humain qui n'ait ses inconvénients; de sorte qu'il faut demeurer dans l'état auquel un long temps a accoutumé le peuple. » (Bossuet, *Polit.*, liv. II, art. I, 12e prop.)
4. Voir p. 158, n. 3.
5. *Le despotique.* Corneille dit :
   Les Macédoniens aiment le monarchique. (*Cinna*, II, 1.)

Quand le peuple est en mouvement, on ne comprend pas par où le calme peut y rentrer; et quand il est paisible, on ne voit pas par où le calme peut en sortir.

Il y a de certains maux dans la république qui y sont soufferts, parce qu'ils préviennent ou empêchent de plus grands maux; il y a d'autres maux qui sont tels seulement par leur établissement[1], et qui, étant dans leur origine ou un abus ou un mauvais usage, sont moins pernicieux dans leurs suites et dans la pratique qu'une loi plus juste ou une coutume plus raisonnable. L'on voit une espèce de maux que l'on peut corriger par le changement ou la nouveauté, qui est un mal, et fort dangereux[2]. Il y en a d'autres cachés et enfoncés comme des ordures dans un cloaque, je veux dire ensevelis sous la honte, sous le secret, et dans l'obscurité : on ne peut les fouiller et les remuer qu'ils n'exhalent le poison et l'infamie; les plus sages doutent quelquefois s'il est mieux de connaître ces maux que de les ignorer. L'on tolère quelquefois dans un État un assez grand mal, mais qui détourne un million de petits maux ou d'inconvénients, qui tous seraient inévitables et irrémédiables. Il se trouve des maux dont chaque particulier gémit, et qui deviennent néanmoins un bien public, quoique le public ne soit autre chose que tous les particuliers. Il y a des maux personnels qui concourent au bien et à l'avantage de chaque famille. Il y en a qui affligent, ruinent ou déshonorent les familles, mais qui tendent au bien et à la conservation de la machine de l'État et du gouvernement. D'autres maux renversent des États et sur leurs ruines en élèvent de nouveaux. On en a vu enfin qui ont sapé par les fondements de grands empires, et qui les ont fait évanouir de dessus la terre, pour varier et renouveler la face de l'univers.

Qu'importe à l'État qu'*Ergaste* soit riche, qu'il ait des chiens qui arrêtent bien, qu'il crée les modes sur les équipages et sur les habits, qu'il abonde en superfluités? Où il s'agit de l'intérêt et des commodités de tout le public, le

---

1. *Établissement*, à cause de leur origine.

2. Montaigne est du même avis : « Il y a grand doubte s'il se peult trouver si évident proufit au changement d'une loi receue, telle qu'elle soit, qu'il y a de mal à la remuer. » (*Essais*, I, 22.) Voir aussi III, 9 : « Rien ne presse un Estat que l'innovation; le changement donne seul forme à l'injustice et à la tyrannie, etc. »

particulier est-il compté¹? La consolation des peuples dans les choses qui leur pèsent un peu est de savoir qu'ils soulagent le prince, ou qu'ils n'enrichissent que lui : ils ne se croient point redevables² à Ergaste de l'embellissement de sa fortune.

La guerre a pour elle l'antiquité ; elle a été dans tous les siècles ; on l'a toujours vue remplir le monde de veuves et d'orphelins, épuiser les familles d'héritiers, et faire périr les frères à une même bataille³. Jeune Soyecour⁴, je regrette ta vertu, ta pudeur, ton esprit déjà mûr, pénétrant, élevé, sociable ; je plains cette mort prématurée qui te joint à ton intrépide frère, et t'enlève à une cour où tu n'as fait que te montrer⁵ : malheur déplorable, mais ordinaire ! De tout temps les hommes, pour quelque morceau de terre de plus ou de moins, sont convenus entre eux de se dépouiller, se brûler, se tuer, s'égorger⁶ les uns les autres ; et pour le faire plus ingénieusement et avec plus de sûreté, ils ont inventé de belles règles qu'on appelle l'art militaire : ils ont attaché à la pratique de ces règles la gloire, ou la plus solide réputation ; et ils ont depuis enchéri de siècle en siècle sur la manière de se détruire réciproquement. De l'injustice des premiers hommes, comme de son unique source, est venue la guerre, ainsi que la nécessité où ils se sont trouvés de se donner des maîtres qui fixassent leurs droits et leurs prétentions⁷. Si, content du sien, on eût pu s'abs-

1. La phrase eût été plus claire si l'auteur avait dit : « doit-il être compté? »
2. *Redevables*, obligés de contribuer à l'embellissement de la fortune d'Ergaste.
3. Ceci rappelle la belle expression d'Horace : « Bellaque matribus detestata. » (*Od.*, I, 1.)
4. Le chevalier de Soyecour, dont le frère avait été tué à la bataille de Fleurus, en juillet 1690, et qui mourut trois jours après lui des blessures qu'il avait reçues à cette même bataille. La Bruyère était lié avec sa famille, et ami de madame la marquise de Bellefonds de Soyecour.
5. Même sentiment que dans Virgile parlant du jeune Marcellus :
   Ostendent terris hunc tantum fata.   (*Én.*, VI, 869.)
6. *De*. La préposition se supprimait fréquemment devant un verbe dans une énumération :
   [Il] s'imagina qu'il ferait bien
   De se pendre, et finir lui-même sa misère.   (La Fontaine, IX, 13.)
7. Le prince est, dit Bossuet, par sa charge, à chaque particulier, « un abri pour se mettre à couvert du vent et de la tempête, et un rocher avancé sous lequel il se met à l'ombre dans une terre sèche et brûlante. » (*Polit.*, I, art. III, 5ᵉ prop.)

tenir du bien de ses voisins, on avait pour toujours la paix et la liberté.

Le peuple paisible[1] dans ses foyers, au milieu des siens, et dans le sein d'une grande ville où il n'a rien à craindre ni pour ses biens ni pour sa vie, respire le feu et le sang, s'occupe de guerres, de ruines, d'embrasements et de massacres, souffre impatiemment que des armées qui tiennent la campagne ne viennent point à se rencontrer, ou si elles sont une fois en présence, qu'elles ne combattent point, ou si elles se mêlent, que le combat ne soit pas sanglant, et qu'il y ait moins de dix mille hommes sur la place. Il va même souvent jusques à oublier ses intérêts les plus chers, le repos et la sûreté, par l'amour qu'il a pour le changement et par le goût de la nouveauté ou des choses extraordinaires. Quelques-uns consentiraient à voir une autre fois les ennemis aux portes de Dijon ou de Corbie[2], à voir tendre des chaînes[3] et faire des barricades, pour le seul plaisir d'en dire ou d'en apprendre la nouvelle.

Démophile, à ma droite, se lamente, et s'écrie : Tout est perdu, c'est fait de l'État ; il est du moins sur le penchant de sa ruine. Comment résister à une si forte et si générale conjuration[4] ? Quel moyen, je ne dis pas d'être supérieur, mais de suffire seul à tant et de si puissants ennemis ? Cela est sans exemple dans la monarchie. Un héros, un ACHILLE y succomberait. On a fait, ajoute-t-il, de lourdes fautes : je sais bien ce que je dis, je suis du métier, j'ai vu la guerre, et l'histoire m'en a beaucoup appris. Il parle là-dessus avec admiration d'Olivier le Daim et de Jacques Cœur[5]. C'étaient

---

1. Suave, mari magno turbantibus æquora ventis,
E terra magnum alterius spectare laborem. (*Lucr.*, II.)

2. *Corbie.* Les Impériaux, pendant la guerre de Trente ans, entrèrent en Bourgogne et en Picardie et s'emparèrent de Corbie, 1636.

3. Chaînes que les bourgeois de Paris avaient le droit de tendre à l'entrée des rues.

4. *Conjuration*, aujourd'hui *coalition* : « Ils virent les rois *conjurés* contre eux. » (Bossuet, *Hist.*, II, 5.) La Bruyère fait allusion sans doute à la ligue d'Augsbourg, 9 juillet 1686.

5. Olivier le Daim, fils d'un paysan de Flandre, d'abord barbier de Louis XI, et ensuite son principal ministre, pendu en 1484, au commencement du règne de Charles VIII. — Jacques Cœur, riche et fameux commerçant, devint trésorier de l'épargne de Charles VII, à qui il rendit les plus grands services, et qui, après l'avoir comblé d'honneurs, finit par le sacrifier à une cabale de cour.

là des hommes, dit-il, c'étaient des ministres. Il débite ses nouvelles, qui sont toutes les plus tristes et les plus désavantageuses que l'on pourrait feindre. Tantôt un parti des nôtres a été attiré dans une embuscade, et taillé en pièces; tantôt quelques troupes renfermées dans un château se sont rendues aux ennemis à discrétion, et ont passé[1] par le fil de l'épée. Et si vous lui dites que ce bruit est faux, et qu'il ne se confirme point, il ne vous écoute pas. Il ajoute qu'un tel général a été tué; et bien qu'il soit vrai qu'il n'a reçu qu'une légère blessure, et que vous l'en assuriez, il déplore sa mort, il plaint sa veuve, ses enfants, l'État; il se plaint lui-même : *il a perdu un bon ami et une grande protection.* Il dit que la cavalerie allemande est invincible : il pâlit au seul nom des cuirassiers de l'empereur. Si l'on attaque cette place, continue-t-il, on lèvera le siége; ou l'on demeurera sur la défensive sans livrer de combat; ou si on le livre, on le doit perdre; et si on le perd, voilà l'ennemi sur la frontière. Et comme Démophile le fait voler, le voilà dans le cœur du royaume : il entend déjà sonner le beffroi des villes et crier à l'alarme; il songe à son bien et à ses terres. Où conduira-t-il son argent, ses meubles, sa famille? où se réfugiera-t-il? en Suisse, ou à Venise?

Mais à ma gauche, *Basilide* met tout d'un coup sur pied une armée de trois cent mille hommes; il n'en rabattrait pas une seule brigade : il a la liste des escadrons et des bataillons, des généraux et des officiers; il n'oublie pas l'artillerie ni le bagage. Il dispose absolument de toutes ces troupes : il en envoie tant en Allemagne et tant en Flandre; il en réserve un certain nombre pour les Alpes, un peu moins pour les Pyrénées, et il fait passer la mer à ce qui lui reste. Il connaît les marches de ces armées, il sait ce qu'elles feront et ce qu'elles ne feront pas; vous diriez qu'il ait[2] l'oreille du prince ou le secret du ministre. Si les ennemis viennent de perdre une bataille où il soit demeuré sur la place quelque neuf à dix mille hommes des leurs, il en

---

1. Nous disons maintenant : ont *été* passés par le fil de l'épée.
2. *Qu'il ait.* Le subjonctif et le conditionnel se mettaient où nous emploierions l'indicatif :

    Cette lettre, monsieur, qu'avecque cette boête
    On *prétend qu'ait* reçue Isabelle de vous. (Molière, *Éc. des maris*, II, 8.)

    On *craint qu'il n'essuyât* les larmes de sa mère. (Racine, *Andr.*, I, 4.)

compte jusqu'à trente mille, ni plus ni moins ; car ses nombres sont toujours fixes et certains, comme de celui¹ qui est bien informé. S'il apprend le matin que nous avons perdu une bicoque², non-seulement il envoie s'excuser à ses amis qu'il a la veille conviés à dîner, mais même ce jour-là il ne dîne point, et s'il soupe, c'est sans appétit. Si les nôtres assiégent une place très-forte, très-régulière, pourvue de vivres et de munitions, qui a une bonne garnison, commandée par un homme d'un grand courage, il dit que la ville a des endroits faibles et mal fortifiés, qu'elle manque de poudre, que son gouverneur manque d'expérience, et qu'elle capitulera après huit jours de tranchée ouverte. Une autre fois il accourt tout hors d'haleine, et après avoir respiré un peu : Voilà, s'écrie-t-il, une grande nouvelle : ils sont défaits, et à plate couture³ ; le général, les chefs, du moins une bonne partie, tout est tué, tout a péri. Voilà, continue-t-il, un grand massacre, et il faut convenir que nous jouons d'un grand bonheur. Il s'assit⁴, il souffle après avoir débité sa nouvelle, à laquelle il ne manque qu'une circonstance, qui est qu'il est certain qu'il n'y a point eu de bataille. Il assure d'ailleurs qu'un tel prince renonce à la ligue et quitte ses confédérés ; qu'un autre se dispose à prendre le même parti : il croit fermement avec la populace qu'un troisième⁵ est mort, il nomme le lieu où il est enterré ; et quand on est détrompé aux halles et aux faubourgs, il parie encore pour l'affirmative. Il sait, par une voie indubitable, que T. K. L.⁶ fait de grands progrès contre l'empereur ; que le

---

1. *Comme de celui*, ellipse un peu forte imitée du latin.
2. *Bicoque*, place mal fortifiée ; de l'italien *bicocca*, petit château situé sur une hauteur. (Littré, *Dict.*)
3. *A plate couture*, battre comme si, en frappant, on aplatissait sous le fer les coutures.
4. *Il s'assit*, pour *il s'assied*. Vaugelas, dans ses *Remarques sur la langue française* (1647), déclare que cette seconde forme est la seule bonne ; mais Th. Corneille, dans une note sur ce passage, prétend que l'on dit aussi : *je m'assis, tu t'assis, il s'assit*, et que cette forme lui semble la plus usitée ; toutefois il ajoute que, dans une réunion d'académiciens qui eut lieu peu de temps après qu'il était de l'Académie, on reconnut que *il s'assied* et *il s'assit* étaient tous deux bons, mais qu'*il s'assied* était meilleur. (Édition avec notes de Patru et de Th. Corneille, 1687.)
5. Allusion au bruit qui courut de la mort du prince d'Orange, plus tard roi d'Angleterre.
6. Tékéli, noble hongrois qui leva l'étendard de la révolte contre l'empereur, unit ses armes à celles du Croissant, fit trembler son maître

Grand Seigneur arme *puissamment*, ne veut point de paix, et que son vizir va se montrer une autre fois aux portes de Vienne : il frappe des mains, et il tressaille sur cet événement, dont il ne doute plus. La triple alliance[1] chez lui est un Cerbère, et les ennemis autant de monstres à assommer. Il ne parle que de lauriers, que de palmes, que de triomphes et que de trophées. Il dit dans le discours familier : *Notre auguste héros, notre grand potentat, notre invincible monarque.* Réduisez-le, si vous pouvez, à dire simplement : *Le roi a beaucoup d'ennemis ; ils sont puissants, ils sont unis, ils sont aigris : il les a vaincus ; j'espère toujours qu'il les pourra vaincre.* Ce style, trop ferme et trop décisif[2] pour Démophile, n'est pour Basilide ni assez pompeux ni assez exagéré : il a bien d'autres expressions en tête ; il travaille aux inscriptions des arcs et des pyramides qui doivent orner la ville capitale un jour d'entrée ; et dès qu'il entend dire que les armées sont en présence, ou qu'une place est investie, il fait déplier sa robe et la mettre à l'air, afin qu'elle soit toute prête pour la cérémonie de la cathédrale[3].

Il faut que le capital d'une affaire qui assemble dans une ville les plénipotentiaires ou les agents des couronnes et des républiques soit d'une longue et extraordinaire discussion, si elle leur coûte plus de temps, je ne dis pas que les seuls préliminaires, mais que le simple règlement des rangs, des préséances et des autres cérémonies.

Le ministre ou le plénipotentiaire est un caméléon, est un protée : semblable quelquefois à un joueur habile, il ne montre ni humeur ni complexion[4], soit pour ne point donner lieu aux conjectures, ou se laisser pénétrer, soit pour ne rien laisser échapper de son secret par passion ou par faiblesse. Quelquefois aussi il sait feindre le caractère le plus conforme aux vues qu'il a et aux besoins où il se trouve, et paraître tel qu'il a intérêt que les autres croient qu'il est en effet. Ainsi dans une grande puissance ou dans une grande

---

dans Vienne, et mourut, presque oublié, en 1705, près de Constantinople.

1. Coalition de l'Angleterre, de la Hollande et de l'Empire en 1678.
2. *Décisif.* Ce mot signifiant *qui résout*, par suite *qui simplifie*, est employé par La Bruyère au même sens que *précis* ou *simple*.
3. Molière dans la *Comtesse d'Escarbagnas* (sc. 1ʳᵉ) et Montesquieu dans les *Lettres persanes* (Lettre 130) ont traité le même sujet.
4. *Complexion,* caractère emporté : voir p. 95, n. 5.

faiblesse, qu'il veut dissimuler, il est ferme et inflexible, pour ôter l'envie de beaucoup obtenir ; ou il est facile, pour fournir aux autres les occasions de lui demander, et se donner la même licence. Une autre fois, ou il est profond et dissimulé, pour cacher une vérité en l'annonçant, parce qu'il lui importe qu'il l'ait dite, et qu'elle ne soit pas crue ; ou il est franc et ouvert, afin que, lorsqu'il dissimule ce qui ne doit pas être su, l'on croie néanmoins qu'on n'ignore rien de ce que l'on veut savoir et que l'on se persuade qu'il a tout dit. De même, ou il est vif et grand parleur, pour faire parler les autres, pour empêcher qu'on ne lui parle de ce qu'il ne veut pas ou de ce qu'il ne doit pas savoir, pour dire plusieurs choses indifférentes qui se modifient ou qui se détruisent les unes les autres, qui confondent dans les esprits la crainte et la confiance, pour se défendre d'une ouverture qui lui est échappée par une autre qu'il aura faite[1] ; ou il est froid et taciturne, pour jeter les autres dans l'engagement de parler, pour écouter longtemps, pour être écouté quand il parle, pour parler avec ascendant et avec poids, pour faire des promesses ou des menaces qui portent un grand coup, et qui ébranlent. Il s'ouvre et parle le premier, pour, en découvrant les oppositions, les contradictions, les brigues et les cabales des ministres étrangers sur les propositions qu'il aura avancées, prendre ses mesures et avoir la réplique ; et, dans une autre rencontre, il parle le dernier, pour ne point parler en vain, pour être précis, pour connaître parfaitement les choses sur quoi il est permis de faire fond pour lui ou pour ses alliés, pour savoir ce qu'il doit demander et ce qu'il peut obtenir. Il sait parler en termes clairs et formels ; il sait encore mieux parler ambigument, d'une manière enveloppée, user de tours ou de mots équivoques, qu'il peut faire valoir ou diminuer[2] dans les occasions et selon ses intérêts. Il demande peu quand il ne veut pas donner beaucoup. Il demande beaucoup pour avoir peu, et l'avoir plus sûrement. Il exige d'abord de petites choses, qu'il prétend ensuite lui

---

1. *D'une ouverture*, expression pénible ; Molière l'emploie également :

S'il faut *faire* à la cour pour vous quelque *ouverture*. (*Misanthr.*, I, 2.)

On disait : *ouvrir ses sentiments* comme ouvrir son cœur : « Non, non, ma fille, vous pouvez sans scrupule *m'ouvrir vos sentiments*. » (Molière, *Am. magn.*, IV, 1.)

2. *Diminuer*, atténuer la portée d'un mot.

devoir être comptées pour rien, et qui ne l'excluent pas d'en demander[1] une plus grande ; et il évite au contraire de commencer par obtenir un point important, s'il l'empêche d'en gagner plusieurs autres de moindre conséquence, mais qui tous ensemble l'emportent sur le premier. Il demande trop pour être refusé, mais dans le dessein de se faire un droit ou une bienséance de refuser lui-même ce qu'il sait bien qui lui sera demandé, et qu'il ne veut pas octroyer : aussi soigneux alors d'exagérer l'énormité de la demande, et de faire convenir, s'il se peut, des raisons qu'il a de n'y pas entendre[2], que d'affaiblir celles qu'on prétend avoir de ne lui pas accorder ce qu'il sollicite avec instance, également appliqué à faire sonner haut et à grossir dans l'idée des autres le peu qu'il offre et à mépriser ouvertement le peu que l'on consent de lui donner. Il fait de fausses offres, mais extraordinaires, qui donnent de la défiance et obligent de rejeter ce que l'on accepterait inutilement ; qui lui sont cependant une occasion de faire des demandes exorbitantes, et mettent dans leur tort ceux qui les lui refusent. Il accorde plus qu'on ne lui demande, pour avoir encore plus qu'il ne doit donner. Il se fait longtemps prier, presser, importuner, sur une chose médiocre, pour éteindre les espérances et ôter la pensée d'exiger de lui rien de plus fort ; ou, s'il se laisse fléchir jusqu'à les abandonner, c'est toujours avec des conditions qui lui font partager le gain et les avantages avec ceux qui reçoivent[3]. Il prend directement ou indirectement l'intérêt d'un allié, s'il y trouve son utilité et l'avancement de ses prétentions[4]. Il ne parle que de paix, que d'alliances, que de tranquillité publique, que d'intérêt public ; et en effet il ne songe qu'aux siens[5], c'est-à-dire à ceux de son maître ou de sa république. Tantôt il réunit quelques-uns qui étaient contraires les uns aux autres, et tantôt il divise quelques autres qui étaient unis ; il intimide les forts et les puissants, il encourage les faibles ; il unit d'abord d'intérêt plusieurs faibles

---

1. *Ne l'excluent pas de. Exclure de* ne se construit qu'avec un substantif.

2. *N'y pas entendre*, pour n'y pas prêter l'oreille : il ne veut *entendre à* aucun accommodement. (Furetière.) On trouve une locution analogue dans Molière : « Je n'y *contredis* pas. » (*Tart.*, III, 6.)

3. Phrase et pensée assez confuses.

4. *Avancement*, le moyen de réussir dans ses prétentions.

5. *Aux siens*, à ses intérêts : syllepse forcée.

contre un plus puissant, pour rendre la balance égale ; il se joint ensuite aux premiers pour la faire pencher, et il leur vend cher sa protection et son alliance. Il sait intéresser ceux avec qui il traite ; et par un adroit manége, par de fins et de subtils détours, il leur fait sentir leurs avantages particuliers, les biens et les honneurs qu'ils peuvent espérer par une certaine facilité, qui ne choque point leur commission[1] ni les intentions de leurs maîtres. Il ne veut pas aussi être cru imprenable par cet endroit[2] ; il laisse voir en lui quelque peu de sensibilité pour sa fortune : il s'attire par là des propositions qui lui découvrent les vues des autres les plus secrètes, leurs desseins les plus profonds, et leur dernière ressource ; et il en profite. Si quelquefois il est lésé dans quelques chefs[3] qui ont enfin été réglés, il crie haut ; si c'est le contraire, il crie plus haut, et jette ceux qui perdent sur la justification et la défensive. Il a son fait[4] digéré par la cour, toutes ses démarches sont mesurées, les moindres avances qu'il fait lui sont prescrites, et il agit néanmoins dans les points difficiles et dans les articles contestés comme s'il se relâchait de lui-même sur-le-champ, et comme par un esprit d'accommodement : il ose même promettre à l'assemblée qu'il fera goûter la proposition, et qu'il n'en sera pas désavoué. Il fait courir un bruit faux des choses seulement dont il est chargé, muni d'ailleurs de pouvoirs particuliers, qu'il ne découvre jamais qu'à l'extrémité, et dans les moments où il lui serait pernicieux de ne les pas mettre en usage. Il tend surtout par ses intrigues au solide et à l'essentiel, toujours prêt de[5] leur sacrifier les minutes et les points d'honneur imaginaires. Il a du flegme, il s'arme de courage et de patience, il ne se lasse point, il fatigue les autres, et

---

1. *Commission*, le mandat qu'ils ont reçu.
2. Molière a une expression toute semblable : « On vous a su *prendre* par l'endroit seul que vous êtes prenable. » (1er *Placet au roi*.)
3. *Quelques chefs*, points en discussion : « Voilà comme il parle sur tous ces *chefs*. » (Pascal, *Prov.*, 18.) « Elle n'approuvait pas la réformation d'Édouard en tous *ses chefs*. » (Bossuet, *Var.*, 10.)
4. *Il a son fait*, locution un peu vague qui avait plusieurs sens au 17e siècle ; ici toutes ses instructions.
5. *Prêt de*. Tous les grands écrivains du 17e siècle ont employé *prêt de* pour *disposé à* :

Qu'il vienne me parler, je suis *prêt de* l'entendre.   (Racine, *Phèd.*, V, 5.)

« Je suis *prêt de* soutenir cette vérité. » (Molière, *l'Av.*, II, 7.)